田中博之 編著

学級力向上プロジェクト

「こんなクラスにしたい！」を
子どもが実現する方法　小・中学校編

DVD付

金子書房

はじめに——子どもたちが，学級づくりに立ち上がる！

「学級づくりに，子どもたちの力を生かそう！」
「学級づくりに子どもたちが立ち上がれば，クラスは変わる！」
「学級力向上プロジェクトでいじめを防ぎ，笑顔あふれるクラスにしよう！」

そう信じて真剣に取り組んできたのが，この学級力向上プロジェクトである。

今，学校はいじめで揺れている。また，若手教員の採用が多くなり，校内では授業よりも学級経営に自信がない先生が増えている。そして，いじめがいつ自分の子どもに降りかかるかと心配する保護者たちの学校に対する不安は，日々強まってきている。

そのような残念な状況の中で，私たちは，学級力向上プロジェクトにより，いじめを防ぎ，協力し合い認め合う仲間をつくり，そして，ルールを守り合う安心できる学級を全国の小中学校につくりたいと，心から願ってきた。

そのような願いのもと，学級づくりに今からしっかりと取り組もうとしている先生方のために，これまでにない新しい学級づくりの手法として開発したのが，学級力アンケートと学級力レーダーチャートを含む，学級力向上プロジェクトの仕組みである。

学級力向上プロジェクトの理論と実践事例を収めたハンドブックとして，全国の研究協力員の先生方の優れた学級経営力と，「いい学級をつくりたい！」という強い願いに支えられて本書を発刊できるようになったことに，心より感謝したい。

本書に収められた多くの優れた実践事例を参考にして，さらに，付録のDVDに収録されている多くの資料を活かして，明日からみなさんの学級で，この学級力向上プロジェクトに取り組んでいただければ幸いである。そのために本書には，豊かなアイデアと具体的な学級づくりの方法を満載している。

本書の活用にあたっては，次の3点をお願いしたい。1点目は，まず本書の第1章（理論編）を参考にしていただき，理論と実践事例を関連付けながら理解してほしいということである。2点目は，本書の付録のDVDの活用であ

る。この中には，各種の実践マニュアル，学級力向上プロジェクトの学習指導案，実践の様子の写真，教室掲示の写真，児童生徒のワークシートや学級通信，はがき新聞などの実例が，豊富に収められている。本文だけではわかりにくい，学級力向上プロジェクトの具体的な進め方がリアルに理解できるようになっている。そして，3点目に，第1章の章末に掲載した学級力アンケートと学級力レーダーチャートの例を見ながら，各実践事例を読み進めてほしいということである。文章中に，アンケートの領域名や項目名，レーダーチャートの見方などが解説なく急に出てくることがあるので，それらを参考にすると事例の理解が進むだろう。

　実は，この学級力というアイデアは，すでに2006年2月にベネッセ教育研究開発センターに設置した「総合学力研究会（代表：田中博之）」が実施した「総合学級力アンケート調査」とその理論研究が基になっている。当時は，「目標達成力」「創造的対話力」「協調維持力」「規律遵守力」という4領域・16項目からなるアンケートを作成して，教科学力やPISA型読解力との関係性を探る調査研究を行っていた。そこで明らかになったことは，学級力は教科学力やPISA型読解力と強い相関関係にあるということである。つまり，それぞれの学級における学級力の数値が，全国平均未満の学級と全国平均より高い学級では，その学級の教科学力やPISA型読解力に大きな差が生じていることがわかったのである。

　その理由を考察してみると，学級力は，目標を達成しようとする「やりぬく力」と，対話と協力で「つながる心」から成り立っているために，教室での学習場面においても，そうした2つの力がある学級において，教え合いや学び合いが成立するとともに，落ち着いた安心できる，規律ある環境で集中した学習が成立することから，学力向上にも効果があると考えられる。

　また，教科学力よりもPISA型読解力において，学級力との関係がより強くなるのは，新しい学習指導要領で提唱された「活用を図る学習活動」において，思考力・判断力・表現力という活用型学力を育てるために，小集団での共同解決や話し合い活動，そして学級全体での検証のための話し合いが必要とされていることからもうなずける結果となっている。

　このような学級力向上に関わる先駆的な研究に多大なるご支援をいただい

た，ベネッセ教育研究開発センターの田中勇作さんと小林洋さんに心より感謝申し上げたい。

　さてその一方で，本書の実践事例を生み出すもとになったのは，「学級力向上研究会」であり，そこに参加してくださった，北野勝久先生，蛯谷みさ先生，森嵜章代先生，竹本晋也先生，飛田美智子先生，そして菊池康浩先生というコア・メンバーの先生方である。さらに，この研究会は，公益財団法人理想教育財団の専務理事酒井純司さんの多大なるご支援とアイデアのおかげで発足し，今日まで継続して運営することができている。心より感謝申し上げる。

　また，学級力アンケートの活用について，実践のパイオニアとして取り組んでくださった堺市立東百舌鳥小学校の宇多津晃先生と，全校で学級力向上プロジェクトにいち早く取り組んでくださった新潟大学附属新潟小学校の先生方，そして公立小学校として全国で初めて全校で取り組んでくださった小松市立芦城小学校の先生方に，言葉にならないほどの感謝の意をお伝えしたい。先生方の先進的な実践があったからこそ，本書の事例のみならず全国の小中学校に実践の輪が広がっている。

　特に，新潟大学附属新潟小学校の大井隆先生や平山誠先生を初めとする諸先生方の先進的な実践研究と学級力レーダーチャートの開発研究が，私の学級力研究の第1期の基盤を作ってくださったことを生涯忘れることはないだろう。

　なお，学級力向上プロジェクトの開発研究においては，早稲田大学における，2012年度特定課題研究助成費（特定課題B）「学級力アセスメントシステムを活用したプロジェクト教授法の開発」の支援を受けた。

　最後になったが，本書の刊行を快くお引き受けくださった金子書房と，細やかな心遣いで編集の労を執ってくださった池内邦子さん，そしてイラストを描いてくださった岡田真理子さんに，最大級の感謝を申し述べたい。

　本書が，学級担任をしている全国の多くの小中学校の先生方に活用され，「明日からも来たくなる，笑顔と思い出あふれる学級づくり」に少しでも役立つことがあれば，望外の喜びである。今後の，ますますのご支援をお願いしたい。

2013年1月吉日　編者　田中博之

目次

はじめに――子どもたちが，学級づくりに立ち上がる！ …… 田中　博之　i

第1章　学級力向上プロジェクトのねらいと特徴 …… 田中　博之　1
　資料1-1　学級力アンケート・小学校中学年版　　　　　　　　19
　資料1-2　学級力アンケート・小学校高学年版　　　　　　　　20
　資料1-3　学級力アンケート・中学校版　　　　　　　　　　　21

第2章　小学校の学級力向上プロジェクト …………………23
　3年生の実践――120％HAPPYな学級を　　　　　北野　勝久　23
　4年生の実践――クラスの課題を協力して解決する力を育てる取り組み
　　　　　　　　　　　　　　　　　　　　　　　蛯谷　みさ　31
　5年生の実践――学級力パワーアッププロジェクト　森嵜　章代　39
　6年生の実践――みんなで創り合う学級　　　　　竹本　晋也　48

第3章　中学校の学級力向上プロジェクト ………………56
　1年生の実践――"0"からの出発　　　　　　　　寺延　行美　56
　2年生の実践――生徒に参画意識をもたせる　　　飛田美智子　64
　2年生の実践――話し合い活動の充実を目指して　村瀬　琢也　72
　2年生の実践――ビジュアライゼーションにより、行動規範を確立する
　　　　　　　　　　　　　　　　　　　　　　　彦田　泰輔　80
　学年生徒会の実践――生徒を主体とした取り組み　菊池　康浩　88

第4章　学校全体で取り組んだ学級力向上プロジェクト … 高島　雅展　96

第5章　学校カリキュラムの全領域で実施するアイデア ……… 105
　5年生国語科――クラスのみんなを説得する提案をしよう
　　　　　　　　　　　　　　　　　　　　　　　中田　由佳　105

6年生国語科「随筆」の実践――自分を見つめ直して見えてくるもの
　　　　　　　　　　　　　　　　　　　　　　　　竹本　晋也　113
国語科と音楽科の連携――学級CMづくりを通して
　　　　　　　　　　　　　　　　　　飛田美智子・寺延　行美　120
ワークショップ学習を活用した学級力向上プロジェクト
　　　　　　　　　　　　　　　　　　　　　　　　向山　　敢　127
行事を活かして学級力UP！　　　　　　　　　　　竹本　晋也　136
児童会における取組　　　　　　　　　　　　　　　梅村　友規　143

第6章　日常的な取り組みのアイデア　……………………151

学級力自己評価シートの継続利用　　　　　　　　　佐野　理恵　151
「笑っていい友！」を通した人権教育　　　　　　　横江　　寛　157
カルタを活用したパラダイスタイム――見えてきた子どもたちの笑顔
　　　　　　　　　　　　　　　　　　　　　　　　小島　　香　164
マインドマップを活用したスマイルタイム　　　　　島田　佳奈　171
学級目標と関連づけた取り組み　　　　　　　　　　林　　英治　179
生活班に組み入れた学級力向上プロジェクト　　　　岩下　秀人　186
スマイル・ミーティングによる学級経営力の向上　　松田　大輔　191

第7章　はがき新聞による学級力向上の意識づけ………198

小学3年生のはがき新聞　　　　　　　　　　　　　北野　勝久　198
小学4年生のはがき新聞　　　　　　　　　　　　　蛯谷　みさ　202
小学5年生のはがき新聞　　　　　　　　　　　　　森嵜　章代　208
小学6年生　つながる"はがき新聞"　　　　　　　竹本　晋也　213
中学生のはがき新聞　　　　　　　　　　　　　　　飛田美智子　218

おわりに　……………………………………………北野　勝久　224

～付録 DVD の活用に関するお願い～

　本書の付録 DVD の活用にあたっては，次の点をお願い申し上げます。

1　DVD に収録されているそれぞれのファイルには，パソコンの動作環境に関する制限があります。「DVD 動作検証報告書」をご覧のうえ，ご利用ください。

2　レーダーチャート作成ソフト（エクセルの集計ソフト）は，参考資料として付けているもので，完全なソフトウェアの動作保証をしているわけではありません。動作中にデータが失われるなどのトラブルが生じても，責任を負いかねますので，ご了承願います。

3　上記により，集計ソフトにおけるデータのバックアップをお勧めします。

4　すべてのファイルには，著作権があります。使用する場合は，個人的な場面，学校の授業などに限定し，公開の場での利用や，参加費などを徴収する有料の集会などでのご使用はお控えください。

5　DVD 内のファイルをそのままダブル・クリックしても，動作しない場合には，お手数ですが，DVD 内のデータを，パソコンのハードディスク上にコピーしてご活用ください。動作する可能性が高くなります。Windows 7 以外の OS 環境では，そのような不具合が発生することがありますので，予めご了承願います。

第1章
学級力向上プロジェクトの
ねらいと特徴

■早稲田大学教職大学院教授■
田中　博之

1. はじめに

　学級力向上プロジェクトとは，子どもたちが学級づくりの主人公となって，目標達成力，対話創造力，協調維持力，安心実現力，そして規律遵守力からなる学級力を高めるために，学級力アンケートで自分たちの学級の様子をセルフ・アセスメント（自己診断・自己評価）することを通して，毎日の学習や遊びの中で意図的・計画的に取り組む実践的な仲間づくりの活動である。

　今日大きな問題となっているいじめを未然に防止し，「笑顔や拍手が生まれるクラス」をつくるため，そして，「明日からも来たくなる明るく安心できるクラス」を生み出すために，教師と子どもが共に協力して学級づくりを行えるように，新たな学級経営のシステムを作り，全国の多くの小中学校の協力を得て実践していただいてきた。本書は，そうした研究協力校の先生方の豊富な実践事例を通した知恵とアイデアを満載した実践ハンドブックになっている。

2. 子どもの社会性が低下している

　私たちは，学びにおける励ましや応援を期待している社会的な存在である。例えば，できるようになったことをほめてもらったり，怠けようとする心にアドバイスをもらったり，あるいは，失敗が続いたときに共感してくれるとうれしく感じ，学習意欲もわいてくる。

　さらに，社会的な存在であるということは，人と人の間で，異なる考えを比較したり，新しいアイデアを共同で検討したり，あるいは，一つの作業を分担

することで仕事や学習の成果が上がることは，日常的によく経験していることであろう。いわゆる，教え合いと学び合いが学習効果を上げるのである。

したがって，こうした学習過程における協力や協働の活動を，意図的にカリキュラム化して，教科指導のみならず特別活動や道徳，総合的な学習の時間や，さらには教育課程外活動にも計画的に取り入れる必要がある。

そう考えるのには，次のような2つの理由があげられる。

1つ目は，最近，ますます子どもの学びが孤立していることである。家庭においては少子化と家庭の教育力の低下により，子どもはますます協力することや人間関係におけるトラブル解決を通して仲良くなっていく経験をする機会が少なくなっている。親は，家庭で子どもとの読書や宿題を通したコミュニケーションをしないようになり，さらにそこに，テレビやテレビゲーム，そしてケータイといった一人で楽しむ娯楽が子どもの孤立に拍車をかけている。

このような課題を解決するために，学校という社会的な場でこそ，子どもたちに協力する力を育てるとともに，子どもたち同士の肯定的な人間関係をつくり上げることがますます必要になっている。

2つ目の理由は，この20年ばかり続いた学校教育の個別化・個性化の流れが，子どもの社会性や協力性を育てることを疎かにしてきたことである。もちろん，教育の個別化・個性化をねらいとした少人数指導や習熟度別指導，コース別学習や朝学習での一人学びなどは，どれも大切な教育である。しかし，個別化・個性化教育が重視された結果，学習集団づくりや小集団での学び合い活動，グループでの問題解決的な学習が軽視されてしまった。

唯一，総合的な学習の時間が，子どもの社会性や協力性を育てるグループでの協同的な学習やプロジェクト学習を奨励していたが，それも残念なことに，算数・数学と国語の基礎学力の充実という狭い学力観のために時間を削られ，学校での実践の重点課題にはあげられなくなってしまった。

そこで，今こそ，もう一度，子どもたちを学び合い教え合う集団として高めていくための教育のあり方を，考え直すことが必要になっている。

3. いじめ防止教育のために

このような子どもたちの社会性に見られる課題の結果として，ここ数年でま

た，学校でのいじめが大きな問題となっている。大変心を痛める状況である。

　今日，子どもたちは，家庭の困難さの被害者であり，そこで受けた心理的な葛藤や不満をそのまま学校へ持ち込んでくる。子どもたちは，そうした家庭で生起した不満や怒り，不安やいら立ちを誰かにぶつけようとして，いじめを繰り返している。いじめ問題の発生源は，もはや学校だけではないため，根本的な解決に果たすことができる学校の役割は限られている。

　しかし，いじめを未然に防ぎ，いじめを発生させない学級づくりに対して学校の全教員が協力して取り組む余地は，大きく残されているといってよい。例えば，学級内での毅然としたルールの徹底，明るく支え合う仲間づくり，授業中でのつながりのある対話づくり，安心して過ごせるやさしい言葉をかけ合う関わりづくりなど，全校的な共通理解のもとに，全教職員が一貫した継続的な指導を行う努力は，どれほど熱意をもってしても為し過ぎることはない。

　ただし，そのためには，教師が上から力で押さえつける指導でもなく，子どもとのトラブルや衝突を避けて卒業を待つだけの放任主義でもなく，子どもの自己成長や助け合いの意思を意図的に刺激し，教師と子どもたちが協力し合ってよりよい学級をつくるための新しい学級経営の手法を生み出すことが，今こそ必要である。

　いいかえれば，認められたいと願い，ほめられれば伸びるという最近の子どもたちの特性を生かし，教師自身の学級づくりの力量形成を組み込んだ形で，教師と子どもたちがパートナーとなって，明るく前向きに学級づくりに取り組めるような仕組みづくりが，求められているといえる。

　つまり今こそ，学級経営に新しい手法が求められているのである。教師が学級のルールを経験的に設定し，それに基づいて叱ったりほめたりする指導を場面に応じて臨機応変に繰り返すという従来のやり方では，学級経営の今日的な課題を解決するために十分ではなくなっているからである。

　これからの学級経営における課題解決には，教師だけでなく学級の子どもたちが立ち上がって，「明日からも来たくなる楽しいクラスをつくろう！」「明るくて仲のよいクラスをつくろう！」「ルールが守れて安心できるクラスをつくろう！」という高い意識をもって，子どもたち自ら学級づくりに協働して取り組むことが，最も必要であると考えている。

つまり，子どもたちを学級経営に参画させ，子どもたちによる学級力セルフ・アセスメントを通して，仲間づくりの取り組みを学級力向上プロジェクトとして実施することが必要である。そのことによって，学級の子どもたちの中で正義と勇気が動き出し，自分の欲求不満の解消のために人間関係を壊そうとする邪悪な心を打ち負かし，さらに高い仲間づくりの目標の実現に向けて努力する態度を生み出すことにつながるのである。

　そこで，ここに学級力向上プロジェクトという新しい学級づくりの自律的・主体的な手法を提案し，いじめのない安心できる楽しい学級づくりに向けて努力する先生方を力強くバックアップすることにしたのである。

　学級力向上プロジェクトには，教師と子どもたちの協同的な学級づくりの取り組みを支援するために，学級力アンケートにはじまり，学級力レーダーチャート，スマイルタイム，スマイル・アクション，スマイル・ミーティング，教師用学級経営自己評価アンケートという，多様な手法や道具立てが含まれている。ぜひそれぞれの方法を，本書での豊かな実践事例を基にして，具体的にマスターしていただければと願っている。

4. 学級力とは

　そもそも，学級力とはどのような力なのだろうか。

　学級力とは，「学び合う仲間としての学級をよりよくするために，子どもたちが常に支え合って目標にチャレンジし，友だちとの豊かな対話を創造して，規律を守り安心できる環境のもとで協調的な関係を創り出そうとする力」である。

　このような定義を受けて，よいクラスといえる状況を表す学級力には，次のような5つの下位能力と学級の具体的な姿が含まれている（括弧内は下位項目の名称）。

領域1　目標をやりとげる力（目標，改善，役割）
　いつもみんなで達成したい目標があり，係活動等に責任をもって取り組み，子どもたちが生き生きといろいろなことにチャレンジしている学級

領域2　話をつなげる力（聞く姿勢，つながり，積極性）

授業中に友だちの意見につなげて発言したり，友だちの意見を尊重してよよいアイデアや新しい考えを生み出したりして，コミュニケーションを豊かに創造できる学級

領域3　友だちを支える力（支え合い，仲直り，感謝）
勉強やスポーツでよく教え合い，係活動等で助け合い，「ありがとう」や「ごめんなさい」が素直に言える学級

領域4　安心を生み出す力（認め合い，尊重，仲間）
友だちの心や体を傷つけたりせず，友だちのよさを認め合い大切にして，男女仲良くだれとでも仲間になって遊んだり学んだりできる学級

領域5　きまりを守る力（学習，生活，校外）
学校の内外で多様な学習や生活のルールを守るとともに，それらを話し合いによって創り出していくことができる規範意識の高い学級

このような5つの力をもつ学級力をしっかりと定義した理由は，「どのような学級が望ましいのか？」「どのような学級にしたいのか？」という学級づくりのイメージを，子どもたち同士が，そして教師と子どもたちが共有することが大切だからである。また，学級力向上プロジェクトを校内または学年の全学級で実施する際にも，学級として育てたい力についての共通意識を，全教員が学級や学年を超えて共有していることが大切である。

なお，中学校においては，学級力は領域として「自律力」を加えて，

領域1　「達成力」（目標，改善，役割，団結）
領域2　「自律力」（主体性，時間，運営，けじめ）
領域3　「対話力」（聞く姿勢，つながり，積極性，合意力）
領域4　「協調力」（支え合い，修復，感謝，協力）
領域5　「安心力」（認め合い，尊重，仲間，平等）
領域6　「規律力」（学習，生活，整理，校外）

という6領域24項目からなっている。

5.　可視化手法としての学級力アンケートと学級力レーダーチャート

では次に，学級力の状況を子どもたちにわかりやすく可視化する学級力アン

ケートと学級力レーダーチャートについて具体的に解説しよう。

(1) 学級力アンケートで自分たちのクラスを知る

　学級力アンケートは，学級力の状況を診断するためのデータをとる，子ども向けのアンケートである。これによって，子どもたちは自分たちのクラスの実態を，自分たちの評価意見として実感をもって受け止め，自分たちで主体的に診断し，それに基づいた学級改善の取り組みを始めることができるようになる。アンケートを実施して各項目に示された平均値は，いわば自分たちのクラスの学級力の状況に関する友だちからの評価意見の総意であり，そこからそれを重く受け止めようという，仲間づくりへの真摯な雰囲気が生まれてくる。

　いいかえれば，教師がアンケートをとってその結果を非公開にして日常の指導に役立てるのではなく，アンケート結果を子どもたちはもとより，必要に応じて同僚教員や保護者にも継続的に公開することで，教師と子どもたち，そして保護者が一体となって協力しながら，自分たちの学級をよりよくしようと取り組むための情報を示してくれる，開かれた子ども主体のアンケート・システムが，この学級力アンケートである。

　学級力アンケートは，それぞれ小学校中学年版，小学校高学年版，中学校版の3種類からなっている（章末の資料1－1，資料1－2，資料1－3参照）。小学校中学年版は5領域10項目，高学年版は5領域15項目，中学校版は，自律力という領域が追加されて6領域24項目を含んでいる。1回目の実施時には，やり方の説明が必要になるため30分程度の時間を要する。しかし2回目からは学年にもよるが，10分程度でこたえられるほどの簡便さをもつことも，このアンケートのメリットになっている。

　さらに，学級力アンケートの特徴は，それぞれの領域に含まれるアンケート項目を達成状況によって学期毎に差し替え可能にしていることである。これによって，達成率が90％を越える項目については，学級力向上への油断や慢心が子どもたちの間に生まれることを防ぐことができる。

(2) 学級力レーダーチャートによる診断と改善

　学級力を向上させるには，学級の子どもたちが納得し，そこから目標と手だてを見出すことができる，わかりやすい客観的な指標やデータが必要になる。そこで，学級力レーダーチャートという，これからの新しい学級経営の道具立

第1章　学級力向上プロジェクトのねらいと特徴

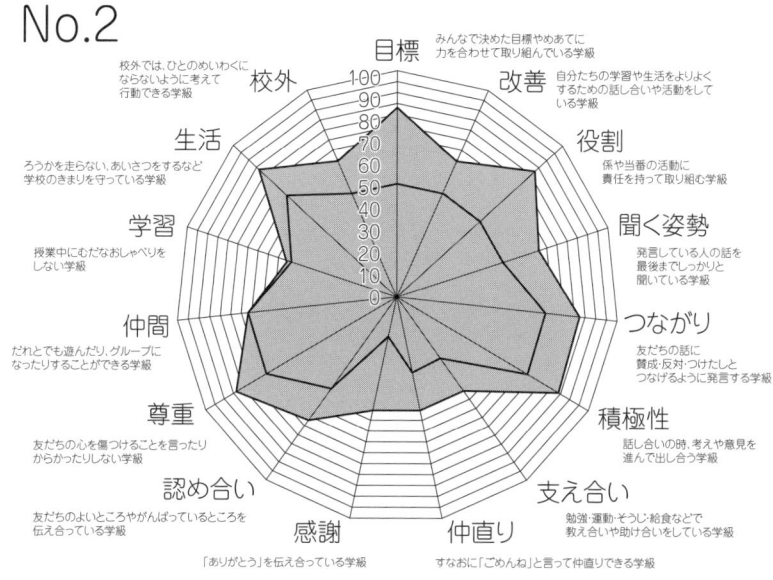

図1　学級力レーダーチャートの例（用語は各アンケート項目の名称）

てを開発した。

　学級力レーダーチャートは，学級力アンケートの集計結果を領域別・項目別に視覚的に表現したレーダー型グラフである。子どもたちはアセスメントの主人公になって，その形状や領域別達成状況を指標として，自らのクラスの仲間づくりの成果と課題について友だちと協力して診断したり，改善策を生み出したりするために，学級力レーダーチャートを活用する。

　学級力アンケートを実施して，その結果を集計して表現した学級力レーダーチャートの例が図1である。このレーダーチャートでは，前回実施したアンケートの結果を赤い実線（内側の実線）で表示し，今回の結果を青色の領域（網掛け部分）で表示することによって，学級力の変容が子どもたちに見やすくなるように工夫している。

　学級力レーダーチャートを作成するためのソフトを，マイクロソフト社のエクセルを用いて開発したので，学級の児童生徒の名簿に添って，学級力アンケートの項目毎に，1，2，3，4の評価点数だけを入力するだけでよい。慣

れれば，1回分の学級力アンケートの集計とグラフ作成には，10分もあれば十分である（付録DVD参照）。

ちなみに，クラス全員が1をつけたなら，レーダーチャートに示される肯定率は0％となり，順に，2をつけたなら33％に，3をつけたなら67％に，そして4をつけたら100％になるように計算式を立てているので，目安にして欲しい。実際にはその中間の値になるのは，子どもたちが各項目に付けた点数が様々だからである。

興味深いことに，同じ学年で実施しても，学級毎にレーダーチャートの形状や領域別達成率は大きく異なる。例えば，元気がよくて「目標をやりとげる力」が高くても，学級のきまりを守れないクラスがある。また，全体的に丸くふっくらとした形状になるクラスもあれば，領域毎に凸凹が大きいクラスもある。

また，例えば「学習：授業中にむだなおしゃべりをしない」という項目の達成率が低いクラスでは，「尊重：人の心を傷つけることをしない」や「聞く姿勢：人の話を最後までしっかりと聞く」という項目も関連して低くなる傾向がある。また，凸凹が極端に大きなクラスや全体的に小さな形をしているクラスは，学級内に人間関係上のトラブルを抱えていることが多い。当然のこととして，それぞれの学級に効果的な学級経営の取り組みは異なる。

そこで学級力レーダーチャートを拡大印刷し，それを黒板に貼って子どもたちと共に，自分たちのクラスの学級力の診断や改善のあり方について話し合う

図2　学級力レーダーチャートを拡大して，子どもたちと診断をしている

図3　子どもが自分で学級力レーダーチャートの変化を読み取っている

時間「スマイルタイム」を授業として正式に成立させて欲しいのである。

6. スマイルタイムの意義と進め方

さらに，学級力レーダーチャートを用いて，子どもたちが自分たちのクラスの学級力の自己診断をする時間であるスマイルタイムについてみてみよう。

(1) スマイルタイムとは

学級力向上プロジェクトの中心的な学習は，スマイルタイムである。スマイルタイムとは，学級力アンケートの結果をレーダーチャートで図示して，それを見ながら教師と子どもが共に「わがクラス」の仲間づくりの成果と課題を話し合い，さらにこれからの学級力向上の取り組みのアイデアを出し合う，子ども会議のことである。また，どの学級も，レーダーチャートの形状が同じになることはないので，各学級の独自な取り組みが必要になってくる。

いいかえるなら，学級づくりのための話し合い活動にクラスの子どもたち全員を参画させ，客観的なデータをもとにして，子ども主体の学級づくりを授業として成立させること，そして，そのことを通して，学級力を意図的・計画的に向上させることが大切なのである。

少なくとも学期に２〜３回はスマイルタイムを実施して，学級力向上の取り組みの成果を子どもたちに実感させるとともに，さらなる取り組みの立案と実践につなげて欲しい。

スマイルタイムにおける話し合いの機能は，次の５点になる。それぞれの回のスマイルタイムでは，重点を置く機能が異なる。

【スマイルタイムでの話し合いの機能】
① 学級力レーダーチャートを見て，自分たちのクラスの学級力の状況を，個人，班，学級全体で診断する。
② 学級力の高い領域・項目と低い領域・項目を取り出して，それぞれの原因や背景を分析する。
③ 複数回の学級力アンケートの結果を重ね書きしたレーダーチャートを用いて，学級力の変化や成長の様子を診断する。
④ 学級力が低い領域・項目や十分に高まらない領域・項目について反省し，

改善のための取り組み例を考えて、クラスで学級目標として決定する。
⑤　学級力が高くなった領域・項目について、その成果をほめ合ったり、お祝いしたりする。

　ただし、「学級力は生き物である」から、取り組みの結果、レーダーチャートが大きくなって、それを見た子どもたちから、「やったー！」「もっとがんばろう！」「みんなで取り組んだ成果だね！」という歓声が上がるときもあれば、逆に数値が下がってグラフの形状がへこんでしまい、元気がなくなったり、原因のなすりつけ合いが始まったりすることもあるので配慮が必要である。

　スマイルタイムでは、これまでサイレント・マジョリティーだった学級の子どもたちの正義感と勇気を表面化させて力を与えることで、子どもたちと教師が協働する学級経営が動き出すのである。

　各学年で年間6～10時間程度をあてて、特別活動や総合的な学習の時間などで定期的に実施することをぜひお薦めしたい。また、大きな学校行事で学級力が急に高まることがあるので、臨機応変に行事の後に学級力アンケートを実施してスマイルタイムを行っても効果的である。

（2）スマイルタイムの進め方

　子どもたちは、スマイルタイムが大好きである。心待ちにしているといっても、いい過ぎではない。「この前のアンケート、まだ見ないの？」「スマイルタイム、次いつするの？」と聞きに来る子も少なくない。自分たちのクラスのことだから気になって当然であるといえば当然だが、もう少し子どもたちの心理に寄り添って考えるなら、子どもたちは、自分たちのクラスのことを周りの友だちがどうとらえているかが気になって仕方ないのである。

　例えば、「自分は、無駄なおしゃべりが多くていやだなあと思っているけど、他の友だちはどうなのかな？」「自分は、『つなげるように発言ができる』に3をつけたけど、みんなはどうなのかな？」「この前のアンケートのときと比べて、点数は上がったのかな？」「レーダーチャートの形が、大きくなっているかな？」「最近クラスでちょっとけんかが多くなっているけど、レーダーチャートが小さくなっているかな？」といった疑問や期待、そして不安が、子どもたちの小さな心の中で渦巻いている。

　子どもたちは、一見すると無機質なグラフと数値の背景にある自分たちの学

級に対する思いの熱さを感じ取ることができるからこそ，スマイルタイムでの自己診断や改善案の提案に対して意欲的に取り組むことができるのである。
　「自分たちのクラスを，日本一のクラスにしたい！」
　「けんかやいじめ，チクチク言葉のあるクラスにいるのはいやだ！」
　「男女仲良く，みんなで遊べるクラスにしたい！」
　そうした子どもたちの学級づくりへの強い思いが，スマイルタイムでの真剣な話し合いに表れてくる。
　では，小学校で45分間，中学校で50分間のスマイルタイムをどのように進めれば，子どもたちの学級づくりへの願いを，自分たちの理想の学級像を実現するための主体的な取り組み（スマイル・アクション）へと高め，子どもたちの仲間づくりの実践力や行動力につなげることができるだろうか。
　そのためには，スマイルタイムという1時間の子ども会議を，次のような5つのステップから組み立てるようにするとよいだろう。

【スマイルタイムの標準的な進め方】
① 学級力レーダーチャートを貼り出して，その成果と課題について一人一人がワークシートに自己診断を記入する。
② 自己診断の結果を出し合い，黒板に貼り出しているビッグ・チャートの上に書き込んでいく。
③ 学級力の高い項目や前回に比べて伸びた項目について，ほめ合う。
④ 逆に，学級力の低い項目や前回に比べて低くなった項目について，課題としてとらえて，その原因を探る。
⑤ 学級力を高める取り組みのアイデアを出し合い，今週・今月の取り組み目標を決定する。

　以上の5つのステップは，あくまでも原則的なものである。学級の状態や学級担任の意図によって，柔軟に変更することが望ましい。
　さらに，指導上の留意点をあげると，次のような8つのポイントにまとめられるだろう。こうした十分な配慮と工夫のもとに，充実したスマイルタイムを実施したい。

【スマイルタイムにおける指導上の留意点】
① 学級力レーダーチャートを黒板に貼り出すときには，期待感をもたせたり，予想のつぶやきを出させたりして，参加意欲を高めるようにする。
② 学級力の課題について考えるときには，友だちの名前を出さないようにする。また，課題の改善のために「罰」を中心とした取り組み例を採用しないように配慮する。
③ 自己診断のための個人別ワークシートや，班での協同的な診断のためのミニ・ホワイトボード，学級全体での診断結果をまとめるビッグ・カルタなど，さまざまな表現ツールを用いるようにする。
④ 子どもたちの自己診断力が育っていない段階や，逆にスマイル・アクションの選定に時間をかけたいとき，あるいは集中して一つの課題について考えさせたいときには，重点的に診断・分析する領域や項目を絞り込んでよい。
⑤ 一人一人の自己診断力が付いてきたときには，生活班などの小集団での診断・分析にすぐに取り組ませてもよい。
⑥ 小学校高学年からは，少しずつ子どもたちがスマイルタイムの司会を務めることができるようにするために，また学級全体の討論力や対話力を育てるために，道徳や特別活動，総合的な学習の時間などで育てた話し合う力を活かすようにする。
⑦ いじめの発生，課題のある子の転入，特定の子どもの反社会的傾向の高まりなどが原因で，学級力が大きく下がったときには，スマイルタイムを一定期間実施しなくてよい。
⑧ 学級力が，子どもたちの取り組みの努力によって大きく伸びたときには，ほめ合いや，お祝いの雰囲気を出して盛り上げるようにする。

7. 学級力向上プロジェクトとは

それでは具体的に，学級力向上プロジェクトの進め方について解説しよう。

(1) 学級力向上プロジェクトの進め方

学級力向上プロジェクトは，学級力を向上させるために，子どもたち自身が学級力アンケートを実施してクラスの実態を客観的にとらえ，その診断結果を基にしてクラス全員で学級力向上のための取り組みを実践しようというプロ

ジェクト学習である。

　いいかえるなら，学級力向上プロジェクトとは，学級力アンケートによる学級力の自己評価，学級力レーダーチャートを基にして話し合うスマイルタイム，そして学級力向上のために子どもたちが主体的に取り組むスマイル・アクションという3つの活動を，1年間のR-PDCAサイクルに沿って意図的・計画的に実践する協同的な問題解決学習である。

　まず，子どもたちに学級力として高めたい力を，「こんなクラスにしたい」という子どもたちの願いとして，4月のスマイルタイムで一人一人カルタ（イメージ・マップやウェビング）にして整理させる。ここで子どもたち一人一人が描いたカルタの内容をクラス全員で出し合って，ビッグ・カルタにして整理する。これによって，クラス全員で学級力を協力して高めていこうという共通の意識と方向性をもたせることができる。

　次に，1回目の学級力アンケートを5月の連休明けにクラスで実施して，必要に応じて全国平均と比較しながら，このクラスの学級力をレーダーチャートにして，スマイルタイムの時間に子どもたちに見せる。

　すると，よいところもある反面で，いくつか課題も見つかるだろう。また，自分たちの学級の力がレーダーチャートで可視化されるので，子どもたちも学級の実態を実感しやすくなり，「なんとかして学級力を高めたい！」という改善の意欲も自然に高まっていく。そこで，成果と課題の背景にある原因を探り，話し合うとよい。その際に，課題については個人名を出さないように注意することが大切である。

　次に，子どもたち一人一人に，「これからどんなクラスにしたいか」，そして「そのためにみんなが取り組めばよいことは何か」という観点から，これからの行動目標を，子どもたちの話し合いを通して具体的に決める。

　ここで，1か月の期間を与えて，子どもたちが出した学級力向上のための取り組みのアイデア（スマイル・アクション）を実践していく。その過程で取り組みの成果が見えやすくなるように，例えば，折れ線グラフで自分の記録した成果をまとめて整理したり，日記形式で自分や友だちのがんばりの様子を記録用ワークシートに書き込んだり，教室の後ろに常時掲示しているビッグ・カルタの模造紙に，毎日帰りの会でその日学級力向上のためにがんばった友だちの

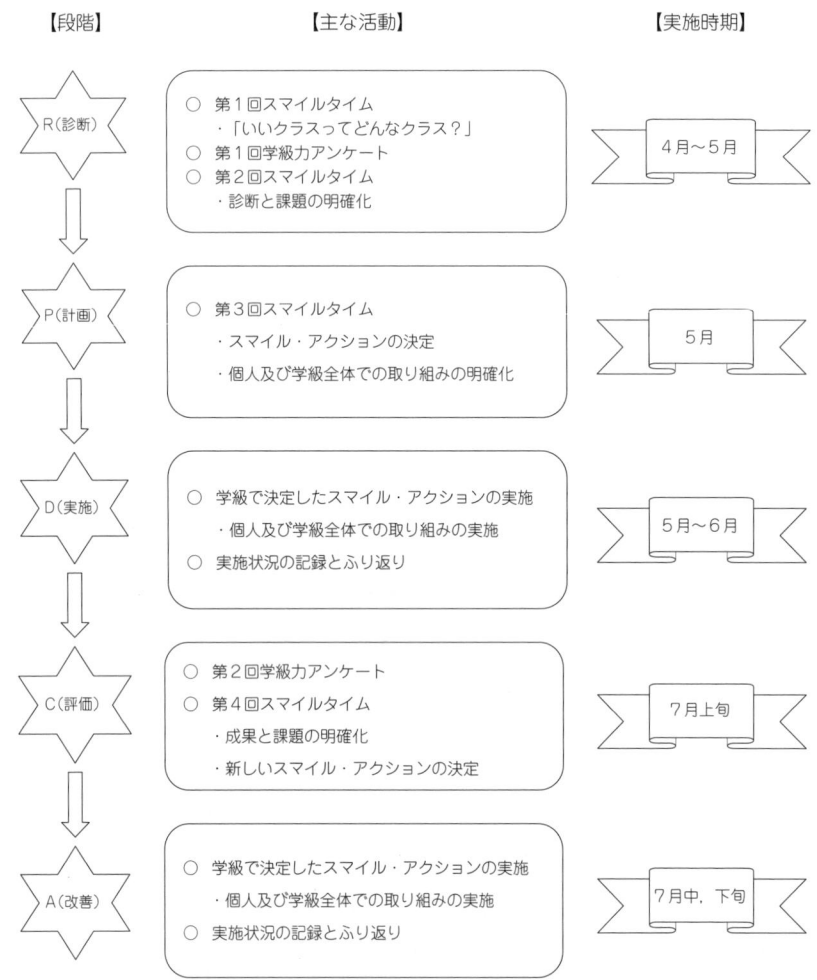

図4 R-PDCAサイクルに沿った学級力向上プロジェクトの流れ（1学期分）

ことを書くようにするとよいだろう。そうすることによって，学級力が少しずつでも着実にみんなのがんばりによって上がってきているという実感がもてるようになる。

　1か月たった頃に，2回目の学級力アンケートを取り，その結果を，子どもたち自身で一回目の結果と合わせて一枚のレーダーチャートに重ねて描いてみると，多くの項目で学級力の向上が見られるようになる。

ただし，いくつかの項目では，低下が見られたり，伸びが期待していたほど出なかったりすることも多いので，7月上旬に再びスマイルタイムを設定してさらなる課題の明確化や，これからの改善のための取り組み例を考え出すための話し合いをもち，実践を継続していくことが大切である。

こうした一連のR-PDCAサイクルに沿った学級力向上プロジェクトの流れをモデル図として表したものが，図4である。一つの学期を見通した実践化の見取図として活用していただければ幸いである。もし可能であれば，このR-PDCAサイクルを2学期や3学期にも継続して，年間を通して子どもたちが主体的・自律的に学級力向上に取り組むようにするとよい。

（2）スマイル・アクションの種類と具体例

では，1年間の流れの中で，子どもたちが学級力向上のために取り組む活動（スマイル・アクション）には，どのようなものがあるだろうか。

表1は，学級力向上プロジェクトに組み入れるスマイル・アクションのアイデアを，実施時間別に示したものである。

さらに，機能別に一覧表として整理したものが，表2である。

こうした多様な取り組み例を参考にして，学級で一年間継続的に取り組む，学級力向上カリキュラムが編成される。もちろん学級の実態に応じて，学級力レーダーチャートの結果をみながら課題を補うための活動を追加したり，学級力レーダーチャートの変化に合わせて，計画していた活動を入れ替えたりすることもあるだろう。また，子どもたちの意思や思いを尊重しながらも，学級担任自身の個性や特技，そして学級づくりへの思いを活かした取り組みになることが望ましい。つまり，学級の実態や学級力の変化に応じた柔軟なカリキュラム・マネジメントが求められているといえる。

さらに，中学校においては，学級担任だけでなく，その学年を担当している全ての教科担任が，各クラスの学級力の実態と取り組みの状況を共有して，学年団で協力して学年経営の一環として学級力向上に取り組む体制づくりが不可欠である。

2章以降に紹介したそれぞれの実践事例において，どのようなスマイル・アクションが選ばれ，どう子どもたちが主体的に進めていったのかについて，これらの一覧表と照らし合わせながら理解していただくことをお願いしたい。

表1　学級力を高めるスマイル・アクションの実施時間別分類

カリキュラム領域		活動アイデア
朝の会・帰りの会		○明日の学級力向上のめあてを決める。 ○今日の学級力向上MVPさんを発表してほめ合う。 ○今日のめあてを達成できたかどうかをふり返る。 ○今日のめあてを達成できた日には、マークやシールで記録を付ける。 ○今日の学級力向上のめあてを復唱する。 ○学級力向上のテーマソングを歌う。
朝自習・昼読書		○学級力の観点に関わる本を読む。
教科	国語科	○学級力レーダーチャートの結果を組み入れた説明文を書いて話し合う。 ○学級力向上プロジェクトの活動報告書を書いて話し合う。 ○学級力向上の提案書を書いて話し合う。 ○学級会を開いて、学級力向上の取り組みについて合意形成を図る。 ○学級力新聞を書いて話し合う。 ○学級力の向上と自己成長を関わらせた随筆を書いて話し合う。
	算数・数学科	○棒グラフを使って、学級力アンケートの結果の読み取りをする。 ○折れ線グラフを使って、学級力アンケートの結果の読み取りをする。 ○学級力レーダーチャートを組み入れた新聞を作成する。
	音楽	○学級力の観点に沿ったクラスソングやテーマソングを作る。
	図工科・美術科	○学級力の観点をキーワードにした学級旗や学級エンブレムを作る。
	外国語活動・英語科	○学級力向上をテーマにしたスピーチをする。
道徳		○友だち、友情、学級の団結、いじめやけんかをテーマに話し合う。 ○話し合いの結果をビッグ・カルタにして掲示する。
特別活動（委員会活動）		○スマイルタイムを実施する。 ○学級力向上につながるお楽しみ会や学級イベントを行う。 ○行事ごとに学級力向上のめあてを決めて、その成果をふり返る。 ○委員会活動で学級力係を決め、児童生徒主体で取り組みを推進する。 ○係活動や当番の成果と課題について話し合う。 ○学級力はがき新聞を書いて掲示する。
総合的な学習の時間		○学級力アンケートの結果を用いて統計グラフ・コンクールに応募する。 ○多様なワークショップを体験して、集団の成長について話し合う。 ○小集団でプロジェクトを実施し、その成果について話し合う。 ○成長発表会や評価セッションを設定して、学級力の成長をふり返る。 ○校外での活動についてねらいを定め、活動のふり返りをする。 ○学級力壁新聞を書いて、発表会を行う。
給食・清掃		○学級力向上の成果を祝し、牛乳で乾杯する。 ○もくもく清掃に取り組み、協力の大切さを実感させる。

表2 学級力を高めるスマイル・アクションの機能別分類

カテゴリー	ねらいと特徴	アクションの項目例
1. 掲示系	目標や決意、標語、学級力レーダーチャートなどを教室内に掲示することにより、子どもたち一人一人に学級力向上についての意識を高める。	○学級憲法や学級決意を作成して、教室に掲示する。 ○今月の学級力のめあてを短冊に書いて掲示する。 ○学級力コーナーに最新のレーダーチャートを掲示する。 ○学級力標語を一人一人作って貼り出す。
2. 記録系	スマイル・アクションの実践記録を定期的につけることにより、実践へ向けての意欲を高める。	○教室の後ろに、「今日のMVPさん」を書き出す。 ○「自分プロジェクト」で実行したことをグラフにする。 ○「学級力の木」に、できたことをカードに書いて貼る。
3. ほめほめ系	スマイル・アクションの実践に積極的に取り組んだ人を認め合うことにより、認め合う心を育て実践の意欲化につなげる。	○教室の後ろで、一人一人にほめほめカードを貼る。 ○帰りの会で、「今日のMVPさん」にみんなで拍手する。 ○学級力ワークシートに、友だちからのカードを貼る。
4. サイン系	課題のある行動に対して友だちや自分にサインを送り合うことにより、改善への積極性を生み出す。	○おしゃべりがうるさくなったら、グーのサインをする。 ○椅子シーソーをしていたら、パーのサインをする。 ○机の左上に、自分へのメッセージを貼り付けておく。
5. ポイント系	スマイル・アクションを目標通りに実践できたときに、ポイントを貯めていくことで実践への意欲を高める。	○目標通りに取り組みができたときにポイントをもらう。 ○ポイントが基準を超えたときに約束のご褒美をもらう。 ○ポイントの基準やご褒美の内容をみんなで決める。
6. 体験系	学級力を高めるために効果的な体験活動やワークショップを主体的に実践することで、さらなる学級力の向上を図る。	○学級力を高めるお楽しみ会や学級祭を企画・実施する。 ○怒りをしずめるワークショップを体験する。 ○仲間づくりのワークショップを体験する。 ○クラスで団結して、ボランティアを実践する。
7. 行事系	行事の目標に学級力向上を関わらせて、意欲化につなげる。	○学校行事について学級力向上をめあてとしてがんばる。 ○行事のめあてを決めて、バナーに書いて掲示する。
8. ものづくり系	学級力新聞の発行や、クラスソング、アートポスターの制作を通して、多様なスマイル・アクションの推進への意識を高める。	○学級力係が中心となり、学級力新聞を発行する。 ○一人一人で、はがき新聞を定期的に発行する。 ○ペーパーピラミッドづくりなどを班で体験する。 ○学級力の歌や俳句、短歌、詩などを作って味わう。 ○学級力アートポスターを制作して、教室内に貼る。 ○学級力壁新聞を制作して、廊下に貼る。
9. 話し合い系	スマイルタイムにおける話し合いや、道徳の時間で学級力の大切さを深く考えさせることにより、合意形成を図りながら、学級力向上への意識をもたせる。	○スマイルタイムで、学級力アンケートをとる。 ○スマイルタイムで、レーダーチャートの診断をする。 ○学級力を高めるアクションを決めるための会議を開く。 ○道徳の時間に、学級力の大切さについて深く考える。
10. お祝い系	学級力向上の目標が達成したことを学級全員でお祝いすることにより、学級力向上プロジェクトの達成感を味わわせる。	○目標を達成したときに、給食の牛乳で乾杯する。 ○今月の目標が達成できたときに、くす玉を割る。 ○学級力向上発表会を開いて、成果発表をする。

8. スマイル・ミーティングのすすめ

　最後に,「スマイル・ミーティング」とは,校内の教師が学級力向上について,自分のクラスの学級力レーダーチャートを持ち寄ってアドバイスをし合う会議のことであり,これを定期的に開くことで,学年経営や学校経営的な広がりをもって,学級力向上の取り組みを計画的に実践することができるようになる。

　また必要に応じて,教師用学級経営自己評価シート（付録DVD参照）を用いて,自身の学級経営力の状況を継続的に自己診断しながら,力量形成につなげていくことも大切である。

［注］なお,学級力アンケートや実施方法,作成ソフトを用いた学級力レーダーチャートの描き方,スマイルタイムの進め方,そして,年間を通した学級力向上プロジェクトの進め方などについては,付録DVDにそれぞれのマニュアルを入れているので,参照していただきたい。また,学級力レーダーチャート作成ソフト,教師向け学級経営自己評価シートの作成ソフトなども,付録DVDに入れているのであわせて活用していただければ幸いである。

［参考文献］
田中博之『学級力が育つワークショップ学習のすすめ』金子書房,2010
田中博之（編著）『言葉の力を育てる活用学習』ミネルヴァ書房,2011
田中博之『カリキュラム編成論』NHK出版,2013
新潟大学教育学部附属新潟小学校『「学級力」で変わる子どもと授業』明治図書,2010
新潟大学教育学部附属新潟小学校『「学級力」を鍛え,授業で発揮させる』明治図書,2012

第1章 学級力向上プロジェクトのねらいと特徴

ver.2.0

学級力アンケート

第　回（　月）

年　　組　　番
名前

◎ 私たちの学級について、それぞれの文の4〜1の数字に一つずつ〇をつけましょう。

4：とてもあてはまる　3：少しあてはまる　2：あまりあてはまらない　1：まったくあてはまらない

やりとげる力
① 目標　みんなで決めたもくひょうやめあてに力をあわせてとりくんでいる学級です。　　4－3－2－1
② 役割　かかりやとうばんの活動にすすんでとりくむ学級です。　　4－3－2－1

話をつなげる力
③ 聞く姿勢　発言している人の話をさいごまでしっかりと聞いている学級です。　　4－3－2－1
④ つながり　友だちの話に賛成・反対・つけたしと、つなげるように発言している学級です。　　4－3－2－1

ささえあう力
⑤ 支え合い　勉強・運動・そうじ・給食などで、教えあいや助けあいをしている学級です。　　4－3－2－1
⑥ 仲直り　すなおに「ごめんね」と言って、なかなおりができる学級です。　　4－3－2－1

あんしんを生む力
⑦ 尊重　友だちの心をきずつけることを言ったり、からかったりしない学級です。　　4－3－2－1
⑧ 仲間　だれとでも遊んだり、グループになったりすることができる学級です。　　4－3－2－1

きまりをまもる力
⑨ 学習　じゅぎょう中にむだなおしゃべりをしない学級です。　　4－3－2－1
⑩ 生活　ろうかを走らない、あいさつをするなど、学校のきまりをまもっている学級です。　　4－3－2－1

資料１－１　学級力アンケート・小学校中学年版

ver.2.0

学級力アンケート

第　　回（　　月）

年　　組　　番
名前

◎ このアンケートは、私たちの学級をよりよくするためにみんなが意見を出し合うものです。それぞれの項目の4～1の数字のあてはまるところに、一つずつ○をつけましょう。

4：とてもあてはまる　3：少しあてはまる　2：あまりあてはまらない　1：まったくあてはまらない

目標をやりとげる力
①目標　　みんなで決めた目標やめあてに力を合わせてとりくんでいる学級です。　　4－3－2－1
②改善　　自分たちの学習や生活をよくするための話し合いや活動をしている学級です。　4－3－2－1
③役割　　係や当番の活動に責任を持ってとりくむ学級です。　　4－3－2－1

話をつなげる力
④聞く姿勢　発言している人の話を最後までしっかりと聞いている学級です。　4－3－2－1
⑤つながり　友だちの話に賛成・反対・つけたしと、つなげるように発言している学級です。　4－3－2－1
⑥積極性　話し合いの時、考えや意見を進んで出し合う学級です。　　4－3－2－1

友だちを支える力
⑦支え合い　勉強・運動・そうじ・給食などで、教え合いや助け合いをしている学級です。　4－3－2－1
⑧仲直り　すなおに「ごめんね」と言って、仲直りができる学級です。　　4－3－2－1
⑨感謝　　「ありがとう」を伝え合っている学級です。　　4－3－2－1

安心を生む力
⑩認め合い　友だちのよいところやがんばっているところを伝え合っている学級です。　4－3－2－1
⑪尊重　　友だちの心を傷つけることを言ったり、からかったりしない学級です。　4－3－2－1
⑫仲間　　だれとでも遊んだり、グループになったりすることができる学級です。　4－3－2－1

きまりを守る力
⑬学習　　授業中にむだおしゃべりをしない学級です。　　4－3－2－1
⑭生活　　ろうかを走らない、あいさつをするなど、学校のきまりを守っている学級です。　4－3－2－1
⑮校外　　校外ではひとのめいわくにならないように考えて行動できる学級です。　4－3－2－1

資料１－２　学級力アンケート・小学校高学年版

学級力アンケート ver.2.0

年　　組　　番
名前

第　　回（　　月）

◎　このアンケートは、私たちの学級をよりよくするためにみんなで意見を出し合うものです。
それぞれの項目の4～1の数字のあてはまるところに、一つずつ○をつけましょう。

4：とてもあてはまる　3：少しあてはまる　2：あまりあてはまらない　1：まったくあてはまらない

達成力

①目標	みんなで決めた学級目標に力を合わせて取り組んでいる学級です。	4－3－2－1
②改善	自分たちの学習や生活をよくするための話し合いや活動をしている学級です。	4－3－2－1
③役割	係や当番の活動に責任を持って取り組む学級です。	4－3－2－1
④団結	生徒会で決めた活動や学校行事に、団結して取り組んでいる学級です。	4－3－2－1

自律力

⑤主体性	学年や学校のためになる活動を提案して、進んで取り組んでいる学級です。	4－3－2－1
⑥時間	集合の時間、授業開始の時間、活動終了の時間などを守る学級です。	4－3－2－1
⑦運営	学級会では、司会や記録を自分たちで担当して話し合いを進める学級です。	4－3－2－1
⑧けじめ	楽しむ時とまじめに集中する時のけじめをつけることができる学級です。	4－3－2－1

対話力

⑨聞く姿勢	発言している人の話を最後までしっかりと聞いている学級です。	4－3－2－1
⑩つながり	友だちの話に賛成・反対・つけたしと、つなげるように発言している学級です。	4－3－2－1
⑪積極性	話し合いの時、考えや意見を進んで出し合う学級です。	4－3－2－1
⑫合意力	異なる意見や提案をよく聞いて、話し合いをまとめることができる学級です。	4－3－2－1

資料1－3　学級力アンケート・中学校版

協調力

⑬支え合い　家庭学習や考査前学習などで、教え合いをしている学級です。　　　4－3－2－1
⑭修復　　　小さなけんかやトラブルは、話し合いで解決できる学級です。　　　4－3－2－1
⑮感謝　　　「ありがとう」を伝え合っている学級です。　　　　　　　　　　　4－3－2－1
⑯協力　　　授業中、グループ学習や班活動でよく協力している学級です。　　　4－3－2－1

安心力

⑰認め合い　友だちのよいところやがんばりを認めて伝え合っている学級です。　4－3－2－1
⑱尊重　　　友だちをばかにしたりからかったりせず、一人一人の心や命を大切にする学級です。　4－3－2－1
⑲仲間　　　男女の仲がよく、共に学んだり活動したりしている学級です。　　　4－3－2－1
⑳平等　　　友だちの間に上下関係がなく、誰とでも平等に接している学級です。　4－3－2－1

規律力

㉑学習　　　授業中にむだなおしゃべりをしない学級です。　　　　　　　　　　4－3－2－1
㉒生活　　　あいさつ、服装、持ち物などについて、学校のきまりを守っている学級です。　4－3－2－1
㉓整理　　　ろうかや教室を整理整頓している学級です。　　　　　　　　　　　4－3－2－1
㉔校外　　　校外でもひとのめいわくにならないように考えて行動できる学級です。　4－3－2－1

私たちの学級のよいところを書きましょう。	私たちの学級の課題や改善すべきことを書きましょう。

第2章

小学校の学級力向上プロジェクト

3年生の実践──120％HAPPYな学級を

石川県小松市教育委員会指導主事
北野　勝久

1. 120％HAPPYな学級をつくろう

　3年生は本格的な児童期への歩みがみられる時期である。学校生活にも慣れて，心の発達も著しい。

　4月当初，そんな子どもたちに，目指す学級像として「120％HAPPYな学級をつくろう」という話をした。

　「120％HAPPYな学級」とは，
・自分から友だちや家族に学級のよさを伝えたくなるような学級
・自分が学級（みんな）のために何かしたくなるような学級
である。

　そんな120％HAPPYな学級をつくっていくことをみんなで確認し，学級の子どもたち一人一人が1年後の目指す学級の姿（サクセスゴール）について考えた。そして，その考えを学級全体で共有し，話し合いの中から決定した。

　その際，学級力を向上することがサクセスゴールにつな

みんなでつくった学級目標
何でもチャレンジ（目標をやりとげる力）
力を合わせて（話をつなげる力）
みんななかよく（友だちを支える力）
えがおいっぱい（安心を生む力）
ルールを守る（きまりを守る力）

がることを常に意識するために，学級目標を学級力を構成する5つの力と対応するようにした。このサクセスゴールを自分たちの最終目標として，自分たちの行動をふり返るときに，立ち戻るようにした。

2. 学級づくりの核としての学級力向上プロジェクト

子どもたちが主体となって学級の現状分析から課題を見出し，改善策を考え実践する「学級力向上プロジェクト」を学級づくりの核として取り組んだ。

（1）学級力アンケート

学級力アンケートは年6回実施した。

3年生は，まだ幼く，自己中心的なところがあり，その日やその時の気分に左右されることがある。そこで，アンケートを実施する際の注意点として，

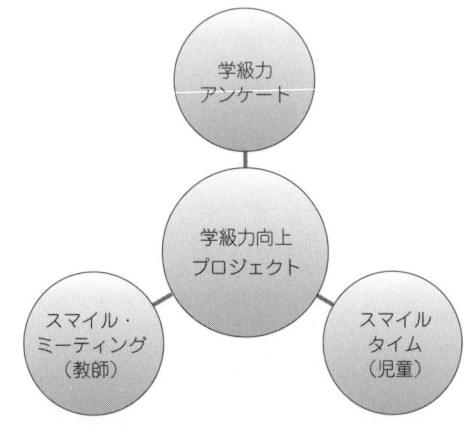

図1　学級力向上プロジェクトを構成する3つの活動

・自分自身についてではなく，学級全体のことを考えて答えること
・その日の学級を評価するのではなく，これまでの（第2回目のアンケート以降は学級力向上の取り組みを行っての）学級の状況をふり返って評価すること

を確認した。また，アンケート項目をしっかり把握できるように，教師が項目を読み上げながら，一つずつ評価していくようにした。

（2）スマイルタイム（児童）

学級力アンケートの結果はレーダーチャートに表して視覚化する。そのレーダーチャートをもとに，子どもたちが学級力の向上について話し合う「スマイルタイム」という時間を設定した。

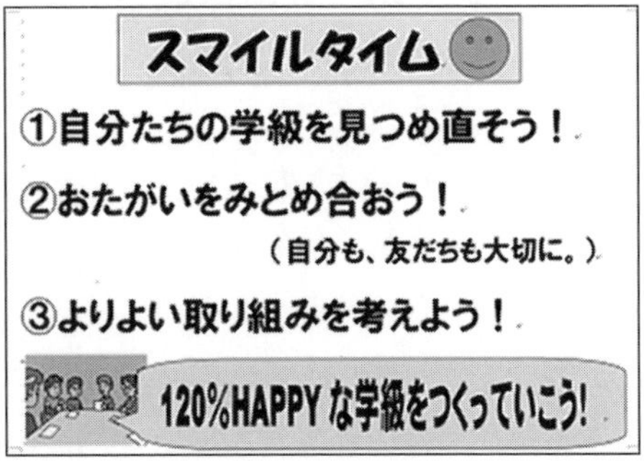

図2　スマイルタイムの約束

〈スマイルタイムの流れ〉
① 「スマイルタイムの約束」(図2)を確認する。
② 学級力レーダーチャートを提示する。
③ レーダーチャートをもとに,学級力のBefore-Afterから,学級の現状について分析する。
④ 学級として伸ばしたい力を決定する。
⑤ 学級をよりよくするための取り組みについて話し合う。(グループ→全体)
⑥ 学級全体での取り組み内容を決定する。
⑦ 次の学級力アンケート日を知らせ,目標をもたせる。

　①「スマイルタイムの約束」の確認は大切である。学級を見つめ直す中で,どうしても子どもたちから「○○さんがきまりを守らない」など,友だちを中傷したり,否定的な意見が出たりすることがある。そんなときは,「スマイルタイムの約束」をふり返り,自分も友だちも大切にすること,互いによいところを認め合うことを確かめた。
　③学級の現状の把握では,レーダーチャートの項目に目を向けさせ,なぜ,その項目が高いのか(低いのか)を具体的な事例をもとに考えることで,学級の問題点を共有した。
　④伸ばしたい力の決定では,学級の現状から,その力を伸ばして,どんな学級をつくりたいのかを明確にし,共通理解するようにした。
　⑤学級をよりよくするための話し合いは,はじめにグループで行う。仕事分担を決めて行い,役割を明確にすることで,自分の責任を果たせるようにした(図3)。グループで話し合うことで,自分と友だちの考えの違いを知り,お互いの意見を尊重しながら,めあてを達成するための方法や手段を見出すようにした。
　2学期からは,スマイルタイムの司会を子どもが担当し,自分たちが学級をつくるという意識をさらに高めるようにした。
　⑥取り組み内容の決定では,グループで話し合った内容を全体の場で出し合い,比べ合い,折り合いをつける。自分が関わった集団の決定に,一人一人が責任をもち,みんなで協力して実践するように意欲づけを図った。

図3　グループでの話し合いの役割分担

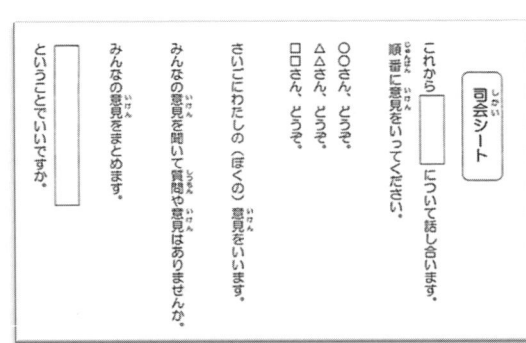

図4　スマイルタイムの司会シート

図5　学級をよりよくするための取り組みについてグループで話し合い，ホワイトボードにまとめる

図6　子どもたちがスマイルタイムの司会を担当し，話し合いを進めていく

　また，スマイルタイムで決定した学級全体での取り組みは，学級独自の活動や日々の授業，学校行事など，学校生活の中で具体的に実践できるものとした。取り組みを継続することで，子どもたちの主体的な活動を引き出し，育て，学級改善の実践力を高めていくことをねらった。

　取り組みが長くなると，活動自体の目的意識が低下してしまうので，
・次の学級力アンケート実施日を知らせ，目標をもたせる
・取り組みを短い期間でふり返って，適宜，見直し修正する
ことにした。

　さらに，取り組みについてのふり返りの中で，互いのよさを認め合うように心がけた。レーダーチャートが伸びないと，どうしても学級の中で課題がある子への批判が出てしまうことがある。そんなときは，教師がその子のがんばりに目を向け，ほめることで，まわりの子が，温かい眼差しでその子のよさを発

見できるように，そして認め合う関係づくりにつながるように配慮した。また，子どもたちの行動面の成長だけではなく，「友だちとけんかをしても素直に謝れるようになったのは，心が強くなったからだね」というように，心の成長を評価するように心がけた。

　活動を通して，連帯感を高め，人間的なふれあいを深めながら，集団の一員としての役割を果たそうとする態度の育成を図ることも大切である。一人一人が役割を担い，みんなで取り組むことで，「自分たちでできた」「自分たちが学級を変えた」という気持ちをもたせるよう努めた。

(3) スマイル・ミーティング（教師）

　学級経営に担任一人ではなく，全職員が関わる。学年や低中高学年のブロック，さらには学校全体をあげてチームとして，学級や子どもたちを見守り支える。そのための共通の指標の一つとして学級力を生かした。各学級のレーダーチャートをもとに，学級の状況や学級力向上のための取り組みについて話し合い，意見交換を行うスマイル・ミーティングをもった。

3. レーダーチャートに見る学級力の変容と成長

(1) 第1回スマイルタイム

　はじめてのレーダーチャートの公開。子どもたちからは，「レーダーチャートが小さい」との声が多くあがった。話し合いの中で，3年生になり，友だち関係が広がる中で，「遊びの中で嫌なことを言われる」と訴える子が多かった。そこで，特に低い「尊重」を伸ばす力と決め，取り組みについて話し合った。

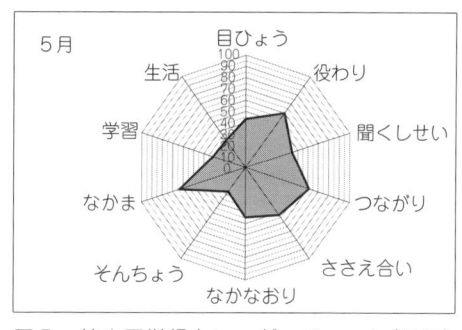

図7　第1回学級力レーダーチャート（5月）

取り組み①：悪口0（ゼロ）　☆
悪口を言わないように一人一人が気をつける。

取り組み：②スマイルシール　☆☆
学校生活を楽しく笑顔で1日過ごせた人にはシールが当たる。

※☆の数は，子どもたちのふり返りによるおすすめ度

(2) 第2回スマイルタイム

　レーダーチャートにどのような変化がみられるか，子どもたちはとても楽しみにしていた。しかし，第2回レーダーチャートは第1回とほとんど変わらず，「尊重」が伸びなかったばかりか，高かった「仲間」までも低くなった。

　子どもたちは話し合いの中で，「悪口を言う子を避け，関わりをもとうとしなかったので，仲間まで低くなったのではないか」と分析した。そこで，次に伸ばす力を，低くなった「仲間」に決め，どうすればよいかについて話し合った。

　また，取り組みについては，Try-all（トライ・オール）の精神で，みんなで考えて決めたものを全部やってみることにした。

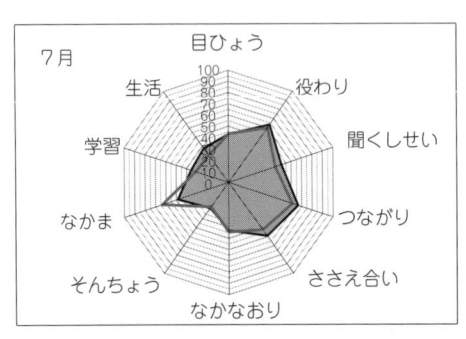

図8　第2回学級力レーダーチャート（7月）

取り組み③：みんなで花丸　☆☆
学級のみんなが1日仲良く過ごせたら花丸。その花丸がたまったら花丸パーティーをする。

取り組み④：今日のめあて　☆☆
朝の会に当番が「仲間」を伸ばすためのめあて（休み時間に学級全員で遊ぶなど）を決め，帰りの会でふり返る。

取り組み⑤：みんなと話そう　☆☆
1日の間に学級の全員と話をする（あいさつを交わすだけでもよい）。

取り組み⑥：すぐになかなおり　☆☆
友だちとけんかをしたら，お互いにすぐに謝る。

(3) 第3回スマイルタイム

　第2回のときは，レーダーチャートの変化がほとんどなかったので，子どもたちもあまり期待はしていなかった。だが，第3回の結果を見ると，レーダーチャートが大きく伸びており，子どもたちからは歓声があがった。

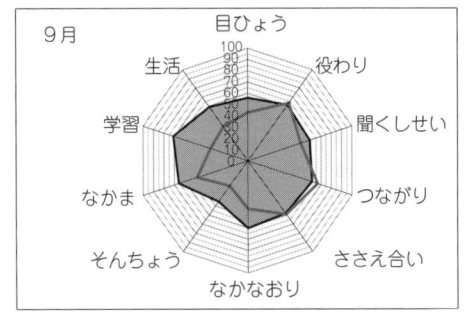

　取り組んできた「仲間」だけで

図9　第3回学級力レーダーチャート（9月）

はなく，他の項目も伸びていることに驚いていた。みんなで力を合わせれば，学級が変わるということを実感したようであり，「もっと学級力を高めたい」という意見が多く出た。

次に伸ばす力として，少し下がっていた「支え合い」を伸ばすことになった。

> 取り組み⑦：みんなで学び合い　☆☆☆
> 授業の中ですすんで教え合いをする。はじめはグループの中で。そして全体に広げていく。

> 取り組み⑧：いっしょに遊ぼう　☆☆
> 休み時間に声をかけ合い遊ぶ。1週間で学級の全員と遊ぶことを目標とする。

> 取り組み⑨：男女仲良く　☆☆☆
> 困っている友だちがいたら助ける。付箋でありがとうの気持ちを伝える。

> 取り組み（特別編）：学級力新聞
> 第7章　はがき新聞による学級力向上の意識づけ「小学3年生のはがき新聞」参照

（4）第4回スマイルタイム

第4回（10月）のレーダーチャートはさらに前回より大きくなり，子どもたちも，これまでの取り組みの成果が表れていると感想を述べていた。

だが，レーダーチャートの数値をみてみると，どれも80％以下で，「これからもっと伸びる可能性がある」という意見が出た。つぎに伸ばす力を「目標」とし，レーダーチャート全体を大きくする取り組みを考えた。

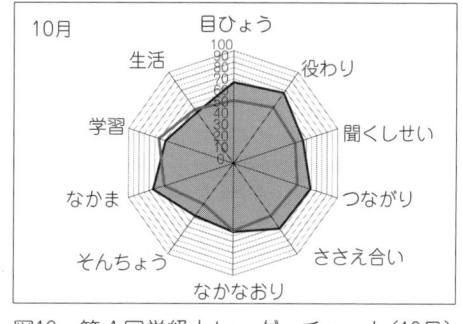

図10　第4回学級力レーダーチャート（10月）

> 取り組み⑩：「目標」を伸ばそう　☆☆☆
> 「役割」－「聞く姿勢」－「つながり」－「支え合い」－……とレーダーチャートの時計回りの順番に，毎日目標を決める。目標は簡単なものから難しいものへと少しずつレベルアップする。

（5）第5回スマイルタイム

第5回（11月）もレーダーチャートは大きくなっていた。学級の雰囲気もとてもよくなっているということを子どもたちも実感しているようだった。

80%を超えた項目もあり，100%を目指そうということから「仲間」を伸ばすことになった。

> 取り組み⑪：ミニゲームをしよう ☆☆
> 1日に1回，学級のみんながふれあえるようなミニゲームをする。

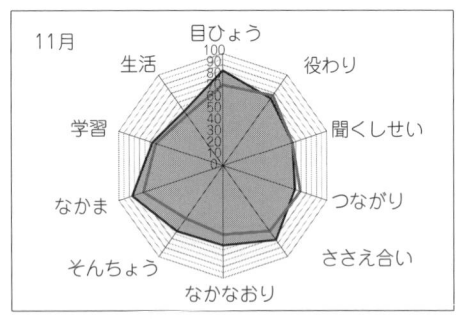

図11　第5回学級力レーダーチャート（11月）

4. プロジェクトの成果と実践上の配慮点

　成果を，児童の姿の変容を視点としてまとめると以下の3つがあげられる。
・「学級力」をレーダーチャートで可視化したことにより，学級の現状について客観的にとらえることが可能となった。3年生にとっても把握しやすく，学級の課題から改善への話し合いがスムーズに進められた。
・年間を通した「学級力向上プロジェクト」の取り組みの中で，「よりよい学級をつくるためにはどうすればよいか」を自分たちで真剣に考え，話し合い，行動する姿が数多く見られるようになった。
・子どもたちの中に「自分たちの力で学級を変えた」という意識が芽生え，学級づくりに積極的に参画するようになった。

　実践上の配慮としては，以下があげられる。
・3年生は生活経験が少なく，学級力向上の取り組みが単調になりやすい。他の学級や学年の取り組みの事例を紹介したり，取り組みの具体例を提案してみたり，教師の適切なアドバイスが必要である。
・学級全体の取り組みということで，活動の中で，課題のある子への批判が出ることがある。子どもたち同士で課題のある子を理解し，その子のよさを発見し認め合う関係づくりができるよう，日頃から，教師が子どもたち一人一人のよさを認めていくことが大切である。

　子どもたちはみんな「よい学級をつくりたい」という気持ちをもっている。子どもたちが笑顔になるスマイルタイム。よりよい学級を目指して話し合う姿から心の成長が感じられた1年であった。

4年生の実践──クラスの課題を協力して解決する力を育てる取り組み

■大阪府豊中市立中豊島小学校教諭■
蛯谷　みさ

　学級経営はとんとん拍子にはいかないものである。新たに受けもった児童たちとの新鮮な出会いの4月から,「どうしてこうなるの？」と,驚くような出来事が続く。やらなければならない授業や行事と,そのようなことはお構いなしに予期せず起こる問題の解決に,日々奔走しながら学級がどうなっていったのか,学級力プロジェクトがそんな中でどう働いたのか,悩みながら進めた事例の紹介である。

1. 年度初めの学級の状況

　私にとっても経験のないような問題からのスタートであった。クラス替え直後の4月。新しい学年になり希望に胸膨らむ反面,新しい級友の集団に戸惑うのか,ほとんどが緊張した表情である。明るく,礼儀正しく,快活なこの子どもたち一人一人が楽しく伸び伸び成長していくクラスにしようと心に決めた。しかし,その中で,明らかにイライラした様子の子,沈んだ目つきが気になる子など,穏やかでない表情の子どもたちがいるのが気になった。そのような中,教室の個人の机に心を深く傷つけるような言葉が落書きされたり,人の物が勝手に取られ,窓から投げ捨てられたりするなどの困った出来事が起きた。まじめに素直に4年生という学年をがんばろうとしている子どもたちの中でこのようなことが起こるというのが不可解であった。トラブルについて話を聞こうにも話題をそらして教師を混乱させたり,特定の子に嫌なことを言ったり(○○エキスが移るなど),行ったりするいじめが前学年から続いていたこともわかってきた。一方で,不安そうな表情の子は家庭内で親子関係にトラブルがあり,保護者が相談に来られた。さらに加えて,数年前から不登校傾向な子や,進んで発表する積極的な子に陰口悪口を言う子もいたり,また,男女の仲があまりよくなかったりと,落ち着かない4月,5月であった。

2. スマイルタイムと実践の流れ

　学級力アンケートは，学期初めと学期終わりにとって，その変化を見ることが推奨されているが，それにとらわれずに，学級で問題が起こったときや大きな行事などの節目を境に学級の実態を認識してその対策（スマイルアクション）を考えるためにアンケートをとってスマイルタイムを行った。年間の大きな流れは表1のとおりである。

表1　スマイルタイムの年間計画

4月	・子どもたちに自分の将来の夢を描かせる（図1・2）。 　どんな自分になりたいか。なりたい自分をイメージさせる。風船状に切り抜いた紙に夢を書かせて，一人一人の夢が気球となってクラスを大空へ押し上げていく様子を模造紙に表して掲示した。 ・どんなクラスにしたいか。みんなの希望を出し合い，話し合って学級目標を作っていった。それを学級だよりで知らせる。 ・保護者の願い（どんなクラスになってほしい。どんな子になってほしい。）を紙に書いて頂き，子どもたちに伝える。
5月	学級力アンケート　レーダーチャート　第1回スマイルタイム
7月	学級力アンケート　レーダーチャート　第2回スマイルタイム 1学期の総括→成果と課題を見据えた2学期の目標設定
9月	2学期の個人目標の設定 運動会に向けての学級目標設定　運動会をふり返って
10月	学級力アンケート　レーダーチャート　第3回スマイルタイム 学習発表会「劇」上演に向けての目標設定 国語と総合の連携──新聞作りの学習と連携した学級力向上の取り組み
11月	学習発表会 保護者や異学年児童による感想を紹介（学級掲示や学級だよりにて）
12月	学級力アンケート　レーダーチャート　第4回スマイルタイム 2学期の総括→成果と課題を見据えた3学期の目標設定
1月 2月 3月	学級力向上をテーマとしたコンピュータ新聞作成→3月まで（総合） 学級力アンケート　レーダーチャート　第5回スマイルタイム 学級力アンケート　レーダーチャート　第6回スマイルタイム 学級力レーダーチャートを組み込んだはがき新聞作り 1年間の総括　学級文集作り

第2章　小学校の学級力向上プロジェクト

図1　一人一人の夢を教室に掲示 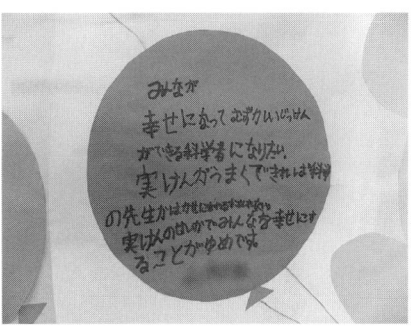　　図2　風船状の紙に書いた一人一人の夢

3. レーダーチャートにみる学級力の変容と成長

＜5月＞

　初めてのスマイルタイム。学級力レーダーチャートを見て，課題は多いが，特に「聞く姿勢」「学習」「尊重」が問題であることに子どもたち自身が気づいた。そのためにどうしたらよいかを話し合ったが，「授業中は静かにする」「忘れ物をしない」「悪口を言わない方がいい」など，あるべき姿や理想はたくさん出るのだが，実現のための方法には及ばないまま時間切れになった（図3）。

　そこで，もう一度スマイルタイムの続きを行った。5月の時点でのよいところと伸ばしたいところを整理して，6月に向けて何を重点的に取り組むのか，なぜそれを伸ばさないといけないのかといった理由や，そのためにどうするか

図3　こうありたいと願うクラスの姿 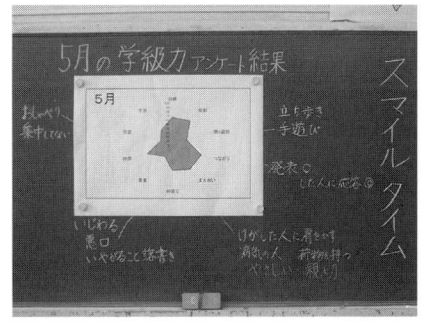　　図4　比較的よいところと伸ばしたいところ

33

図5　グループで話し合い　　　図6　理由を深く考えた

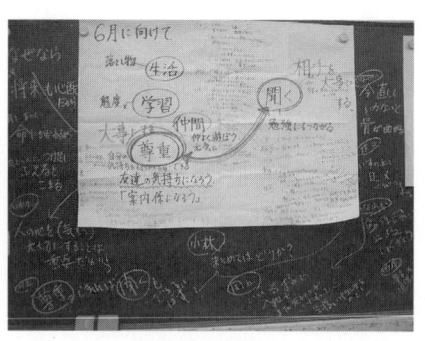

といった方法を考えるスマイルタイムを行った（図4・5・6）。多くの子どもから多くの意見が活発に出された。例えば，「聞く姿勢」は勉強や将来に関係するから大事だ，しかし，勉強ができていい学校に入れても「しね」と言われたら学校に行けなくなるから「尊重」の方が命にかかわるので真っ先に大事だ，「尊重」ができれば他の人のことを考えられるのだから「聞く姿勢」もできるようになるはず，などである。他の教科のときには手を挙げない子が深い考えを述べて積極的に発言していたのが印象的であった。記録が間に合わないくらい活発な議論であった。しかし，どれを重点的に6月に取り組むのかを決めるときになると，男女でライバル意識が強く，大きく対立してまとまらない。学級力の向上について前途多難であると感じた。

＜7月＞

依然として苦戦。いたずらの落書きがなくなった（図7），人の発言中にや

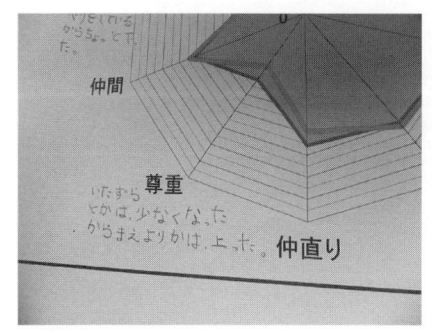

図7　7月　子どもの分析　　　図8　2学期に向けて

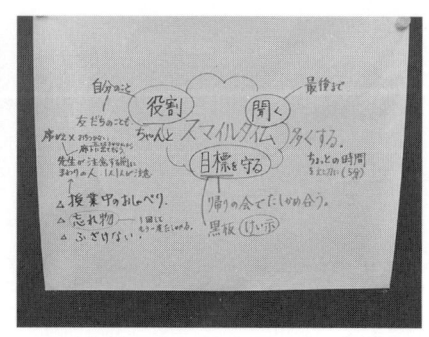

じを飛ばさなくなった，集中する人が増えてきた，という理由で「尊重」と「仲直り」と「聞く姿勢」は伸びたが，「目標」と「役割」は後退した。そこで子どもたちは，帰りの会で目標を確かめ合うこと，相手のことを考えて仕事をし，2学期は「聞く姿勢」と「目標」を重点的に取り組むことを悩みながらも多数決で決めた

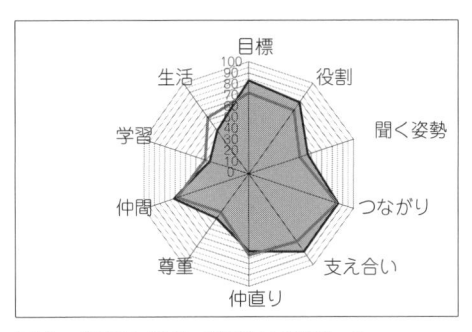

図9　10月と12月（網掛け部分）のレーダーチャート

（図8）。また，スマイルタイムを5分でもいいから小まめに行いたいという意見が子どもから出された。

＜10月＞

　図9の実線で示されたチャートの部分が10月のレーダーチャートである。運動会の成功の後，全体的に成長し，「目標」も復活した。特に「つながり」が5月より大きくなった。スマイルタイムを重ねることで，発言の仕方や話し合いのルールが身について「つながり発言」ができるようになった。しかし，依然として「聞く姿勢」と「尊重」と「学習」は伸びても全体の中でのへこみがある。同時並行して進めることにしていた2学期の学習発表会で取り組む劇「地獄のそうべえ」も，個性の異なる3人がそれぞれの持ち味を生かして協力することで窮地を乗り切るというストーリーであることから，学習発表会の劇のめあてを「進んで動き，互いの個性を認め合い，助け合う」と決め，行動で示してさらに学級力を高めていくことを確認した。

＜12月＞

　11月の学習発表会（劇）に向けて全員が自分の役割に責任をもってよく協力したので，「目標」「役割」「支え合い」がさらに伸びた（図9）。達成感を味わったこともあり，学級力に関心が高まってきた。これと並行して，国語科と総合的な学習の時間で新聞作りの方法を学び，記事の内容に友だちの支え合いやがんばりを取り上げることが増えてきた。新聞の取り組みについての工夫点は「認め合い」である。自分たちの作った新聞に，他の人の気づかなかった友

情や，本人さえ気づいていなかったよいところが記事に登場することで，互いのきずなが深まってきた。教科という組み込みと新聞というメディアの活用，このようにして，国語科の中に学級力を位置付けていくと効果があることがわかった。「生活」が後退したのは，劇の準備や大道具製作に夢中で制作時間がオーバーしたり，急いで次に行かなくてはならないなどで，つい廊下を走ったりということが反映していた。この時期においては，まだ学級力が十分に上がっていかない状況があった。まだまだ不十分なところが残っているため3学期は，子どもたちが自分たちで取り組む「方法」に工夫改善を加える必要があった。

＜2月＞

「どうしたらもっとよくなるか，方法を考えよう」というめあてでスマイルタイムを行うが，子どもから出るのは「2回注意されたら廊下に出る」といった罰を与えるものになりがちであった。友だち同士を否定的に見る考え方が課題であると感じた。

＜3月＞

3学期は，これまでに国語科で習得した「書く力」を活用して「学級力新聞」を子どもたちそれぞれがコンピュータで作ることに取り組もうと教師が提案し，報告会をして生活改善につなげることにした。学級の課題について，子どもたち一人一人が調査項目を考えてアンケートを作り，資料をグラフ化し，新聞記事を作成した。互いの新聞発表報告会の後，成長の自覚が大きくなった。レーダーチャートの形状が大きくなり膨らみが見られた（図10）。

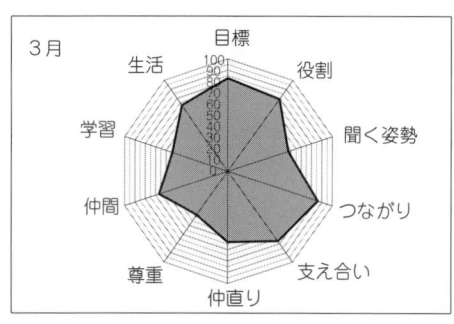

図10　3月のレーダーチャート

「聞く姿勢」「尊重」「学習」のへこみが緩やかになった。この変化を見て子どもたちは自分たちの成長と成果を「はがき新聞」に書いた。当初見られた男女の極端な対立は消滅し，自分たちの成長やがんばりに肯定的な感想が増えていた。

4. その後の5年生での取り組み

　その後5年生に進級し、学級力向上の取り組みは今も続けている。4学年時に取り組んだ約3分の1の子どもが現在のクラスにいて、その経験を生かしてクラス全体で継続中である。「いいクラス」とはどんなクラスかをカルタで整理してみんなで考えた（図11）。

　また、1学期の後半のスマイルタイムで、1学期消極的だったA子が「友だちのよいところをカードに書いて貼ってはどうか」と提案した。それを受けて、「では、木の形にしてはどうか」と教師が提案し、それが受け入れられた。この木は、友だちのよいところに気づいた人がカードに書き、それを貼ったもので、この学級力の木は、子どもたちが「スマイルの木」と名付けた。「いい

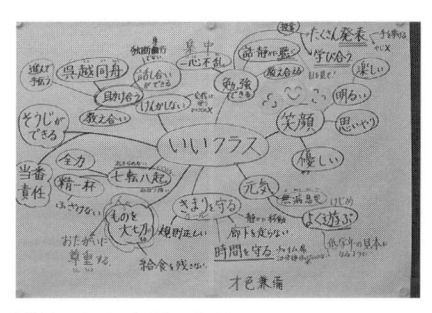

図11　いいクラスとは

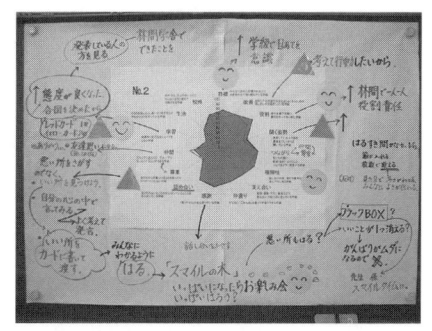

図12　伸びたところ　スマイルマーク
　　　特に伸ばしたいところ　三角マーク

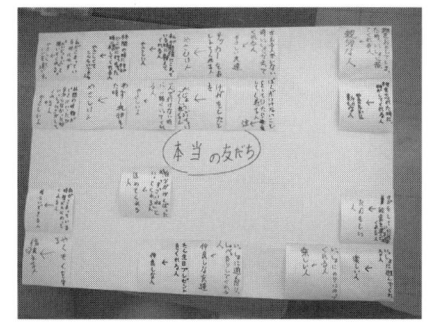

図13　本当の友だちとは？

図14　スマイルの木

花を咲かせよう」「すてきな実をいっぱいつけよう」とつぶやく子どもがいた。道徳で「本当の友だちって何？」をテーマにして考え，討論を深めて，スマイルの木を華やぐ実でいっぱいにしようと取り組んでいる（図12・13・14）。スマイルの木の黄色のカードには友だちのよいところが，水色のカードには学級力を伸ばす方法（スマイルアクション）が書かれている。

5. プロジェクトの成果と実践上の配慮点

＜成果＞

　自分たちの活動と成長の跡をふり返り，分析し，対策を考えることは，自分たちの行動と毎日の生活や学習に意義と価値と責任を見出すことにつながった。レーダーチャートを目で見て視覚的に色別に認識できることは，次の活動への意欲をもたらしていた。子どもたちは次第に友だちのよい面を見出すようになっていった。例えば，行事だけでなく日々の学習や行動の小さな動きにも着目して，帰りの会で発表するようになった。そして，絆が深まった。このようにして学級力の高まりに少しずつ気づき始めた子どもたちは，次のスマイルタイムで新しいレーダーチャートを見ることを楽しみにするようになった。また，スマイルタイムを重ねるうちに，「つながり発言」が増え，話し合う力がついてきた。

＜配慮点＞

　学年の年間計画を見て，行事や教科・道徳・特活・総合と連携させて取り組むと効果的である。学級力は，そのときの個人個人の状況に左右されることもある。朝叱られて登校した日であったり，けんかの直後であったり，何かトラブルを抱えていたりすることで雰囲気が伝搬して異なってくることもある。そういったことも含めて学級力は生き物と同じで日々違った様相を見せることを前提に，教師は一喜一憂せずに1年間を大きくとらえて粘り強く臨むことが大事である。また，学級力が上がらないことを子どもたちは特定の児童のせいにしがちになるため，配慮が必要である。

　最後に，スマイルアクションのアイデアを出す発想力や，スマイルタイムでしっかりと話し合う力が学級力向上の基盤として大切である。

5年生の実践──学級力パワーアッププロジェクト

■大阪府堺市立浜寺小学校教諭■
森嵜　章代

1. 年度初めの学級の状況──4月スタート時の担任の思いとクラス目標

　子ども自らが運営するクラスを実現させたいと思った。よりよい生き方を目指して，子ども自らが授業を組み立てたり，係や委員会活動などの当番活動をしたりして，自主的に考え行動する力や態度を身につけてほしいと伝えた。クラス目標を話し合う中で，子どもたちも「自主的」ということに思いを寄せることができた。そして，どんなことでも自分たちでがんばっていこうという気持ちで，クラス目標を「相手のことを考えて，自主的に行動し，より無限大に近づけるクラス」（図1）とした。

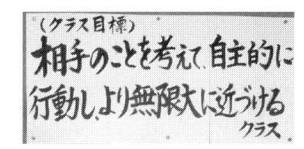

図1　クラス目標

　クラス目標の実現のためには，子ども自らが自分のクラスのよさや課題を見つけ，それを解決する話し合いを積み重ね，実行していくというプロセスが必要である。話し合いで決まったことをみんなで守ることができた，その成功体験を積み重ねてよいクラスに成長させることを目指して，学級力パワーアッププロジェクトに取り組むことにした。これらを具現化していくために，学級経営上で大切にしたことは，次の3点である。

① スマイルタイムの時間を設定し，子ども自身が目標をもち実行できるようにする
② 特別活動の時間だけでなく，教科学習と関連させて学級力を高める
③ 子どもどうしの対話を重視した授業を進める

2. スマイルタイムと実践の流れ

　学期に1回程度，学級力アンケートをとり，スマイルタイムにより学級力を

高めるために分析結果と改善策を話し合った（表1）。

表1　学級力アンケートの分析結果と改善策

実施月	提示資料	スマイルタイムを通して	
		子どもの考えや願い	改善策
第1回 5月〇日		いい学級には5つの力と自主性が必要である。	どれくらいの力をもっているかアンケートを実施する。
第2回 5月〇日		学習規律のポイントが低く，静かに学習しなければならない。発言力をつけたい。	発表ランキングをつける。 毎日の目標をしっかり確認する。
第3回 7月		前回の分析をもとに，発表の少ない人が発表するようになった。いやなことを言ったりして「尊重」のポイントが低くなった。	目標が達成したら，ポイントのほうびをあげる。いろんな目標をたてて取り組む。
第4回 9月		自分たちでとったアンケートでは，友だちへの言い方が悪いので，よくしたい。	国語科で学んだことを活かして，言い方を考える。
第5回 11月		自主的に行動できている。 授業中に思ったことを言えるようにしたい。	発言のサインを決めて，言いやすくする。終わりの会にできたかどうか確かめる。

第6回 1月		あきらめず積極的に取り組みたい。支え合いや助け合いをもっとしたり，ルールを守ったりしていく。	いろいろな項目の難易度に合わせて点数をつけて，どれだけできたかポイントをつけていく。
第7回 2月		多くの目標の点数が増えた。 やってよかった。	これからもクラスがよくなるよう話し合いを積み重ねる。

3. レーダーチャートにみる学級力の変容と成長

（1）第1回スマイルタイム：目標とするクラスイメージの統一

　学級目標を掲げて，1か月。子どもたちに，これまでの1か月をふり返らせる手段として，スマイルタイムを実施した。まずは，ふり返りの視点をもつために，よいクラスに必要なことについて考えた。子どもたちは，自由によいクラスについてのイメージを書き広げた（図2）。話し合いの中で「一人の悩みを全員で解決するクラスがいいな」という意見が出たとき，大きな拍手が起きた。子どもたちが友だちの関係を重要視していること，よい関係を保ちながら一緒に問題を解決したいと考えていることがわかった。次に，様々な意見をカテゴリー分けした。すると，「ルール力」「友だちどうしを支え合う

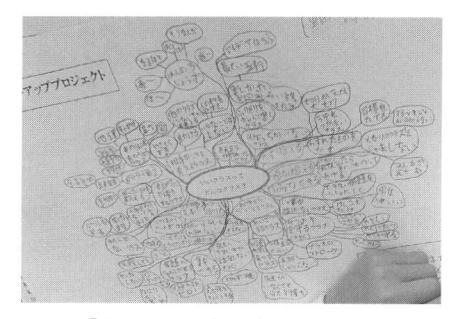

図2　「よいクラスとは」カルタ

図3　学級力アンケートに答える

41

友だちを支える力
⑦支え合い　勉強・運動・そうじ・給食などで、教え合いや助け合いをしている学級です。　　④-3-2-1
⑧仲置り　すなおに「ごめんね」と言って、仲直りができる学級です。　　4-3-②-1
⑨感謝　「ありがとう」を伝え合っている学級です。　　④-③-2-1

図4　クラスの状況と自分の達成状況をつける

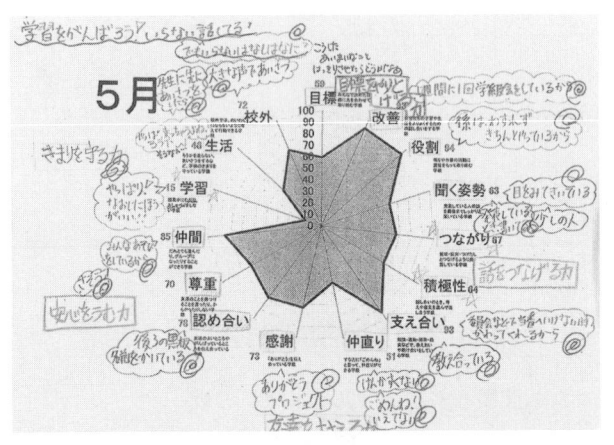

図5　5月の学級力アンケート結果

力」「目標にむかってがんばる力」「意見をつなぐ力」「相手のことを考える力」とまとめることができ、あらかじめ教師が考えていた力の項目とほぼ一致したことに驚いた。さらに、「クラス目標にあるように、自分たちで達成していきたい」という願いも出てきた。

そこで早速、それぞれの項目に関わる学級力アンケートを実施した。アンケートでは、クラスのことを自分はどう見るかについて○をつけている。一方で、それぞれの項目について自分は達成できているどうか別の色で印をつけた（図4）。なぜなら、アンケートをするたびに、自分はクラスに貢献できているかを自己評価できるようにしたかったからである。

（2）第2回スマイルタイム：5月のクラス分析と子どもの様子

　子どもたちはアンケート結果（図5）をとても楽しみにしていた。まず、子どもたちが注目したのは、「学習」の項目が15％しかないことであった。もっと静かにしなければならないと思ったようだ。しかし、担任から見たクラスの様子は少し違っていた。これ以上静かになっては、必要な発言も難しくなる。子どもたちは、ほんの少しのつぶやきも許されないと感じているようであった。このような実態も反映してか、意見を出し合ったり、つなげたりする力は低かった。さらに、ささいないざこざも多いと感じていた。一方、よい点もはっきりと表れた。スマイルタイムでクラスの実態について話し合ったり、リ

レーや応援団の練習で仕事ができないときには自主的に「代わるよ！」と声をかけ合ったりしているので，「役割」や「改善」の項目がとても高い数値となった。本当に誇らしげによさを語る子どもたちの姿があった。課題に対しての取り組みは，3つだった。

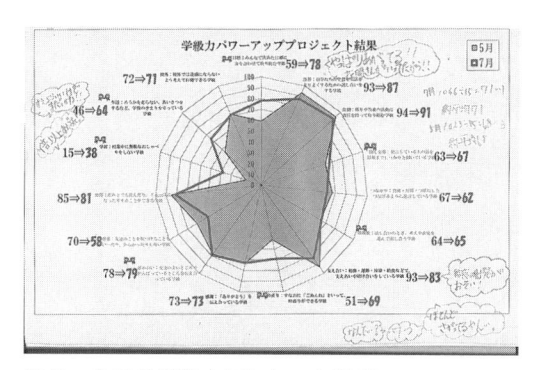

図6　7月の学級力アンケート結果

① 発表の目標を各自で決め，達成した回数ごとにクラスランキングを決める
② 積極的にうなずく「うなずき隊」の結成で発表しやすい雰囲気をつくる
③ むだなしゃべりをしない
☆各目標の平均が80点以上をめざす！

(3) 第3回スマイルタイム：1か月取り組んだ結果（図6）

　1か月取り組んでみて，授業に静かに取り組めたこと，「ごめんね」と言うように心がけたことなど，意識した点において，点数の向上が見られた。しかし，うなずき隊はあまり活動できなかったこと，「静かに」を意識したことで，意見のつながりが少なくなってしまったと課題が残った。やはり，スマイルポイントで，褒美をあげる取り組みをもっとしたらよいのではないかという意見が多かった。これからもがんばろうという気持ちをもって，1学期を終えることができた。

(4) 第4，5回スマイルタイム：自分たちで学級力向上

　2学期が始まり1週間がたったときに，クラスのよいところと課題についてブレインストーミングをし，よいところは伸ばし，課題となる点については，みんなで意識して改善していこうと話し合った。

　その後興味深いことに，もっとよいクラスにしたいと，子どもたち自らが質問項目を作りアンケートを行った。それを休み時間にグラフにして，休憩時間にみんなで改善策を考えるようになった。そのグラフは，学級の課題ばかりで

はなく，これから目指すクラス像も考えていて大変驚かされた。このプロジェクトを行うことで，子どもたちに自分たちでクラスの課題について考え，自分たちでどうすればよいかを考えていこうとする姿勢が身についてきたといえる（図7）。

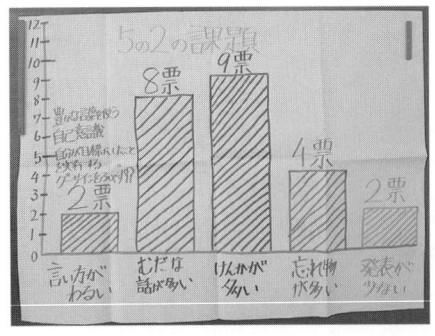

図7 「5の2の課題」アンケートの結果

（5）第6回スマイルタイム：5年生を気持ちよくしめくくるために

今まで以上に協力して学級の力を高めようと，取り組みの内容に難易度をつけ，ポイントがたまると，宿題なしのごほうび作戦を考えた。では，何ポイントたまると宿題をなくすのかについて討論になった。低い点数で妥協するのかと思ったが，宿題がなくなるのは，本当は望ましいことではないという意見もあり，よく考えていると感心させられた。結局，30ポイントで1回宿題なし，その次は35ポイントというように，達成目標も上げていけばよいのではないかという案でまとまった（図8）。そして，終わりの会では，「今日のMVP」コーナーでがんばった友だち5人を伝え合うこととなった（図9）。クラスでは，毎日クラスみんなで絶対に守ろうというめあてを決めて取り組んできていた（図10）。全員が達成できるのはかなり難しいという実態から，達成できるまでしばらく同じめあてで過ごし，徹底して努力してはどうかという建設的な

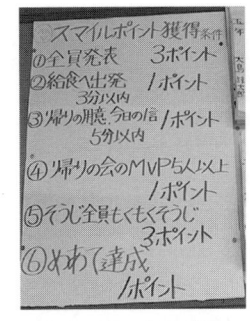

図8 スマイルポイント獲得条件

図9 今日のMVP

図10 毎日確認「今日のめあて」

アイデアも出てきた。クラス全員で話し合うと，よく練られた納得のいく意見にたどりつくものだと思った。

(6) 第7回スマイルタイム：学級力向上の結果に湧き上がる（図11）

日々，クラス全員で取り組んできた結果が，チャートに表れたので，子どもたちはと

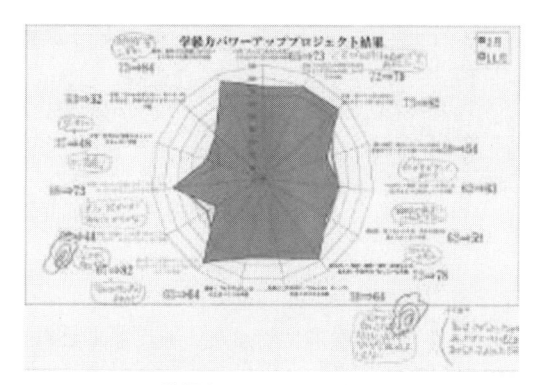

図11　2月の学級力アンケート結果

ても喜んだ。これ以上ないくらい意見がつながった授業もあり，当番活動もすばやくできる日も増えた。何より，1つの目標に一丸となって取り組めたことは子どもたちの「自分たちで問題を解決できる」「自分たちでよいクラスをつくることができる」という自信につながった。

4. 学年に応じた特色ある取り組み

(1) 特別活動だけでなく，教科学習と関連させて学級力を高めること

スマイルタイムだけで学級力を高めようと思っても，子どもが獲得している力には限界がある。そこで，学級力を育てるには，教科学習の学びを活かすことがより効果的ではないかと考え，学級力を高めるための年間カリキュラムを作成した。また，スマイルタイムだけでなく，毎日がんばることを1つ決めるめあての設定のときに，教科学習で学んだことが活かせるよう配慮した。国語科「きいてきいてきいてみよう」の学習では，友だちの話を共感的に聞くことは，次の人の積極的な発言につながっていくことを学んだ（図12）。うなずくことも大切に友だちの話を聞くことにつながることを学んだ。ほかにも，「豊かな言葉の使い手になろう」の学習では，「豊かな言葉の使い手」について調べ学習した後，討論会を行った。豊かな言葉の使い手は，「ありがとう」を言える人ではないかという意見が出た。そこで，毎日のふり返りカードの中

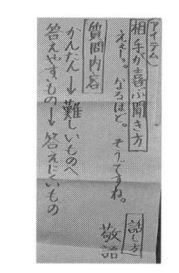

図12　相手が喜ぶ受け答え

に,「ありがとう」と言えたかどうかチェックすることにした（図13）。ほかにも, プラスのストロークを送りたいと個人目標を決めた児童もいた。個人個人で努力目標を決め取り組んだ。

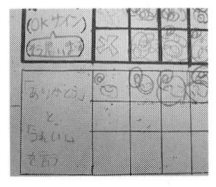

図13　ふり返りカード

総合的な学習の中では, ピア・サポート活動にも取り組んだ。実際にロールプレイをして, プラスのストロークを送られたときにどんな気持ちになるか, どのように声をかけてもらうと嬉しいかなど, 体験的に学んだ。それをスマイルタイムや日々のめあての設定に活かすようにした。

(2) 子どもどうしの対話を重視した授業の創造

日々の授業でも, 子どもどうし対話できる授業を構成した。国語科「大造じいさんとガン」では, 朗読会を開くために, 読みを広げたり深めたりしながら, 自分の考えを伝え合った。そして, 銃を撃てたのに撃たなかった大造じいさんについてみんなで話し合った。様々な読み方があることに気づき, 友だちの考えを聞くよさを感じ取れるように指導した。

社会科「工業製品とわたし」では, 日本の工業の現実を知り未来を考えたとき, 自分ならどう生きるかについて考えた。大学に入り企業と連携して研究したい, 腕を磨いて職人になり日本を支えたい, 外国との交渉術を身につけてうまく貿易ができるようにしたいなど, 将来の夢まで語り合った。

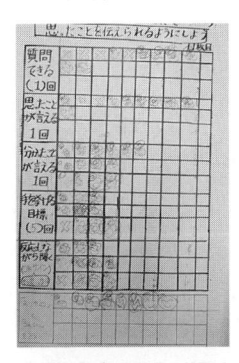

図14　個人でのふり返り

教科学習では導入から各学習係が司会進行し, 前回学んだことをふり返ることから始めた。そして自分たちで授業を進める感覚をもてるようにし, 前時の問題意識が本時へと持続した授業展開になるようにした。そうすることで, 授業も子ども主体の展開となった。

図15　クラス全体でのめあての達成状況

同時に, 積極的に発言し, つながりのある意見を言うために, 段階的な目標を自分たちで見出した。難易度の低いものから「反応する」「手を挙げる」「わかったことを言う」「思ったことを言う」「疑問を言う」の順で,

自分は1日に何回を目標にするか，それを達成できるように個人（図14）と全体でふり返るという仕組みである。終わりの会では，何人の人がそのめあてを達成したかを聞き，目標人数を満たしているときには，大きな字の中に書かれた○をぬりつぶしていった（図15）。対話ができるような授業構成にすることと，子どもが目標をもつことを同時に行った。この取り組みを通して，うなずきは安心感を与えること，自分たちは答えを尋ねられるときは比較的答えることができること，しかし自分の考えを伝えるのは自信がなく，発言が少なくなるという特徴もわかった。また，友だちの発言の意味もわからずに聞いていたり，どうしてそう思ったのかと思いながらそのままにしていたりすることなく，質問してみる勇気をもとうとお互いに意識して進めるようにしてきた。普段あまり発言しない女の子が意見をはっきりと伝え，質問する勇気をもてるまでになったことも成果の一つである。

5. プロジェクトの成果と実践上の配慮点

　このプロジェクトの成果は次の2点である。1つ目は，自分のクラスを自分たちでよくしようと自主的に行動する姿勢が身についたことである。2学期，自分たちで作ったアンケートを自分たちで集計し，グラフ化して話し合いを進めていた。もっといいクラスにしたいと願う子どもの気持ちに沿って進んでいたプロジェクトといえる。2つ目は，教科学習で身についた力を活かして学級力を高めることができたことである。よいクラスのイメージの中には，教科で培われる力が含まれている。教科で身につけた力を意図的にプロジェクトに活かすことで，教科の学びを実生活で活かすことができ，学ぶ意味を感得させることができた。

　一方，配慮が必要な点もある。それは，課題の大きな子どもがいるとき，学級力を高めにくいということである。個人攻撃になったり，あの子さえいなければという考えに至ってしまったりする危険性があることだ。また，基本的に子ども自らが学級力向上プランを考えるのだが，指導者の適時適切な支援が必要不可欠である。子どもの見方は狭く，いろいろな場面に応じて考える力にも限界があるので，教師が広い視野とアイデアをもって，このプロジェクトに取り組むことが大切といえる。

6年生の実践——みんなで創り合う学級

■兵庫県西脇市立重春小学校教諭■
竹本　晋也

1．目指そう！「やさしい学級」

　4月，子どもたちに出会って感じたことを，3つの願いに整理した。
①自分たちのことを自分たちで決められるようになってほしい！
　「もう先生，決めて！」と言わず，自分たちにかかわることは，全員納得を目指して話し合い，問題を乗り越えていく集団になってほしい。
②その子自身を見ることができるようになってほしい！
　自分の価値観だけでその人を見ず，本当の意味で一人一人を見ようとする人になって，互いの個性を認め合う集団になってほしい。
③視野広く，互いを気にかけ合う集団になってほしい！
　自分のことだけではなく，隣の子，同じ班の子，学級にいるみんなが視野に入り，互いに互いを気にかけられる集団になっていってほしい。

2．学級力向上プロジェクトの価値

①学級共有の"価値観"作りとしての価値
　みんなが共に生きていくためには，みんなが共有できる価値観が必要である。学級力アンケート自身が，全員が目指すべき学級像や目指すべき方向性，共有すべき価値観を示しているといえる。
②全員参画としての価値
　アンケートであれば，どんな子どもにとっても負担感なく自分の意思表示ができる。また，全員の意思が客観的なデータとして提示されるので，より冷静により建設的に話し合いを展開することができる。
③担任と子どもたちの横の関係づくりとしての価値
　学級を自分たち自身でよりよくしようとする主体的な姿を目指すには，担任

は子どもたちが今どんな手助けを必要としているのかという視点に立ち，上下ではなく横の関係を築いていくことができる。

　本プロジェクトには，以上のような3つの価値があると考えた。そして，本プロジェクトを軸とした学級経営計画を描いた。

3. 本プロジェクトとリンクさせた取り組み

　本プロジェクトを軸にして，次のような取り組みをプロジェクトと関連させて行うことによって，より効果を上げることになると考えた。

(1)「○○合う」創り

　目指す学級を「○○合う」というキーワードで整理した（図1）。「○○合う」は，周りの人がいてくれてこそできるものであり，自分も友だちも大事にすることにつながると考えた。「○○合う」を成長するたびに増やしていくことによって，自分たちの学級を自分たちでよりよくしていこうとする態度を育てることができた。

(2)「つながり」創り

　つながりを創るために，3つに重点を置いた。1つ目は班活動である。1班4人編成にして，班長を決め，班内の役割を決めた。宿題の提出，そうじ，給食の準備，学習中の発表など様々なことを班単位で行った。班の期間は1か月と決め，最終日にはささやかではあるが班の解散セレモニーも開くようにした。終わりの会の中である友だちのよさについて述べる機会を作ったり，1か月一緒に過ごした班の友だちに対してその子自身が成長したことや自分が感謝していることをメッセージカードに書いて手渡したりして，互いに成長や感謝を伝え合う機会を設け，つながりを意識させた。2つ目は，ほめほめカードである。先に述べた班の中だけではなく，学級の友だち全員へ感謝の気持ちや成長を祝う気持ちを付箋に書いて交換し合う活動にも取り組んだ。もらったカードは連絡帳に貼り，保護者にも見てもらう。友だちにほめてもらったことをさ

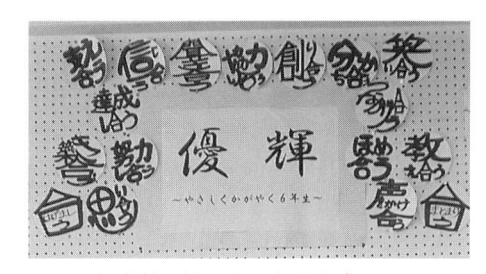

図1　教室前に掲示された○○合う

らに保護者にもほめてもらう機会とした。最後は，学期末に行ったいわゆるお楽しみ会である。計画，準備，実行，反省まですべてを自分たちで行う。ただ，ドッジボールやゲームをするだけでなく，自分たち自身が出演者となってみんなを笑顔にする自治的なお楽しみ会とした。子どもたちが自ら動き出し，自分たちで一つのものを創り上げる機会とした。

（3）「自分」創り

自分の成長を自覚したり，他者から教えてもらったりしながら，自己成長を自分の言葉で書きまとめる「自己成長シート」という活動を行事後や学期末などの節目に行った。自分の成長を実感すること，自分は成長していると自分に言い聞かせること，どちらも自分を創っていくことにつながり，他者からも自分からも認められる自分を目指した。また，付箋に目標を書き，机に貼るという「なりたい自分へ」という活動も行った。ただ書くのではなく，もう一人の自分から自分へ語りかけるように書かせた。自分で自分を励ましたり，自分を鼓舞したりする自己内対話を促し，肯定的な自分創りに取り組んだ。

4. レーダーチャートにみる学級力の変容と成長

（1）1学期，プロジェクト開始

「自分たちの学級力アンケートだ！」という思いを本当にもてるかどうかが，このプロジェクトのカギになる。まずはじっくりと，自分たちが目指す学級像について話し合い，みんなで，学級像のイメージを共有していくことが大事である。そのためにも，学年目標から学級目標，学級目標から「○○ができる学級だ！」や「○○な学級だ！」というように具体化していく作業が必要である（図2）。そして，それらをまとめたものを学級力アンケートとして，児童と共有できるようにしたい。

図3は，5月と7月の学級力アンケート結果である。図の内側の線が5月である。5月のアンケー

図2　学級像の具体化

ト結果を受けて，スマイルタイムで学級力向上のために何ができるか話し合った結果が7月に結果として表れている。

　スマイルタイムは，特別活動に位置付けて，年間12時間程度行う。本学級のスマイルタイムは，まず結果の分析を個々に行い，結果の要因や改善策を考える（図4）。その後，それらをペアで交流する。交流後，学級全体で今後の取り組むべき活動や新たに守るべき約束を話し合い，今後目指す学級像を全員で共有する（図5）。最後に，その目指す学級に向かって，自分自身はどこをどのように変えて，学級に貢献していくのかという内容を，学級のみんなに宛てて記述する（図6）という流れで行う。

　7月に行ったスマイルタイムの中では，まず，5月時のスマイルタイムで決めた改善策が功を奏したと評価していた。どんな改善策をとったかというと，例えば，1日1つ目標を決めて朝の会で確認

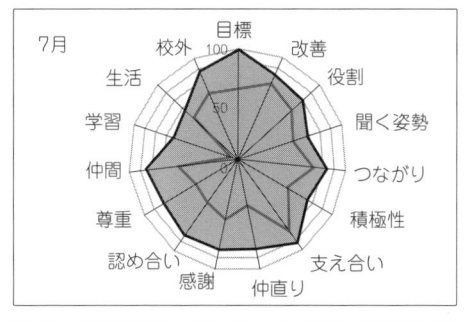

図3　7月学級力アンケート結果（内側の線が5月時の結果）

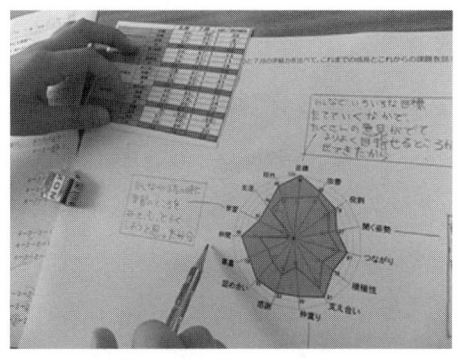

図4　結果分析のワークシート

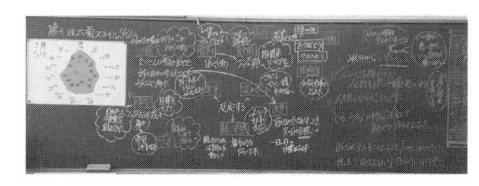

図5　7月の結果を受けたスマイルタイム後の板書

してきたことや，友だちの発言をしっかり待つことができたこと，お互いに注意し合うことを意識したことなどが挙げられた。担任は，黒板に子どもたちの発言を記録することを主とし，子どもたちの相互指名による話し合いを見守った。子どもたちは，誰かを責めても次へは進めないこと，これからをどうする

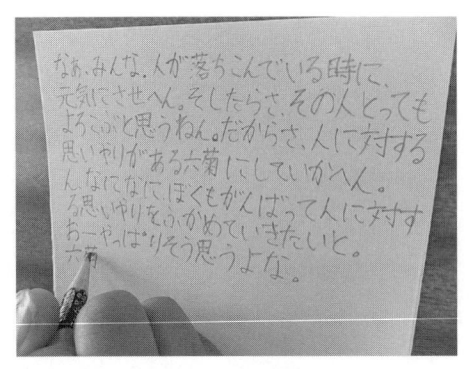

図6　友だちに宛てた決意表明

かが大事だということを学びながら，建設的な話し合いを展開できるようになっていった。このスマイルタイムの終盤には，「行動が変わってきたということは，みんなの心も変わってきたはず。どんな心の変化があったのかな？」と行動から心のもち方について話し合いを高めていった。このように，具体と抽象のバランスを取りながらスマイルタイムを進めることがとても重要だと考える。具体的な活動や行動は，どの考え方に裏付けられたものなのか。反対に，聞こえのいい言葉や理想とする考え方は，具体的にどのような姿として現れてくるのか。具体と抽象の行き来をすることで，生活における行動の変容と心の成長を目指した。

(2) 2学期，学級力アンケートの改善

2学期初めに，学級力アンケートの改善という活動に取り組んだ。7月のアンケートで「目標」においては，99％まで向上したこと，さらには自分たちの学級の実態とずれてきた項目があったことなどをふまえて，より自分たちが成長できる学級力アンケートへと改善することにした。話し合いの結果，以下の7か所について，言葉を変えたり付け加えたり，項目自体の入れ替えを行った。下線部分が改善点である。

①目　　標　みんなで決めた目標やめあてに力を合わせてとりくみ，達成の喜びを分かち合える学級です。

③役　　割　係，当番，無言清掃，委員会などすべての仕事に責任を持ってとりくむ学級です。

④聞く姿勢　発言している人の方を向いて，話を最後までしっかりと聞いている学級です。

⑥積 極 性　話し合いの時，友だちの発言に反応して考えや意見を進んで出し合う学級です。

⑧○○合う　6菊の「○○し合う」を意識している学級です。

⑨素　　直　「ありがとう」「ごめん」など自分の思っていることを友だちと伝え合っている学級です。
⑬学　　習　授業中にむだな行動をしない学級です。

　学級力アンケートの改善を行うことによって，これまでよりも自分たちだけの学級力アンケートであるという意識が強くなった。さらに，100％に満足することなく，今以上にレベルの高い学級へしていこうという前向きな姿勢が生まれてきた。例えば，①「目標」は，はじめよりもかなり質の高まりがみられる。継続して取り組んでいくことが重要である一方で，形骸化していかないように，適度な刺激を与えながらプロジェクトを進めていくことも大事である。

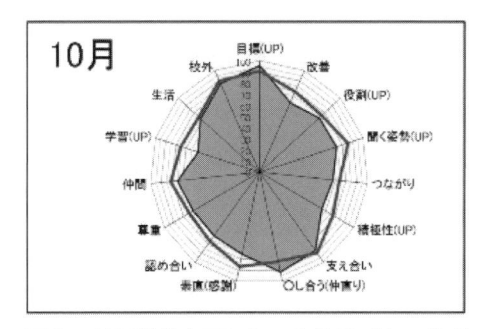

図7　10月学級力アンケート結果（太い線が9月時の結果）

　図7は9月と10月のアンケート結果を表している。本学級では，2学期は11月にもアンケートを行ったが，ポイントの減少や伸びの低さが2学期の傾向として見られた。行事が多いことや気持ちの緩みなどが要因となり，できていたことができなくなってきていたことが読み取れた。さらには，個々に評価基準を上げた子どもがいたこともこの結果につながったと考える。しかし，ポイントが上がらないこと自体が悪いことではない。単純に「ポイントが伸びない＝だめな学級」という安易な考え方をするのではなく，冷静にできていることできていないことを確認し，個々の思いを出し合って，大きな成果が出なくとも，改善を図っていこうとする態度を継続していくことを学ぶチャンスとなる。

（3）3学期，プロジェクトの終盤

　プロジェクト終盤を迎え，教科学習とのコラボレーションに取り組んだ。国語科随筆の中で，学んだことを活かして，随筆を創作し，卒業アルバムに文集として載せるという活動である。

　子どもたちは，この一年をふり返って，自分の成長カルタをまとめた（図8）。その中から一番取り上げたい言葉（キーワード）を選び，随筆の構成を

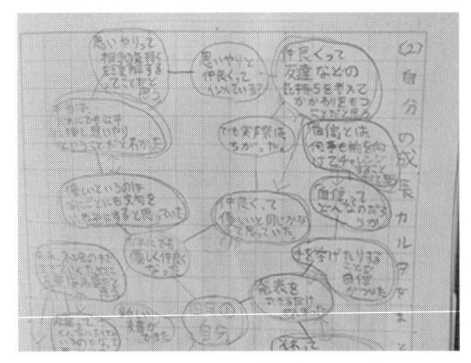

図8　自分の成長カルタ

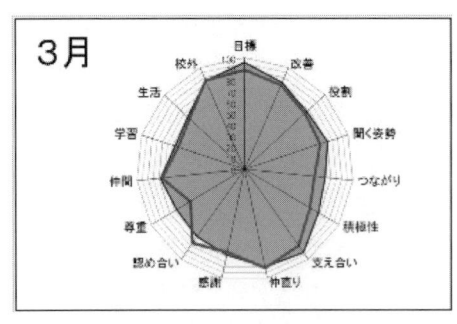

図9　3月学級力アンケート結果

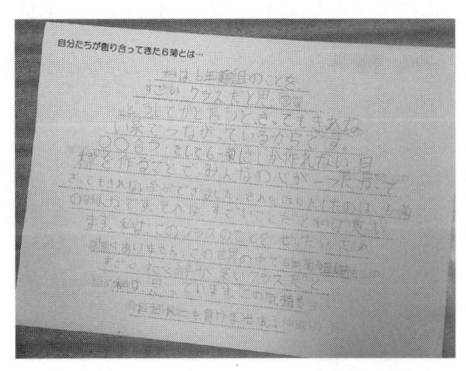

図10　自分たちが創り合ってきた6菊とは…

工夫した。子どもたちは、「まとまる」や「6年菊組」「○○合う」「目標」といったタイトルの随筆を仕上げた。国語科の時間でじっくり内省し言葉として表現できたことによって、自分や学級をより深く省み理解することができた。

最後のスマイルタイムでは「自分たちはどんな学級を創り合ってきたのか？」という一点に絞って話し合い、各自が言葉にまとめ、プロジェクトのしめくくりとした（図10）。

(4) 各学期のプロジェクトの役割

各学期においてプロジェクトの果たす役割が違ってくる。

1学期のプロジェクトは、学級として目指す方向性や大事にする価値を共有する役割を果たす。2学期のプロジェクトは、互いが尊重し合い、自治的に生活していく役割を果たす。3学期のプロジェクトは、自己成長や学級の成長を自覚化する役割を果たすと考える。

各学期におけるプロジェクトの役割を意識しながら進めていくことが、本プロジェクトのポイントとなる。

5. プロジェクトの成果と実践上の配慮点

　目指してきた「やさしい学級」に近づこうと努力し続けた1年だった。プロジェクトを通して，子どもたちは本当に成長した。他者に対する理解も深まり，同時に自分に対する理解も深まった。一人の人としてその人の個性をしっかり見ることができる集団になれたように思う。年度終わりに，本プロジェクトに関して子どもたちに行ったアンケート結果を踏まえて，成果と課題を以下に整理したい。

　成果の1つ目は，全員がなりたい学級像（目標）を共有できたことだろう。学級力アンケートのように一定の理想像を提示し，自分たちの学級をなりたい学級へと近づける方法によって，早い段階で全員が同じ目指す学級像を共有できた。2つ目は，全員で学級づくり（目標に向けた努力）ができたことである。みんなで「どうすればポイントを上げられるのか？」前向きに話し合い，自分たちが決めたことを自然と努力し合えた。目指す学級像が共有されているからこそ，努力する方向が一致してくるので，成果が見えやすかった。最後に，学級としての成長を実感できたことである。レーダーチャートは，個人の感覚ではなく学級全員の意思としての数値なので，より客観的に学級の現状（成長）を実感できた。

　今回のプロジェクトを通して，改めて子どもたちの力を教えてもらった。子どもたちは自治的に生活していくことができる。子どもたちを信じ，子どもたちをつなぎながら，子どもたちと共に学級づくりをしていきたい。そのためにも，まずは冷静に子どもたちを見取ることが大切である。数値化された結果だけを見ずに，個々のアンケート結果をもとに，気になる評価をしている子と個別に話をすることが大事である。さらに，継続することである。継続していく中にこそ努力や達成感が生まれてくるはずである。拙速に結果を求めないことも重要である。最後に，担任は子どもたちを共に学級を創るパートナーだと認識することである。その時その時の子どもたちの思いをキャッチして，子どもたちが求めている役割が果たせるように担任のかかわりを変えたい。今回の実践を糧に，子どもたちと共に学級づくりに励んでいきたい。

第3章

中学校の学級力向上プロジェクト

1年生の実践——"0"からの出発

■広島県福山市立向丘中学校教諭■
寺延　行美

1. 年度当初の学級活動

（1）14R誕生！"0（ゼロ）"からの出発

　4月入学式後の学級開き。4つの小学校から集まった36人の生徒が教室に勢ぞろいした。小学校との事前連携では，様々な課題をもつ生徒の話も聞いたが，この日はどの子も「中学生になったぞ！」というやる気に満ちた表情で席に腰かけ，きらきら目を輝かせながらこちらを向いている。

　「ついさっき入学式を終えて，この14Rの教室にもどってきたみなさんに，改めて"おめでとう！"のことばを贈ります。入学式ではドキドキしましたか？　今の気持ちはどうですか？　今日から向丘中学校の1年生。今までにいろんなことがあったでしょう。でもすべて白紙にもどして，みんな"0（ゼロ）"からのスタートです！　新しい気持ちで，共にがんばりましょう」

　自分自身も久しぶりの1年生の担任。同じく"0（ゼロ）"にもどったつもりで話をした。一生懸命聴いてくれているのが身体全体から伝わってきた。

（2）学年目標と担任の願い

　年度当初に学年教職員で話し合って決めた目標は，「だれもが安心して学習や生活ができる集団を創る」。小学校のときに，友だち関係がうまくいかず，落ち着いて学習ができなかったり，欠席が続く子どもがいたりする状況があったことを聞いていたので，まずは安心して登校できることを目標に掲げた。

第3章　中学校の学級力向上プロジェクト

> みんなが安心して学校生活が送れる学年集団を創ろう！
> 　○人の話をしっかり聴く。
> 　○ルールを守る。
> 　○人の気持ちを考えて行動する。

　これを踏まえて，次の3つを担任の願いとして生徒たちに提示した。
①人の話をしっかりと聴ける14Rにしたい。
②小さながんばりを大切にできる14Rにしたい。
③厳しい指摘と温かい励まし合いができる14Rにしたい。
　そして，みんなは14Rをどんなクラスにしたいかと投げかけた。

（3）14R全員の願いが込められた学級目標の決定
　学級目標を決めるためにクラスの生徒全員が「こんな14Rにしたい」「こんな14Rにはしたくない」という意見を出し合った（図1）。

　これをもとにグループ単位で案を出し合い，話し合って決定した学級目標が図2である。そして，3つのキーワード"笑顔""協力""支え合い"を学級旗のデザインにも取り入れた（図3）。

図1　14Rのみんなに聞きました！

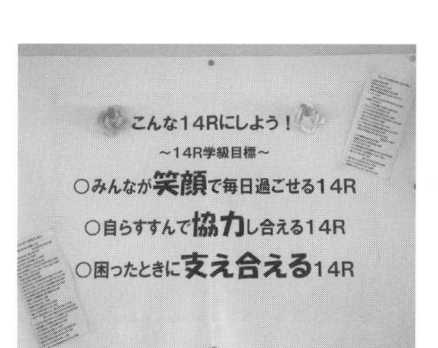

図2　学級目標

図3　学級旗紹介の場面

3つのキーワードを合言葉に，いろいろな行事を通して支え合う集団づくりを進めるとともに，生徒が主体となり，日常生活の中から課題を見出し，改善策を実施できるよう援助したい。そのために学級力アンケートを活用することにした。

2. 第1回学級力アンケート

(1) 第1回学級力アンケートの実施

　入学して1か月半。その間，4月には教育合宿，5月には向丘中学校伝統の大運動会と大きな行事を二つ経験した。本来は，こういった行事の前にアンケートをとっておくべきであったが，そのチャンスを逸し，やっと1回目の学級力アンケートを行った。14Rをよりよくしていくために，みんなで意見を出し合うものだから，正直に答えるようにと説明したうえで，1項目ごと読みながら〇印をつけていった。第1回学級力アンケートの結果が図4である。

(2) アンケートの分析からはがき新聞の作成へ

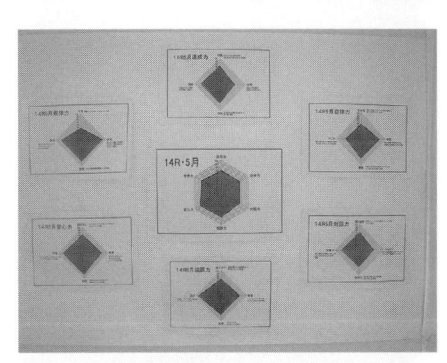

図4　第1回学級力レーダーチャート

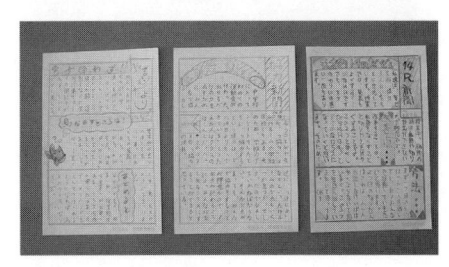

図5　はがき新聞

　第1回学級力アンケートのレーダーチャートを見ながら，生徒自身が分析し，一人一人がはがき新聞へとまとめていった（図5）。

〈はがき新聞作成後の生徒の感想文より〉

　〇「はがき新聞」を書いて，14Rの良いところ，悪いところを改めて感じることができた。表（レーダーチャート）を見直すなかで，もっと14Rのことが見えてきた。

　〇「14R新聞」を書いて，14Rのことについてみんなで考えてみることができた。ぼくは良いところしか書いてないけれど，学

級目標の"笑顔・協力・支え合い"はみんなで決めたものなので，これからもがんばっていきたい。
○「はがき新聞」を書いて，改めて14Rの学級力がわかった。良いところは"協力"，悪いところは"学習"と"けじめ"の部分だった。次の学級力アンケートのときには，全部の力が100％に近づけるようになっていたい。そのために私自身もがんばりたい。

　初めての大運動会で，行進練習や応援アピールの取り組みを通して「協力」することの大切さを学び，みんなでやりきったという思いが残っていたためか，"協調力"の「協力」の部分の評価が高かった。反面，"規律力"の「学習」と"自律力"の「けじめ」の部分の評価が低く，クラスの課題が明らかになった。

(3) 分析後の学級活動
①班の友だちありがとう！
　班替えを前に，これまで一緒に生活してきた班の友だちと感謝の思いを伝え合い，より人間関係を深め合おうと，「班の友だちありがとう」をテーマに「よいところを見つけよう」という取り組みを行った（図6）。
　個々のよいところを出し合い，感謝の気持ちを伝え合ったことで，「自分が周りからどう思われているのだろうか？」という不安が消えたという生徒の感想が出された。
②家庭学習時間を増やそう！
　生徒会主催で試験期間中の家庭学習時間を増やす取り組みが行われた。1回目の中間テストのときには，予め示された目標である一人1日3時間以上を目指して各々ががんばり，一人平均3時間3分という記録を残した。さらに2回目の期末テストのときには，毎日互いの学習時間を公表し合い，がんばりを称え合う時間をもった。時間だけでなく，学習のやり方を工夫している仲間からも学んだりしながら取り組む中で，結果として1日3時間以上の生徒が30人で，クラス全体と

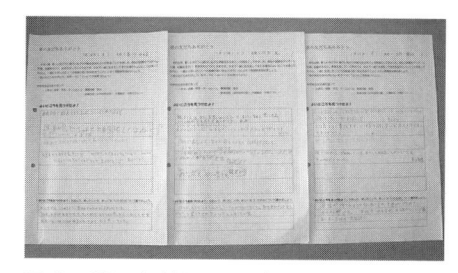

図6　班の友だちありがとう！

しては一人平均4時間18分となり、全校12クラス中第3位。見事優秀賞をゲットした。

3. 第2回学級力アンケート

(1) 第2回学級力アンケートの結果
　第2回目のアンケートは、7月の1学期末反省とともに行った。結果は図7のとおりである。

(2) 1回目との比較分析（スマイルタイム）
　2回目のアンケート結果を1回目と比較し、伸びたところ（よくなったところ）とその理由、低くなったところ（課題となるところ）とその理由を話し合い交流した。

　レーダーチャートに1回目の結果が残っているため、それぞれ色付けをして工夫しながら分析を進めていった。

〈話し合いで出てきた意見〉
☆伸びたところ（よくなったところ）とその理由
「達成力」の"団結"（73.7%→83.8%）
・家庭学習時間を伸ばす取り組みでお互いのがんばりをたたえ合い達成感が味わえたから
・5月よりも仲良くなり、友だち関係も深まった。また様々な行事や活動をクラスのみんなで乗り越えてきたと思うから

「達成力」の"目標"（71.7%→77.8%）

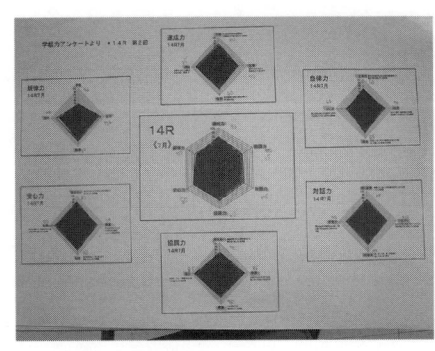

図7　第2回学級力レーダーチャート　　図8　グループ討議

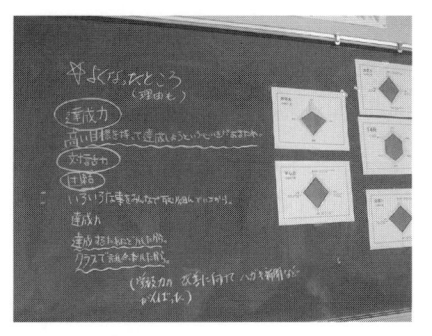

図9　学級会　　　　　　　図10　分析する生徒

　　・みんなで目標を達成しようという心意気があるから
「安心力」の"認め合い"（71.7％→79.8％）
　　・クラスの一人一人をちゃんと認め合えているから
　　・友だちのよいところを見つけ合うことができたから
「自律力」の"主体性"（57.6％→68.7％）
　　・生徒会の提案にみんなで進んで取り組んだから
「対話力」の"積極性"（67.7％→76.8％）
　　・話し合いのとき，みんなでいろんな意見を出し合えるから
★低くなったところ（課題となるところ）とその理由
「規律力」全体（73.5％→68.7％）
　　・入学したころの緊張感が薄れて気持ちが緩んでいるから
「規律力」の"校外"（79.8％→69.7％）
　　・学校から出て，規則を破っている人がいたから
「規律力」の"生活"（86.9％→79.8％）
　　・休憩中にさわいで，いやな思いをしている人がいることに気づかなかったから
「自律力」の"けじめ"（62.6％→58.6％）
　　・授業と休憩の切り替えがおそいから
◇今後の課題
　「規律力」を上げるために，2学期には新しい気持ちにもどって，改めて目標を設定し，みんなで声をかけ合いながらがんばる！

(3) 生徒が作成したはがき新聞の記事より
①14R 新聞 A

【達成力10%UP】14R の 7 月の学級力アンケート結果と 5 月の結果を比較してみると，"達成力"が10%UP した。理由として考えられるのは，期末テストに向けてのテスト勉強の取り組みだ。勉強時間を増やそうという目標に向けて，クラス一丸となって努力した成果が表れた結果だと思う。
【けじめダウン】それに対して，5 月と 7 月のアンケートを比較して，ダウンしたのが「けじめ」だ。この事は，前回のアンケートでも課題となっていた。仲の良さが裏目に出て，「楽しければ良い」という雰囲気があるのかもしれない。これからは，互いに厳しい指摘ができるようになって，課題を改善していきたいと思う。

②14R 新聞 B

【達成力・対話力↑アップ】前よりも格段によくなったのは，"達成力"と"対話力"です。この 2 つにはつながりがあると思います。まず，この 2 つが特によくなったのは，さらにクラスの仲がよくなったからだと考えます。生徒と先生の仲もよくなって，私語は多いけれど，先生の話を聞く態勢も前よりよくなったおかげで，"対話力"がよくなったと思います。"達成力"は，みんなが前よりも分かり合えるようになり，テスト勉強や掃除を協力してできるようになったからだと思います。私は，クラスをもっとよくしていくために，だめだと思ったことはきちんと注意すること，けじめをつけること，この 2 つを特にがんばっていきたいと思いました。

③14R 新聞 C

【14R 達成力 UP↑↑】14R の 7 月のアンケートでは，"達成力"が大幅に上がりました。また，それに続いて"対話力"も上がりました。"達成力"は全体的に10％も上がりました。グラフの中で上がった部分に注目し

> てみると，仲間とのつながりをもとに書かれている項目が上がっていることに気づきました。そこが上がっているということは，5月よりも仲間との関係が深まったということだと思います。いろんなことをクラスのみんなで乗り越えてきたからこそ出た結果だと私は思います。安心できるクラスができてきている証拠だと思います。
> 【規律力は……】規律力は10～15％下がりました。それは，7月になって中学校生活に慣れてきたからだと思います。緊張感を持ちつつ頑張りたいです。

4. プロジェクトの成果と実践上の配慮点

(1) 成果と考えられること

① 「学級力アンケートをすることで，いろんなことに気をつけることができる」という生徒の感想にあるように，アンケートをすることで，生徒自らがクラスの現状に目を向け，今どんな力がつき，どんな力が足りないのかを分析し，課題を見つけて何とかしたいと考えるようになった。

② 分析したものを生徒一人一人が「はがき新聞」にまとめたことで，記録として残し，今後の取り組みへの期待感や意欲をもたせることができた。

③ 学級力アンケートの分析やスマイルタイムでの対話を通して，生徒同士，また担任と生徒のつながりを深めることができた。

(2) 実践上の配慮点

① 学級力アンケートの実施にあたって，1年生についてははじめに説明の時間を確保し，「よい学級を自分たちの手でつくろう」と，前向きに取り組もうとする雰囲気を作ることを大切にする。

② 分析をするときに，生徒が学級力の伸びを実感し，さらなる向上を目指して取り組めるよう，教師側から適切なアドバイスを入れるとよい。

③ プロジェクトをより効果的に進めるために，学級力向上に学年ぐるみ，あるいは学校ぐるみで取り組めるよう，アンケートの実施時期やスマイルタイムのもち方について研修し，特別活動の年間計画の中に組み入れる。

2年生の実践——生徒に参画意識をもたせる

■広島県福山市立向丘中学校教諭■
飛田　美智子

1. 学級経営の視点

　私は，学級経営には「生徒一人一人が学級を運営しているという参画意識をもつ」ことが必要であると考えている。
　学級担任として，どのような学級をつくりたいか，4月の学級開きの時間に次のような「担任の3つの願い」を書いた通信を配付し，思いを話した。

1　人間の本当の値打ちについて考えられる生徒になってほしい。
2　お互いを支え合う集団になってほしい。
3　自分自身と対決できる生徒になってほしい。

　今まで担任をもつたびに生徒に語ってきたことではあるが，もの足りないものを感じていた。例えば，「どういうことが互いを支え合うということなのか」「支え合う集団になるとどういう感覚をもてるのか」という実感を生徒に与えることが不十分であったからだ。人間関係のトラブルはつきものであるし，なかなか自分の思いを言えないという課題もある。そんな中で，「自分が自分の学級を運営している一人だという参画意識」をもたせることができたら，「担任の3つの願い」も実感を伴ったものとして生徒の心に残るはずだと考えた。そして，「自分が自分の学級を運営している一人だという参画意識をもった生徒を学年末には8割以上にする」という目標をたてた。

2. 学級力アンケートの活用と学級での取り組み

　生徒に学級への参画意識をもたせるために，学級の現状を知る「学級力アンケート」を年間4回実施し，結果を生徒と共に分析し，成果と課題を明らかに

表1　学級力向上のための主な取り組み内容

時期	主な内容	目的	備考
5月	いい学級とは？を考える	いい学級のイメージを出し合うことで，いい学級をつくるための要素を意識させる。	班でのカルタからビッグカルタにする。
	運動会（縦割り集団）		
	インタビューをして取材する	友だちの意外な一面を取材し，記事にまとめることを通して，友だちと仲良くなる。	国語の単元とリンクさせる。
6月	1回目アンケート	学級の現状を分析し，課題を整理し，取り組みを考える。	学級の強みと弱みを分析する。
	取り組みの反省（時間席点検）	取り組んだ結果を交流し，がんばった点をお互いに評価し合う。	班で協力する。
7月	2回目アンケート	学級の現状を分析し，課題を整理し，取り組みを考える。	学級の成長と課題を整理する。
9月	ピア・サポート	お互いによいところを認め合う，伝え合うことの心地よさを味わう。	信頼することのよさを活動で体験する。
9月〜10月	修学旅行・文化祭（劇・縦割り合唱）		
10月	3回目アンケート	行事などでのがんばりがどのような成果となってでているか分析する。	学級の成長と課題を整理する。
12月	駅伝ロードレース大会の取り組み	自己ベストをめざし，学級としてつながることの意味を体験する。	信頼関係やつながることの意味を体験する。
12月	4回目アンケート	学級の現状を分析し，課題を整理し，取り組みを考える。	団結したことで学級がどんなに成長できたか認識する。
1月〜3月	CMづくりの取り組み	自分の学級のよさを再認識し，学級のCMづくりに全員参加する。	つながることを目的に活動をする。
3月	全員レク週間の取り組み	昼休憩に全員で外でドッジボールや野球をして楽しむ。	つながることを目的に活動をする。
3月	1年間のまとめ	学級力を高めるために必要となる働きかけとは何かを考える。	1年間の学びをまとめて来年度へ生かす。

させた。それをもとに次の目標を設定し，達成のための取り組みを考えさせ，実行させた。また，教科と結びつけた活動を仕組んだり，ピア・サポートのようなアクテビティを実施したりして，「担任の３つ願い」の意味を考えさせた（表１）。

3. 学級力向上の活動例

(1)「いい学級ってどんな学級」を共有化する

　教師が示す学級目標ではなく，生徒たちがイメージするいい学級，こんな学級にしたい思いをカルタで考え，共有化する。

　各班から，また個人で思いついたことも発言し，司会者がビッグカルタにまとめていく。最後，カテゴリーにまとめさせると，生徒は，「意識系」「話し合い系」「友だち系」「生活系」「(向丘中の) めざす生徒像系」などという表現に

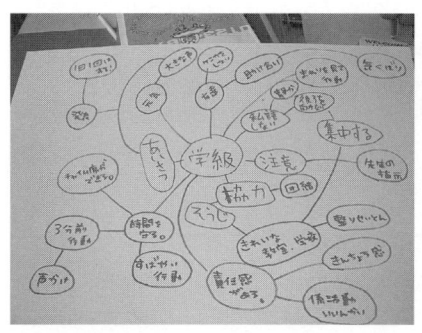

班でのカルタ 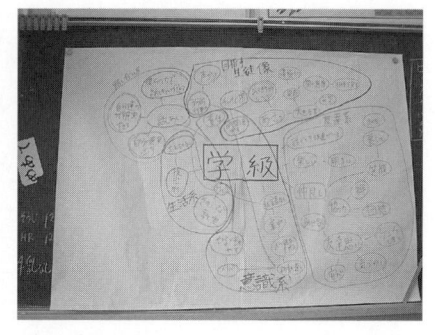　　　　　　　　　ビッグカルタ

アンケート結果を知る 　　　　　アンケート結果の分析

表2　第1回学級力アンケートの分析

分　析	23Rの弱点とは	23Rの強みとは
70％以上の項目が少ない。けじめがつかない授業が多い。運動会で団結したのに，数値が低い。差が激しい。100％までにはまだまだ遠い。数値は半分あるが，低い項目が多い。	授業中の無駄話。乱暴な言い方がある。集中力と緊張感がない＝規律やけじめがつかない。各自の責任が大きい。お互いを大切にできていない。自分で考えて行動していない。	整理整頓ができる。感謝ができ，何事にも全力で取り組める。客観的にクラス全体を見ることができる。リーダーシップが取れる。気配りができる。発表するためにがんばる。みんなと仲良くできる。みんなを笑顔にする。など

した。生徒からの言葉を取り入れながら学級力アンケートを作成し，実施していくことを告げた。

(2) 学級力アンケートの活用の流れ（第1回目の場合）

① アンケートの実施
② アンケートの集計結果を提示し分析を行い，学級の弱点と強みについて考える（表2）。
③ 分析結果から，緊急に取り組む課題を決め，取り組みを考える。（表3）

表3　緊急に取り組む課題と対策

（課題） ① 学習 ② けじめ （対策） 後ろを向かない。 私語をしない。 2分前行動，1分前着席。 隣近所で注意する。 自分で意識して行動する。

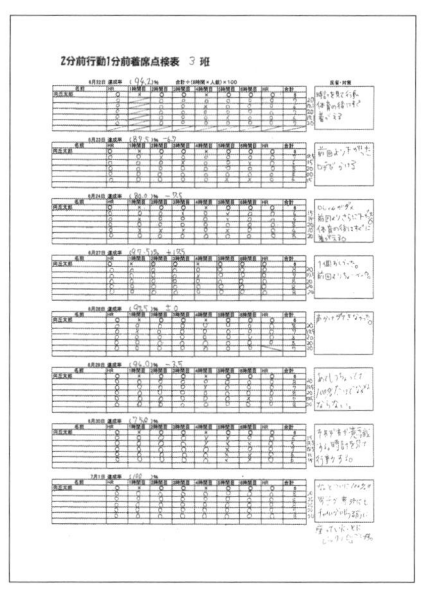

資料1　2分前行動，1分前着席点検表

表4　保護者からのメッセージの一部

○　立派なことが書いてあったけど，無理のないように，できるところからひとつずつ実行していけばいい。目指せ，勉強は嫌い。でも，学校は好き！
○　23Rの状態がよく分かるグラフだと思います。今の自分たちを客観的に見ることができていい。あとは理想のクラスに向かって一歩一歩努力していけば最高のクラスになるのではないかと思います。
○　弱点に注目しているがそれでは伸びない。誰にも短所や弱みはあるのだから。それなら23Rの強みや長所を意識して伸ばす方がいい。だから，「あなたが23Rに生かせる強みって？」は良いと思った。強みを意識していけば，弱みも小さくなっていく。弱点克服より強み。自分の短所を否定せず，受け入れることが大事。強みを生かすことが大事。

④　取り組み（2分前行動，1分前着席の点検競争）の実施（資料1）。
⑤　通信で保護者に生徒のアンケート結果や取り組み，生徒の意見を知らせる。それを見た保護者からは，保護者の感想や願いなどを書いてもらい，通信に載せる（表4）。
⑥　取り組み結果から成果と課題について学級で話し合う。また，学級会で話し合ったり考えたりしたことについての感想や新たに考えたことを「なかま」（学校独自の日記帳）に書く（自分の意識の変化や考え，学級の雰囲気をどんどん書かせ，保護者からもメッセージをもらう）。

4.　レーダーチャートにみる学級力の変容と成長

（1）学級の一員としてのスタート

「けじめ」と「学習」を緊急の課題として取り組みを実施した。2回目のアンケートでは，自律力が図1のように変化した。「けじめ」の変化はみられなかったが，「2分前行動，1分前着席の点検競争」の成果で，「時間」を意識しようとする雰囲気が向上したと生徒はとらえていた（12ポイント上昇）。また，チャイムとほぼ同時に号令がかけられるようになったことや時計を見ながら，行動できるようになったなどの成果をあげた。さらに，達成力の項目の平均が10.5ポイントの上昇，「協調力」の「協力」が16ポイント上昇するなど，他の項目も伸びていた。しかし，「決まった人が遅れていた」「言わないと動かない」「声かけが少なかった」「時間を意識していても1分前には着席できていな

い人もいた」という課題をあげた。まだまだ個々の意識の甘さがあり人間関係でうまく声かけや注意ができないという学級の弱さも再認識できた。「けじめ」「学習」「時間」などの項目が課題である原因について，生徒から，「友だちの意見をちゃんと聞く」や「先生や班長の指示を集中して聞く」など「聞く姿勢」ができていないからだという意見が出てきた。さらに，「聞く姿勢」は，課題となった項目だけの関連性ではなく，すべての項目の基本にあるものだと指摘する生徒も出てきた。つまり，「人の話をしっかり聞くことができる」学級は，「人を大切にしている学級」なのである。このことは，「担任の3つの願い」に近づくものであった。この話し合いから，学級経営において，「担任の3つの願い」やビッグカルタでまとめた「いい学級のイメージ」に向けて，学級が団結し，つながることの意味を，機会があるたびに考えさせ，生徒一人一人の強みやよさが学級へ出せる機会をさらに作るようにしたいと考えた。

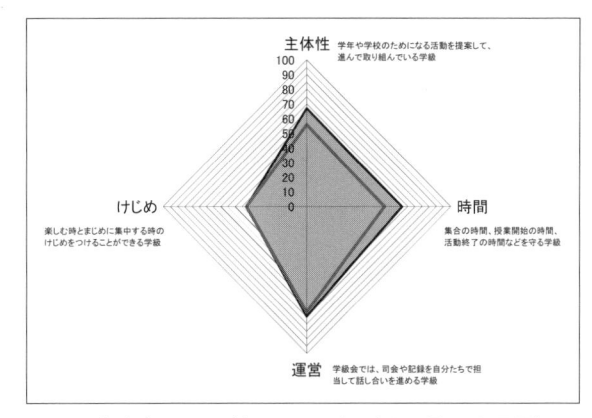

図1　自律力のレーダーチャート（1回目，2回目）

(2) 黄色いリボン作戦

　表1のように，学級が団結し，つながることの意味を機会があるたびに考えさせることや友だちのよさをもっと知るための取り組みは，友だちへのインタビュー活動（国語科），学級のCMづくり（国語科と音楽科のコラボ）など教科においても進めてきた。「校内駅伝・ロードレース大会」では，「ベスト・チームワーク賞」を狙うことを目標にして，学級の団結とは何かについて考えさせた。黄色のリボンに自己目標を書かせ，当日手首に巻いて気持ちをつないで走る作戦を考えた。団結とは，信頼関係とは，どういうときにできるのかを生徒自らが体験を通して感じたことを学級通信に載せた（表5）。この取り組み後のアンケートでは，3回目と4回目を比較すると，すべての項目において

表5　学級通信「あゆみ」の一部

【大会前の気持ち】
○目標は「自己ベスト達成に向けて全力を尽くす」ことです。そして23Rの子が応援してくれる声を大切にして，何より楽しみたいです。順位も大事かもしれないけど，何よりクラスのみんなで団結したことの方が思い出に残るので，みんなの声からパワーをもらって，自分のモチベーションをあげて「できる」と思って自己ベストをだします。

【大会後の気持ち】
○すごく大きな達成感とたすきをもらい次の人へつなぐことができたうれしさでいっぱいになりました。だからもう結果は何位でもいいかなと思うようになりました。結果は何位でもいいけどベストチームワーク賞はもらいたいです。クラスで作った黄色いリボンは思った以上に役に立ちました。苦しくなった時，なんかはげましてもらいました。
○自分がつらいときに応援してもらった分，相手にそれをしっかりかえそうという思いで応援しました。お互い支え合わなければ，最後まで行けずに途中であきらめてしまう人もいたかもしれません。でも，励まし合うことで自分の持っている力をクラスメイトのためにと思い，発揮することができるのだと思います。

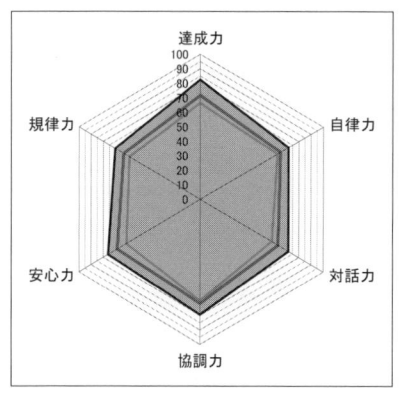

図2　学級力のレーダーチャート（2，3，4回目）

上昇がみられた（図2）。特に，「協調力」の「協力」は86.0％になり，6ポイントの上昇であった。1回目からみると，25ポイントの上昇であった。「達成力」の平均は82.5％であり，10.7ポイントの上昇であった。1回目から比べると26.5ポイントの上昇である。また，学級経営の中で大事にしてきた友だちとの「つながり」や「聞く姿勢」も1年かけて伸びてきた。大きな課題としてスタートした「学習」は1回目から比較すると17ポイント上昇した。生徒の分析では，「自分がやらなければならないことを理解して，物事に取り組めたからアップしたと思う。授業態度でも少しずつ聞こうという意識が高まっているから聞く姿勢も伸びた」と述べている。また，「『友人や絆を作るのは大変だけど，壊すのは簡単にできる』とそんな友だちの言葉を聞いて23Rで築いた絆を大切にいこうと思った」と学級の友だちへ向けて言った発言が心に残る。

5. プロジェクトの成果と実践上の配慮点

(1) 成果

① 学校独自のアンケートの，最終に行った結果は，「学校へ来るのが楽しい」87.3％，「仲間を大切にしている」93.9％，「学級は安心して生活できるところ」93.3％，「学級の動き，取り組みなどには，学級の一員として積極的に関わっている」84.8％。これは学級力向上の取り組みの効果が大きいと考える。また，4月当初の目標であった「自分が自分の学級を運営している一人だという参画意識をもった生徒を学年末には8割以上にする」は達成できた。

② 1つの課題に対して，取り組みを実施し，達成感を味わえると，すべてのアンケート項目が上昇し始めた。生徒は信頼関係の作り方について意見を交換し始め，普段の生活のなかでの声かけや聞き方，心のあり方について考えることができた。生徒に学級力を高めるのに一番役に立った活動はどれかアンケートをとったところ，「一番というのはないけど，みんな協力して，活動していくうちに，楽しくなって，すること全部が学級力を高める方法だったんじゃないかと思った。」という記述があり苦労が報われた気がした。

③ 行事，教科や総合的な学習の時間とのリンクで学級力を高めることを意識した内容にすることで，生徒が友だちのよさに気づきながら，学習できた。

(2) 実践上の配慮点

① 回を重ねると，アンケートと分析が形骸化し始めたので，アンケートを取る時期を考える必要がある（取り組み直後など）。

② 今回1年間の見通しが甘いまま実践をしてしまった。よって，取り組みがない時期も発生するなど，もったいない時期を過ごしてしまった。1年間の見通しをもち，アンケート結果をもとに，取り組む内容について，期間限定で行ったり，班で項目ごとに考えさせたり，月2回の「全員レクの昼休憩」をしたり，日常的に学級力を高める学級活動を仕組むとよい。

③ 学級力をあげるための取り組みが設定しやすい環境づくりを生徒会行事など，学校全体，学年全体でする。

2年生の実践──話し合い活動の充実を目指して

■愛知県尾張旭市立東中学校教諭■
村瀬　琢也

1. はじめに

　本実践で向上を目指す「学級力」とは，学校生活を共に過ごす生徒たちの集団である「学級」が，日常的な課題について意見を交換したり，話し合ったりすることで，互いの共通理解を深め，「学級」全体として解決への手がかりを見出し，実践していくことのできる力である。
　しかしながら，これまでの指導をふり返ると，話し合い活動の時間が十分にとれなかったり，課題によっては単発的なものに終わってしまったりするなど，話し合いに深まりをもたせることは容易なことではなかった。
　そこで「学級力アンケート」を実施し，「規範意識」や「協調性」など，善し悪しを判断するいくつかの要素について，アンケート結果を数値化して提示することで，生徒自身が主体的に判断し，具体的に実践していく態度を養えるのではないかと考えた。

2. 学級の状況

　5月と7月，11月に行った「学級力アンケート」では「自律力」と「規律力」の数値が特に低い結果であった。実際，毎日の生活の中で，ルールやマナーよりも，自分や仲のよい友人のことしか見えず，安易な発言をしたり，ものを大切にしていなかったりする場面も多々ある。
　また，忠告や指導をしようとする生徒や教員と逆にトラブルになる場面や，暴言を吐く生徒とそれを嬉しがって見ている生徒もいる。
　日常生活をよくふり返り，一つ一つの課題に目を向け，学級の一員としてよくしていくのも悪くしていくのも自分たちであるということに改めて気づき，課題を解決するために具体的に行動していく意欲をもたせたい。

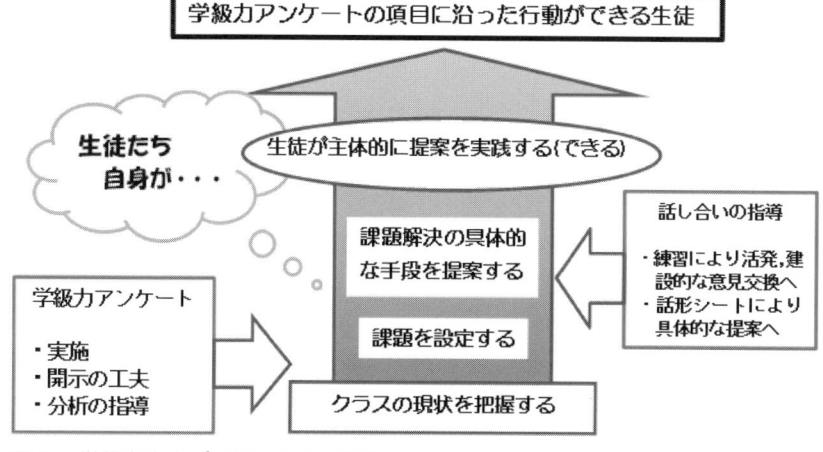

図1　学級力向上プロジェクトの構想

3. 実践の流れ

　ここで紹介するのは，2年生の3学期に行った実践である。アンケート結果を分析する中から，新たな課題を発見し，その解決方法を話し合うとともに，「学級」としての行動を提案するところまでをまとめた。
　「生徒自身が考え，話し合い，行動する」ということに重点を置いて，図1のような構想で実践を進めた。

(1) アンケート結果の分析

　アンケート結果を提示し分析や考察をさせながら，ワークシートに「学級」の様々な現状を書かせた（図2）。
　また，レーダーチャートは，「学級力」を構成する6つの要素を軸に，1枚にまとめるとともに，本校の3年生の結果を重ねて表示し，比較できるようにした。
　プロジェクトのスタートにあたり，話し合いの雰囲気が悪くなることが心配であったが，ほぼ全員

図2　学級力アンケートの分析ワークシート

図3　考察をまとめた冊子

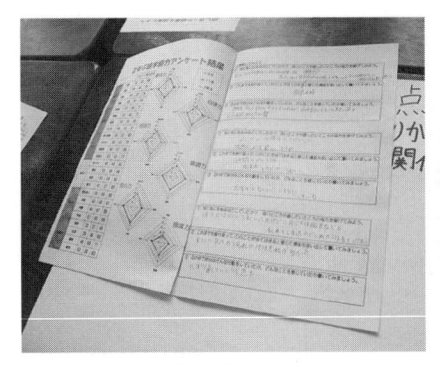

図4　小グループでの話し合い

の生徒たちが真剣に取り組み，思いのほか丁寧な記述が多かった。中には，「3年生に比べるとひどい」「規律力はどちらもよくない」などのつぶやきもあった。

(2) 小グループ単位で「学級」の課題を検討

前時の各自の考察をまとめた冊子（図3）を生徒に配布して，4，5人のグループを編成し，「学級」として取り組むべき課題とは何かについて話し合った（図4）。

「自分たちのよくないところに目を向けて，そのことについて真剣に話し合うことなどとても無理ではないか」と，担任としては話し合い活動に不安があったが，進めてみると，一人一人の考えに真摯な姿勢がみられ，中には厳しい意見が出たりするなど，生徒の受け止め方は担任の想像以上であった。

担任としても必要な助言を行い，また，事前に話し合い活動の練習をしたことの成果などもあって，ほぼすべてのグループで真剣な話し合いが行われた。

(3) 課題解決の方法を話し合う

発見した新たな課題の解決に向けて「学級」として，取り組むべきことを話し合った。本時の生徒の様子は，概ね次のようであった（指導案は付録DVDに収録）。

・グループでの話し合いは盛り上がり，熱心に意見を交換し合う場面が見られた。
・提案場面では，発表者がワークシートを有効に活用し，提案のための「型」

図5　提案のための「型」への記述　　図6　グループごとに取り組みを提案

に沿って丁寧な発表があり，また，司会者も上手に進めることができた。
・前時の，新たな課題の発見についての話し合いが不十分だったためか，「具体的な行動を提案する」という，本時の話し合いの方向に向かっていないグループも見られた。逆にいえば，時間をかけて一つ一つの課題に，グループとしての意見をきちんとまとめようとする姿勢の現れとも受け止められた。

(4) **各グループからの提案の採決**

　これまでの話し合いで「学級」の実態を改善するための様々な提案がなされたが，意見を集約するにあたり，全体での議決ではなくワークシートに書いて投票する形をとった。

　全体の結果をまとめたものに，担任からの提案も入れたものを案として生徒に示し，3学期の残りの期間で，以下の3つのことを行うことになった（提案内容や投票結果の詳細，感想は，付録DVD参照）。

・まずは一度，学級の親睦レクリエーションを行い，仲間意識を高める。
・チェックカードで毎日の学校生活をふり返る。チェック項目には，これまで話し合ったことを取り入れる。結果がよければ，もう一度レクリエーションを行う。
・チェックカードの項目ができるだけ守られるように，ポスターを作る。

(5) **「学級」改善の取り組み**

①学級レクリエーション

　みんなが楽しむことで「絆」を深めるという目的で，ドッジボールを行った。特に細かな工夫などはなかったが，ほぼ全員が参加し大いに親睦を深めら

75

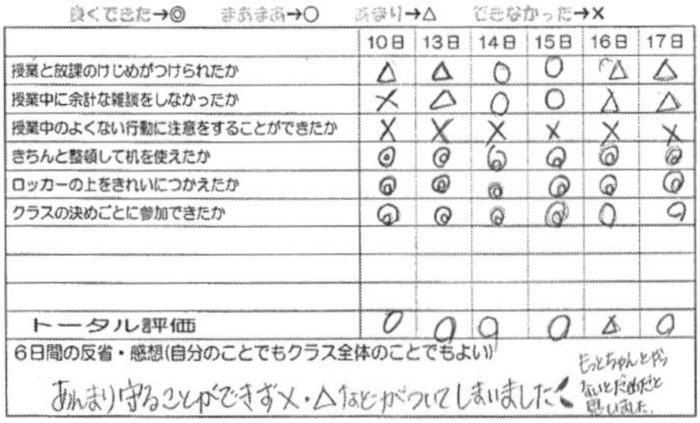

良くできた→◎　まあまあ→○　あまり→△　できなかった→×

	10日	13日	14日	15日	16日	17日
授業と放課のけじめがつけられたか	△	△	○	○	△	△
授業中に余計な雑談をしなかったか	×	△	○	○	△	△
授業中のよくない行動に注意をすることができたか	×	×	×	×	×	×
きちんと整頓して机を使えたか	◎	◎	◎	◎	◎	◎
ロッカーの上をきれいにつかえたか	◎	◎	◎	◎	◎	◎
クラスの決めごとに参加できたか	◎	◎	◎	◎	○	◎
トータル評価	○	◎	◎	◎	△	◎

6日間の反省・感想(自分のことでもクラス全体のことでもよい)

あんまり守ることができず×・△などがついてしまいました もっとちゃんとやらないとだめだと思いました。

図7　1週間記入した生活チェックカード

れた。

②生活チェックカード

室長と担任で「生活チェックカード」の項目を設定し，1週間毎日の授業後に，個々の生徒が記入するようにした（図7）。

2週目は1週目の生徒の反省をもとに，項目を増やして生活のチェックを行った。はじめのうちは成果のあった項目もあるが，後半は提出率が下がるなど，残念な結果も見られた。

約束事にあった「結果がよければもう一度レクリエーションを行う」については，話し合いの結果，不採用となった。

「1日をふり返り，反省を翌日以降に生かす」という面では，残念ながら期待したような成果が得られなかった。

しかし，自分やクラスの現状を1日や1週間という短い期間の中でふり返ることで，一人一人が「学級」の課題についてさらに考えを深めることができた。

③ポスター作り

生活チェック項目のポスターを掲示することになり，作成者を募集したところ，2名の生徒が中心となって数枚のポスターを教室掲示することができた。

特に「ロッカーや机を整頓して使う」ということについては，生徒が意識して教室を使うことにつながった。

4. レーダーチャートにみる「学級力」の変容と成長

生徒が学級の課題として挙げたのは，「規律力」と「安心力」であった。毎日の生活の中で，規律ある生活や，学級集団内で安心して生活できることについては，意識として，互いに高め合おうとする姿勢が感じられた。特に，「規律力」の「学習」と「整理」の項目では，生活チェックカードやポスターといった向上のための具体的な行動の成果がでたものと思われる（図8，9）。

第3章　中学校の学級力向上プロジェクト

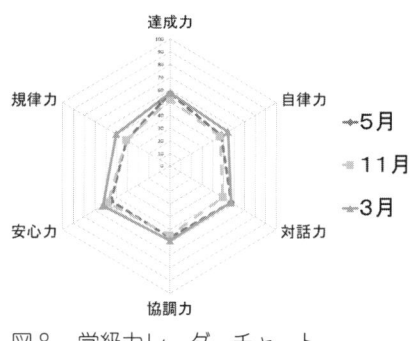

図8　学級力レーダーチャート

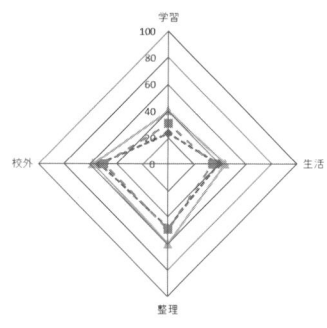

図9　規律力のレーダーチャート

5. プロジェクトの成果と実践上の配慮点

（1）スマイルタイムでの話し合い活動の成果

　今回の実践で、特に手ごたえを感じたのは、スマイルタイムの話し合いの場面である。控えめな生徒や自分勝手な言動が目立つ生徒も含めて、「学級」の現状としっかり向き合った意見で感心させられた。多くの生徒が、「学級」のために、素直な意見を伝え、知恵をしぼって建設的な話し合いを進めることができた。

　生徒の感想（図10）にもあるように、多くの生徒が自らの意見をもって話し合うことを通して、真剣にクラスの改善すべき点と向き合ったことが、「学級力」の向上にもつながり、実践の最も大きな成果と感じている。

（2）今後の課題

　「学級」の課題を話し合うまでの取り組みは担任として満足できるものであった。しかし、課題解決に向けての話し合いでは「具体的な行動につながる

図10　学級力向上プロジェクトの生徒の感想

提案を……」と繰り返し伝えたが，それでも「〜するように心がける」「〜するように声をかけ合う」などの意見からなかなか進まず，担任の意図に合ったものに導くことには難しさを感じた。

「学級で気をつけたいことを掲示物にしよう」「○○チェック週間を設定しよう」など，「学級力」向上のために何に取り組むのかを大まかに課題として与え，細かい部分を生徒の話し合いで決定する方がよいと感じた。

また，1時間の中で細かな課題を与え，課題ごとに話し合い活動を取り入れることも多い。十分な意見交換ができるような時間配分の吟味，発表のための話型を含めたワークシートのさらなる工夫などが必要である。

(3) ポスターと生活チェックカード

今回の実践の中で，生徒が具体的な行動として提案したものがポスターと生活チェックカードであり，実際に成果もあった。今後も，生徒たちが考える学級力向上のためのアイデアは，担任としても大切にしていきたい。

ポスター作りは，有志の生徒が作成し掲示した。それほど時間がかからないことを考えると，今後は，グループ単位でポスターを作成するなど，意見発表の仕方を工夫させることが有効であると考える。また，PCを活用すれば，ポスターのみならず，簡単なプレゼン資料を作らせて，個々の思いをより的確に伝える場面とすることもできる。

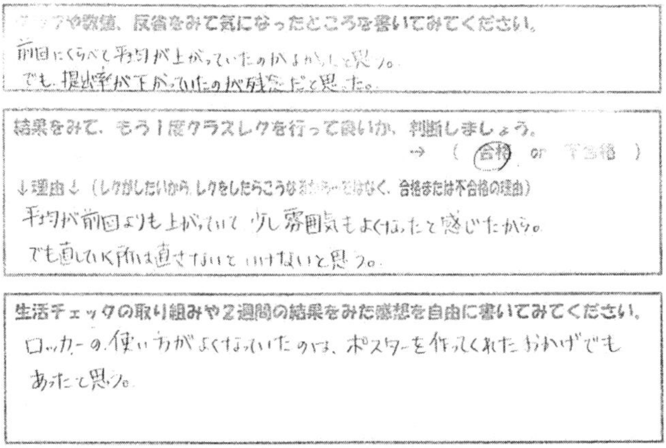

図11　ポスターと生活チェックカードの生徒の感想

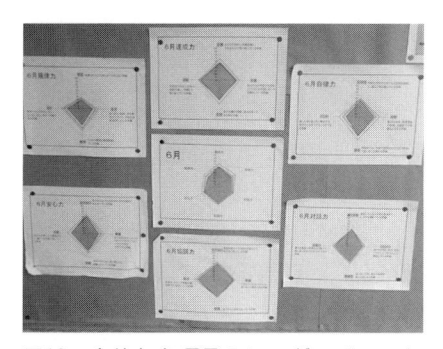

図12　全体と各項目のレーダーチャートを提示 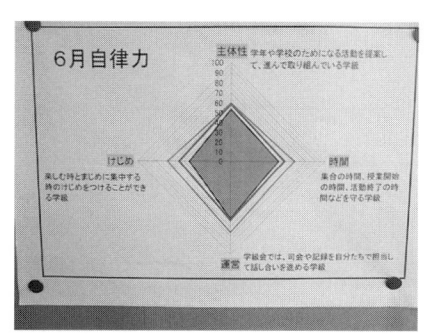　　図13　教室に提示した6月の自律力レーダーチャート

　生活チェックカードについては，それまでの話し合いをもとに室長と相談してチェック項目を決めた。生徒の反省では項目が多いのはよくないという意見があった。
　この点についても，グループ単位で，1つずつチェック項目を決めるなど，生徒一人一人が，より主体的に参加できる取り組みにつなげる方法を探る必要があると感じた。

(4) 学級力アンケートの分析
　多くの生徒が真剣に取り組んだ今回の実践であるが，最後まで無関心な態度だったり，自分のこととしてとらえず，他人やクラスのことを否定するだけであったりする生徒が一部いた。
　「学級力アンケート」をさらに有効に活用し，こうした生徒を減らすために，アンケートの結果をもとにした資料やワークシートなど，教材にはさらに工夫が必要である。
　日頃の生活から生徒が注目するように，結果のグラフをより詳しく掲示したり，全体の結果だけでなく，一人一人の評価や自分としての学級への貢献度なども参考にさせたいと考え，分析シートに散布図を入れたりするなど，さらなる工夫を取り入れていきたい。
　こうした取り組みにより，いわゆる今日的な「いじめ」や「いやがらせ」など「学級」内に潜む様々な陰湿な諸課題についても，アンケート結果の可視化を通して，生徒間の自浄能力の向上を図ることができるものと思われる。

2年生の実践――ビジュアライゼーションにより，行動規範を確立する

愛知県尾張旭市立東中学校教諭
彦田　泰輔

1. はじめに

　子どもたちにとって，楽しく過ごしやすい学級の姿とはどんなものであろうか。狭い教室で，年間を通して楽しく過ごすには，規範意識の高まりや，協力・理解し合う必要性は感じているものの，実際には，生徒個々によってその姿のイメージは，十人十色な場合が多い。
　そこで，自分たちの生活の現状や，今後のあるべき姿，またそのために必要になってくるものなど，楽しく過ごしやすい学級づくりを目指す上での，いくつかの要素をビジュアライゼーション（可視化）させることで解決への手がかりをつかむことを研究の柱とした。
　具体的には，「学級力アンケート」の結果をレーダーチャートを使って目に見える形で示し，チャート上の数値の動きを，学級力向上に活用していくことを企図して本実践に取り組んだ。

2. 年度初めの学級の状況

　明るい性格で元気がよく，何事にも前向きな気持ちでがんばろうとする生徒が多い学級であると受け止めていたが，一方で，他人のことを思いやる気持ちに欠け，学級の雰囲気を壊してしまったり，誰かを傷つけるような不用意な発言をしたりするなど，自己中心的な行動を繰り返す生徒もいた。
　年度当初の緊張感がやわらいでくる4月末には，全体として，授業を大切にするよりも，特定の友だちとの関係を大切にしてしまい，授業中におしゃべりする生徒が目立つようになるなど，行動規範に変化がみられるようになってきた。
　全体として前向きな学級集団になるために，問題意識を共有させ，同じ生活目標をもたせる中で，最後までやり通すことが大切だと考えた。

第3章　中学校の学級力向上プロジェクト

3. スマイルタイムと実践の流れ

　学級力アンケートは毎月末採ることにした。その結果を，翌月最初の特活や道徳などの時間を使い，開示，分析をさせ，スマイルタイムを設定した。スマイルタイムを受け，アンケートの数値をよくするための実践を行うよう試みた（表1）。また，アンケート結果を数字で示すことで視覚化し，その数字を意識させることに気をつけた。

（1）第1回スマイルタイム

　4月末と5月末の2か月分と前年度3年生の11月のアンケートを併記したものを見せ，分析させた（プレゼンソフトを使い提示）。よい点，直したい点を書かせ，それが具体的に学級のどの場面で現れていたかも書かせた。また，他人事にならないよう，その中で自分はどんな行動をしていたかという点も考えさせた（図1）。

〈授業後の生徒の感想から〉

「授業中にうるさいと自分が感じていることは，クラスの皆も感じているんだなと思った。」

「クラスに対するみんなの気持ちがよくわかった。自分と同じ意見もあれば，違う意見もあって，これからどういうクラスを作っていったらよいのかを考えやすくなった。」

「クラスはみんなが使う大切な場所だし学ぶ場所だから，もう少しこの場所を

表1　学級力向上の主な取り組み

	実施時期	内容
①	4月末	第1回アンケート実施
②	5月末	第2回アンケート実施
③	6月上旬	第1回スマイルタイム
④		掲示物作成
⑤	6月末	第3回アンケート実施
⑥	7月上旬	第2回スマイルタイム
⑦		掲示物作成
⑧	7月中旬	自己評価週間

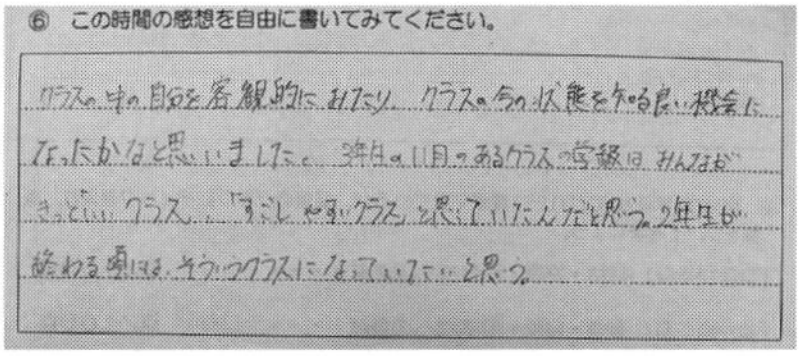

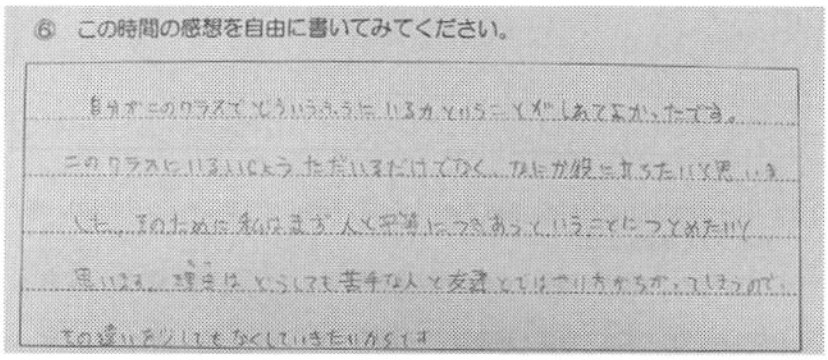

図1　第1回スマイルタイムの生徒の感想

大切にしていきたい。」

〈スマイルタイムの成果〉
・アンケートの質問項目の中から，直したい点・よくしていきたい点が，具体的なキーワードとして出てくる。
・「3年生はなぜ高いか知りたいと思った。」という感想からも，具体的な数字を比較することで，学級経営に参画することに興味をもつきっかけになる。
・アンケート結果を共有することで，アンケートを採ったときに漠然と考えていたことが，改めて自己を見つめ，反省する場となる。
・アンケートの6つの項目からなる24の質問は，「こういう学級になりたい」という，子どもが具体的な見通しもつ手助けとなり，「自己改善的な態度を育てる」ことにつながる。

(2) 掲示物作成

　スマイルタイムのまとめとして，月末に行うアンケートでの数値向上のため，「個人として何ができるか」「何をすべきか」という決意を1人1枚書かせ，1か月間教室背面に掲示した（図2）。「考えが言葉となり，言葉が行動となる」……子どもたち自身から出てきた言葉が，子どもたち自身の行動をよい方向に導くのではないかと考えたからである。

(3) 第2回スマイルタイム

　4月～6月までの各項目の数字を横に並べ，次回アンケートにおいて，達成目

図2　教室に提示した学級力レーダーチャートと一人一人の決意

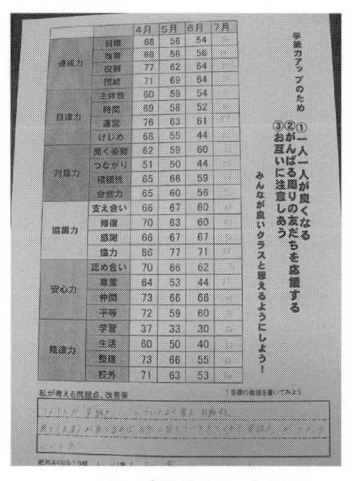

図3　一人一人が学級力の分析をする

標とする数字を記入させた（図3）。前回との違いは，前日にプリントを配布し，宿題として書かせた点にある。学級力向上の一連の取り組みに対し，子どもたちの意識も高まっていたし，7月の目標数値を書かせてくることで，問題点や改善点をよりじっくりと考えることができると思ったからである。

子どもたちがそれぞれ分析してきたことを中心に4人1グループで話し合いをさせ，発表させた。その後，次回アンケートで向上させたい学級力の項目を考えさせた。

前月では，個人で目標を立てお互いに意識させることで自覚を促すことを目的としたが，十分な成果が表れなかった。そこで，一人ではがんばれないことも，グループで協力し励まし合いながらやることで，成果が上がるのではないかと考えた。数値向上のため「個人で何をやるのか」という点と「グループとして何をやるのか」という2点を考えさせ，前月同様掲示した。

〈規律力の「学習（授業中にむだなおしゃべりをしない）」を向上させたいと考えたグループの例〉
○個人として
・注意するのではなく，励まして一緒に静かに受ける。→やる気になる。
・ノートをしっかりとる→話す時間がなくなる。
・一人一人が学習のことを考える→けじめがつく。
・一人一人が授業に集中する→私語が消える。
○グループとして
・グループと周りの班で静かにして，しゃべる人を気まずい空気にする。それでもしゃべるときは，その人の方を見る。

上記のように，スマイルタイムなどで，グループの意見を発表させると，子どもたちが導き出す結論（解決策）には「注意する」という意見がよく出てくる。しかしこれは中学生自身が，人間関係を考え「正しいこととわかっているけど，なかなかやれないこと」だと認識しているように感じる。このグループの中の「励まして，一緒に静かに受ける」は人間関係を大切にした中学生らしい解決策である。そして「ノートをしっかりとる→話す時間がなくなる」というのは，現状をよくとらえた上での，具体的かつ効果的な解決策であるように感じる。

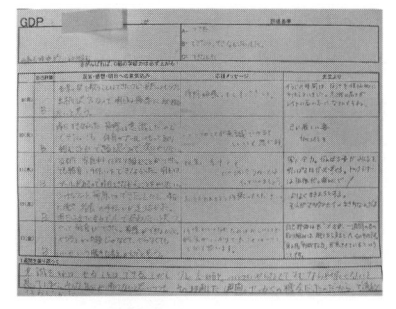

図4　自己評価シート

補足しておくと，この4人は学級ではどちらかというと「おとなしい子」である。その4人がグループとしてやることにあげた，「その人の方を見る」というのは，自分たちがやれることの中で考えに考えた，いかにもその子たちらしい解決策で，微笑ましくも感じた。

（4）自己評価週間

個人の目標に対する自己評価を7月に入り1週間限定でやらせた（図4）。これは，1学期のまとめをし，よりよい2学期を迎える準備であることも伝えた。ABCの3段階の評価基準を各自設定させ，自分が何をどれだけやればよいかを明確にさせた。終礼で「自己評価」と「反省・感想・明日への意気込み」の欄に記入し，隣の席の生徒と用紙を交換し，ペアの相手の「応援メッセージ」の欄にコメントを書かせた。それを回収し，教師が「先生より」の欄に朱書きを入れることで励ましとなるようにした。これも生徒に毎日意識させることで，意欲付けをねらったものである。ペアの生徒が何を書いてくれるか，教師が何を書いてくれるか，という期待感をもたせることで，自己評価のみでは得られない刺激や感動をもたせることをねらいとした。

〈「1週間をふり返って」より〉

・目標を設定し，評価することで，普段あまり手を挙げない教科も少しずつ発言できるようになった。

・授業を真剣に受けると，いつもより内容が覚えられた気がして良かった。今後も続けていきたい。

・初めの1日以外，全部Aにすることができた。けじめをつけると授業がしっかり受けられることを実感した。これからこの紙がなくてもしっかり続けていきたい。

〈生徒Aの場合〉

・意識をすればやることができる。しかし少し忘れると，ついやらなくて済むのなら，やりたくないと思ってしまう。そんな自分が情けないと思

いつつも，そのまま通した1週間。せっかくの機会だったのだから，できれば直したかった。

生徒Aは，「何事も積極的に取り組む」という目標を立てていた。何事も前向きに取り組む生徒で，自分に対しても周りに対しても厳しい面がある。反省で触れている点が，授業では，「音楽の歌」「体育のプール」，生活面では，「掃除」「給食の配ぜんの手伝い」と広い視野で物事を考えることができている。毎日の自己評価は5日間ともBだが，この1週間はいつもより掃除をがんばる姿や，ボランティアで給食の配ぜんを手伝う姿を見ることができた。

4. レーダーチャートにみる学級の変容と成長

4月末に第1回目のアンケートをとって以来，5月，6月と24項目中17項目の数値が段階的に下がった。しかしこの間，数字ほど学級が悪くなっていっているという実感はなかった。むしろ，「見る目が育ってきた」という判断もできる。スマイルタイムをはじめとする実践を行う中，子どもたちはもちろん，私もクラスを何とかよくしようという思いをもってやってきて，子どもとの距離が縮まったように感じる。

3か月連続下がったことで，7月の最初に「今がこのクラスの踏ん張りどころ。1学期のまとめができるようにしよう」という言葉がけができた。そして，子どもたちはそれに応えるがんばりを見せてくれた。7月末のアンケートでは，24項目中18項目が前月を上回り，「目標」「学習」の2項目が4月を上回った（図5）。学級力向上に対してクラス一丸となって取り組んでいると，子どもたち自身が実感をもてた「目標」，子どもたち自身が一番の課題としてとらえていた「学習」の向上は，2学期以降の学級の成長に向け，勇気と勢いを与

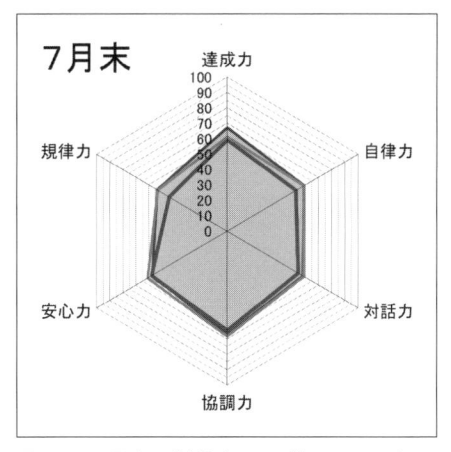

図5　7月末の学級力レーダーチャート

えるものとなった。

　学級力アンケートは，よりよい学級を考える際，具体的な姿を思い描くことができる一つの手立てである。子どもたちの本当の成長は，よりよい学級をイメージしてから行動していく中で，価値観を共有しながら個人の行動規範を作り上げていけたところにあった。

5．学級力向上プロジェクトを支える基盤となる活動

　中学校2年生になってくると，自分の意に沿わないことはやりたがらない，決まりに従わないなど，規範意識に欠ける部分が出始めてくる。また，この時期は判断の基準の多くの部分が「友だち」を意識して決定されることが多いように感じる。そこで，良好な人間関係を構築させることが，学級担任として最も大切だと私は考える。その人間関係を構築する上でのポイントは，
・「自分の思いを相手に伝えることができる」
・「多様な考えに触れ，それを受け入れることができる」
　この2点だと考える。そこで，学級経営をしていく中で，朝のスピーチを実施することに最も力を入れている（表2）。スマイルタイムでの話し合いや，教科でのグループ学習の基盤はここにある。

　朝のスピーチは，子ども一人一人の内容が重ならないように気をつけ，テーマを設定している。そして，必ず原稿を書かせ行わせている。宿題にして，書いてこない子どもがいた失敗からそうしている。学活や道徳などの学級の時間を使い，書き始めさせる。しかし，まるまる50分与えることはまずない。理由は簡単だ。他にやらなくてはいけないことがありすぎるからだ。それでも最低20～30分はとるようにしている。それは，子どもたちが白紙の原稿用紙と対峙し，テーマについて真剣に考える時間を確保するためである。ある程度書き始めることができれば，残りは宿題としても，書いてくるようになる。

表2　朝のスピーチの流れ

①	原稿を書く時間を確保する。
②	内容についての「型」を示す。
③	教師が原稿を添削する。
④	朝礼で日直生徒が発表する。
⑤	発表を聞いた生徒が感想を言う。
⑥	次の日の日直は，ノートに感想を書く。
⑦	学級通信にスピーチ原稿と感想を載せる。

　残念ながら，中学2年生でもこ

ういったスピーチ原稿を書かせようとすると、ほとんど書けない子どもがクラスに何人かは必ずいる。そういった子どもたちが、ある程度原稿が書けるような型（どういう視点で書けばよいか）を提示してある。

書かせた原稿は必ず提出させ、事前に教師が添削する。誤字脱字のチェック（学級通信に原稿をそのまま載せる）と内容に深まりがない子どもには、アドバイスを書いた付箋を付けたり、教師が直接子どもに質問し、言葉を引き出してあげたりする。

発表は朝礼（朝の会）で日直生徒2名が1人ずつ行っている。発表が終わった後、その生徒はくじを引き、くじに書かれてある名前の生徒が感想を言う。こうすることで、ある程度緊張感をもって真剣にスピーチを聞くようになる。そして、くじで当たった生徒とは別に、次の日直の生徒に感想をノートに書かせている。これは、その日の午前中までに書かせ、教師に提出させている。その日の日直生徒2人分のスピーチ原稿と、感想を載せた学級通信を終礼（帰りの会）で配布している。ねらいは、級友の思いがつまったスピーチ原稿という宝物を共有させることと、その思いに共感してくれる文章を目に触れさせることで、相手を受け入れ認め合う力を育むためでもある。また、中学校2年生くらいになると、学校での出来事を家庭で話したがらない子どもも増えてくる。保護者に自分の子どもの様子や、自分の子どもや同年代の子どもたちが何を考えているかを知ってもらう道具にもなっている。

こういう活動が集団で互いに学び合い、教え合う力の基になると考えている。スマイルタイムでの話し合いは、こうした手立てがあって初めて実のあるものとなるのではないだろうか。

6. プロジェクトの成果と実践上の配慮点

この学級力向上プロジェクトは、もちろんただアンケートを採るだけで子どもたちがよくなるわけではない。教師がアンケートの数値をいかに効果的に使い、子どもたちの成長につなげる取り組みをする（手立てを打つ）かが大切である。そうなってこそ、スマイルタイムが形式だけの話し合いから、子どもたちが主体的に対話し、「よりよいクラスづくり」のあり方を意志決定する場へと変わるものになると考える。

学年生徒会の実践――生徒を主体とした取り組み

■茨城大学教育学部附属中学校教諭■
菊池　康浩

1. 生徒を主体とした学級力へ

　「よい学級とは何ですか？」という問いに対して，自身の確固たる教育理念に基づいて明確な答えをもっている教師は多いものと思われる。どんな教師でも，目指す学級像や子どもの姿があるのは当然である。経験が長い教師ほど，その教育理念が他の教師の想いが入る余地がないほどの揺るぎない信念へと変容していることもある。その答えは十人十色である。毛頭これを否定するつもりはない。しかし，各教師の答えは，その教師個人の主観に基づくものである点に留意しなければならないところを特に強調したい。

　そもそも学校における教育活動は，各学校，教師の創意工夫によって意図的かつ計画的に，そして組織的に行われるものである。これを踏まえれば，担任による学級経営も学校や学年の教育目標を受けて，各学級間の横のつながりを意識しながら行われなければならないであろう。しかし，教師一人一人の考え方や個性が違うので，学級担任まかせに陥りがちになり，「あのクラスは雰囲気がよい・悪い」「あの先生は学級経営がうまい・下手」という望ましくない評価が生じてしまう傾向にあるのが各学校の課題ではないだろうか。この課題を打開する糸口が「学級力」に潜んでいると考える。

　教師間の共通理解や連携が大切であることはいうまでもない。でも，考えてみてほしい。学校づくりは生徒の活力があってこそできるものである。生徒に「学級力」の考えが浸透してはじめて教育活動が進展するのだと考える。本稿では，田中博之氏が提唱する「学級力」の理念を踏まえ，「生徒たちが，学級の状況と自分自身の行動を見取る目を養うことを通して，所属する学級のよりよい生活づくりに参画できる力の育成」を目標に掲げた中学校における「学級力向上」の取り組みを紹介する。

2. 中学校における学級力の考え方

（1）学年・学級経営の方向性の一致

中学校では一人の生徒に対して多くの教師がかかわる機会がある。教師の多様な見方があるからこそ、様々な切り口で指導につなげられるよさがある。その反面、指導の方向性が一致していないと一定の秩序を保ちづらい状況を生じさせてしまうデメリットもある。中学校はとくに、学年経営の方針に対して、一学年に複数ある学級の足並がそろっていなければ、学年職員間はおろか生徒間においても不平不満が生じかねない。どんなに個々の担任が優れた取り組みを行っていても、方向性がバラバラであったらその効果は薄れてしまう。したがって、教師集団がチームとして共通実践、共通行動をすることを通して、効果ある教育活動が展開できると考える。

（2）共通観点の構築と生徒自身による学級集団の評価

「学級力向上」の推進にあたり、各学級集団を共通の観点でとらえ、その実態に応じて手立てを講じるという点に配慮を要する。そこで、共通の観点は、教師間、生徒と教師、生徒間でもてるようにしようと考えた。このようにすることで、学級王国を乗り越え、開かれた学年・学級経営ができると考える。担任個々が持ち味を発揮して生徒の育成を図るという視点ももちろん否定はしない。しかし、目指す生徒像と実態をとらえる視点が教師間で定まっていることにより、現状の把握や方策の検討、対応がチームとしてできると考える。

また、教師と生徒、生徒同士が同じ方向を向いて歩みを進めることが大切である。「生徒主体の活動」とよくいわれるが、生徒同士が自発的、自治的な風土を築くための教師による支援が必要となる。その際、生徒たちに「自分たちが生活する学年・学級を、自分たちで築く」と参画する意識をどのようにもたせるかがポイントになるだろう。この点は、中学校学習指導要領の特別活動において、学級活動の目標として唱えられているところである。

〔学級活動〕
1　目標
　学級活動を通して、望ましい人間関係を形成し、集団の一員として学級

> や学校におけるよりよい生活づくりに参画し，諸問題を解決しようとする自主的，実践的な態度や健全な生活態度を育てる。(下線筆者)

　そこで，生徒自身による所属集団への評価を手立てにしようと考えた。これまで，生徒による自己評価は，各教科の学習や諸活動ごとに頻繁に行われているところである。しかし，自分が所属する学級などの集団に対する評価をするという経験は稀であろう。「よりよい生活づくりに参画」するためには，自分が所属する集団を見取る目が必要になる。同時に，自分自身の行動も集団との関係でふり返れるようにしていかなければならないことになる。要するに，生徒自身が自分たちの学校生活を評価する目を養うことで，よりよい生活の在り方をこれまで以上に意識できるようになるのではないかと考えた。

　集団への所属感を高め，社会性を鍛える要素が「学級力」には多様に含まれている。大人の手を離れていかなければならない年齢に差し掛かる中学生だからこそ，必要な取り組みだと考える。

3. 学年生徒会の活動に組み入れる意義と具体

　以下に述べる事例は，ある入学年度の生徒たちが第1学年，第2学年と2か年にわたって「学級力向上」に取り組んだものである。

(1) 意義

　本校では毎週，常任委員会の時間が確保されている。その組織の一つに，学年ごとに各学級から選出された学級委員で構成される学年生徒会が存在する。主な活動は，学年ごとに多少の差異があるものの，自分たちの学年の現状と改善のための取り組みの検討，学年集会の企画・立案などである。

　もともと「自分の力で学級をよくしたい」と願い，選ばれたリーダーたちの組織であることから，活動意欲に満ちている者ばかりである。ところが，いざ自分たちの学年・学級の諸問題について話し合うといっても，観点が定まらず，話し合いの中身も薄いものとなりがちであった。そして，学年生徒会で話し合った問題点及び改善に向けての方策を各学級に伝えても，生徒個々で温度差があり，浸透しづらい状況もみられた。そこで，このような現状を打開すべく学年全生徒を巻き込み，生徒主体の学校生活づくりを進めるために，「学級

力向上」を学年生徒会の活動に組み入れた。

　また，中学校では生活上の諸問題について，教師から生徒に指導する場面が多くなる傾向が否めない。この傾向が強くなると，教師と生徒の対立という場面も生じてしまうことも十分に考えられる。したがって，生活上の諸問題を自分たちの問題と認識し，よりよい学校づくりに参画する意識をもたせ，生徒指導上の問題を予防する意味でも，「学級力向上」を取り入れる意義があると考えた。

（２）生徒による学級力アンケートの作成

　第１学年で，年に２回，学級力アンケートを実施すると，１回目より２回目の方が「学習規律」の項目の数値はどの学級も下がってしまった。そして，その原因と改善策を学年生徒会で話し合い，「特に，昼休み終了後の５校時の開始をスムーズにできるようにする」という点に絞り込んだ取り組みをすることに決定した。その結果，どの学級でも５校時の開始に意識を高め，改善できたという成功体験をしている。その経験を財産とし，進級した第２学年生徒会の委員が，目指す学年の姿や各学級で話し合った学級目標を手がかりにして，アンケート作成及び実施をした。最初に，アンケートを実施するねらいについて十分に話し合った。その結果，次の４点に落ち着いた。

　ア　各学級の現状を客観的にとらえる手段にする。
　イ　自分の所属する学級を見る目を養えるようにする。
　ウ　学級への評価をするとともに自分自身の行動をふり返り，行動の目標を
　　　もつ機会とする。
　エ　学年全体を望ましい集団とし，自治ができる力をつける。

　次に，学級で生活する上でどのような力が必要かについて議論した。その際，昨年度用いていたアンケートの項目が適切であったかどうかなどを検討し，加除訂正した。特に，１年間の生活をふり返り，おおむね達成できたと考えられる項目は削除し，全体的な課題と考えられるものを新たな視点として項目に取り入れた。

　そして，アンケート項目を分類し，領域をつくった（図１）。第２学年では，次の４領域の力を意識し，達成度の変化を見ていくことで合意した。

　Ａ　目標設定の力

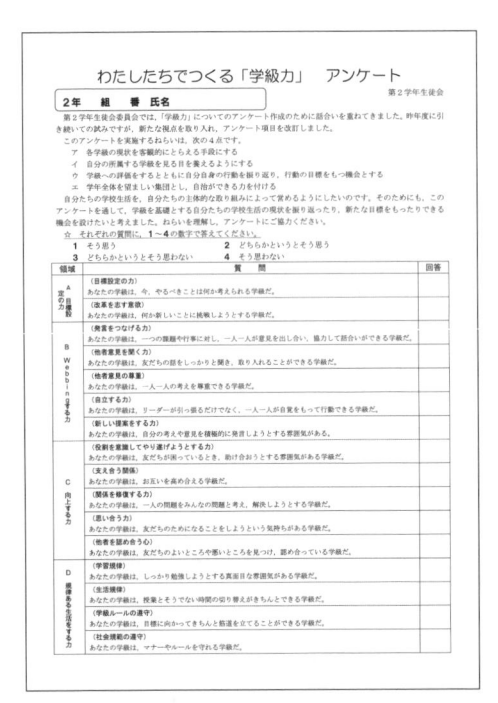

図1　学年生徒会委員が作成したアンケート

図2　レーダーチャートと分析の掲示物

B　Webbingする力
C　向上する力
D　規律ある生活をする力

　以上のような手続きで，アンケート作成を行ったわけだが，自分たちの学校生活を快適にするために何が必要かを，学年のリーダーたちが知恵を絞って考える点に価値がある。学級委員の生徒自身で練られたアンケートだという誇りをもたせ，アンケートを実施するに至った。

(3)　チャート診断の進め方

　アンケートの集計結果に基づいて，各学級のよさと今後の課題について話し合いをした。

　最初にレーダーチャートについてであるが，学級ごとに明らかに異なる色彩を見取ることができた。学級委員には，所属する生徒が異なるのだから当然の結果であり，レーダーチャートを学級間で比較する材料にするのではなく，学級の実態をありのままによさと課題となる点からとらえるように助言した。分析を進める中で，これまで感じていた学級の様子がより具体的な形で明らかにできたことに学級委員の生徒たちは手応えをもてたと口々に言っていた。

　そして，分析した結果を画用紙一枚にまとめ，レーダーチャートを添えて学

年全生徒が見られるように廊下掲示をした（図2）。アンケートは，6月と10月に行ったので，2回のアンケートの各学級の変容がわかるようにレーダーチャートを作成した。また，分析結果を示した画用紙も，学級ごとに2回の分析から成果と課題がわかるようにした。こうすることで，所属する集団の成長と課題が明確になり，生徒に行動目標をもたせる一助となった。さらに，教師にとってもオープンな学年・学級経営となり，各学級の実態を共通理解し，適切な支援を行える土壌を整えることができた。

　学級委員は自分の学級にも分析結果を報告し，特に改善点については意識をもって行動するように協力を呼びかけた。集団の改善となると時間がかかるものである。即効性のある改善を期待するのではなく，リーダーに自分の学級の現状を理解させ，その改善に向けてねばり強くはたらきかける姿勢の育成が重要なのである。集団づくりをするためにはリーダー育成が欠かせない。学年生徒会で「学級力向上」に取り組む大きな意味は，ここにあると考える。

4. 学級の話し合い活動への進展

　「学級力向上」の取り組みは，その実態を所有している学級集団に還元することで全生徒を巻き込む活動となる。その一方策は，レーダーチャートによる分析を基にした話し合い活動の充実になると考える。レーダーチャートは，学級の実態を如実に表しており，話し合いの話題を豊富に提供してくれるだろう。望ましい集団づくりをするための学級としての目標を設定したり，目標の達成に向けた具体的な方法を検討したりする材料にするのである。

　図3，図4に示すレーダーチャートは，第2学年の6月と10月のアンケートの集計結果である。

　話し合い活動の前に，これらのレーダーチャートを比較し，自分たちの学級の成長と今後の努力点を見出し，自分自身は「学級力」向上のためにどのような取り組みができるか考える機会を設けた。特に今後の努力点について，生徒の多くは10月の段階で「新しい提案をする力」が極端に低くなっている点に目を向けた。そして，具体的にどうすれば改善していけるのかを検討すると，主に次のような意見が出てきた。

・自分の意見をもてたのであれば，積極的に挙手をしてみる。

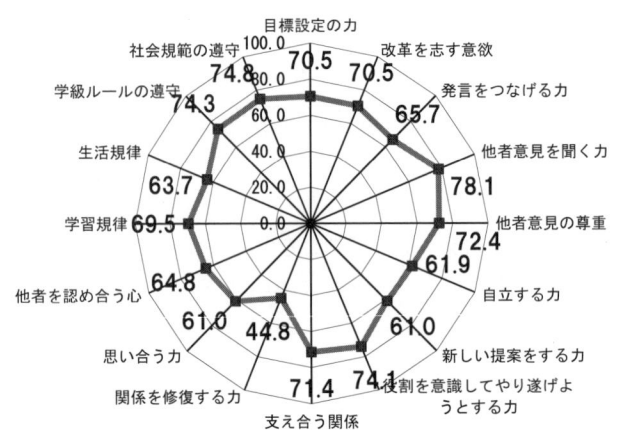

図3　6月のレーダーチャート

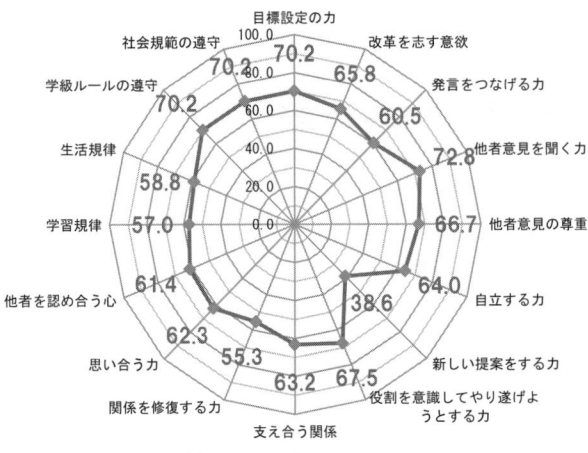

図4　10月のレーダーチャート

・みんなの前で意見を述べるのが恥ずかしいのであれば，少なくともグループ活動では発言をする。
・他の人の意見を聞いて，自分の意見を言える雰囲気をつくる。

　このように，事前に自分なりの分析をした上で話し合い活動に臨ませる手立てを講じたことは，十分に話し合いに参加する意欲づけにつながったと考える。
　さて，本番の話し合い活動では，現状の理由の分析からスタートし，アン

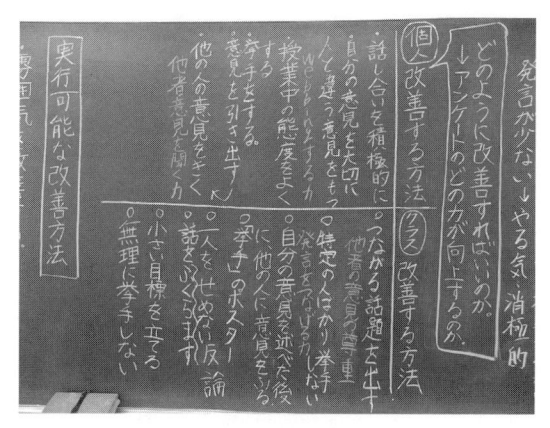

図5　話し合い活動の板書から

ケートの「新しい提案をする力」以外の項目との関連も考えながら，現状を改善するための具体策にまで及ぶ議論ができた（図5）。また，生徒にとっては自分の問題であるがゆえに，これまでの行動を省みて耳を塞ぎたくなるような意見が出される場面もあった。

　このような経験をとおして，レーダーチャートは単なる数値の結果ではなく，その教室の成員一人一人の学級への見方や評価が反映された意志をもつ数値だと実感できたのではないだろうか。全生徒で数値の結果を共有し分析し合い，現状を改める意欲づけとするためにも，学年生徒会の活動のみにとどめることなく，学級での話し合い活動も一連の活動サイクルに組み込む必要があると考える。

5. 今後に向けて

　中学校の学級活動の時間は週1時間であり，この時間の内容・運用は多岐にわたっている。その中で，「学級力向上」をテーマに腰を据えて学級活動ができたかと問われると，自信をもって答えにくいところがある。中学校のこの現状を補う意味でも学年生徒会の常時活動に位置付け，生徒の活動意欲の向上を図ってきたのである。「学級力向上」は，特別活動で唱えられている話し合い活動の充実，自分たちできまりをつくって守る活動の充実への発展性をもち合わせている点を踏まえ，活動内容の点検・改善を進めていきたい。

第4章
学校全体で取り組んだ学級力向上プロジェクト

■元石川県小松市立芦城小学校校長■
高島　雅展

1. 学級力向上を必要とする学校の現状

（1）「生きたい！　知りたい！　仲間になりたい！」

　かつて，アメリカの心理学者アブラハム・マズローは「欲求階層説」で，自己実現に至る過程は，「生理的欲求→安全欲求→帰属・愛情欲求→承認欲求」という段階が満たされてこそ，自分自身がもっている能力を最高に発揮しようとする「自己実現の欲求」につながることを明らかにした。

　しかしながら，現代の子どもたちの実情は，「学習意欲が減退，学習習慣が低下，友人関係が希薄，社会的体験が不足」との問題点が浮き彫りにされ，憂慮されてから久しい。この間，それぞれの学校の教育現場では，「知的好奇心をかきたてる，有能感をもたせる，自己決定の機会を増やす，有用性を感じさせる」という4つの提案を受け，様々な試みの中で具体的な方途が真剣に模索されてきた。

　その一方で，近年，学級経営や生徒指導などに関わる問題が多様化し，児童や保護者への対応にあたり，多くの「学級担任」にとって「学級集団」は，老若男女を問わず，一人ではなかなか解決が困難な要素をはらんできている。それだけに，いかにして生き生きと安定した「学級づくり」を行うかは，

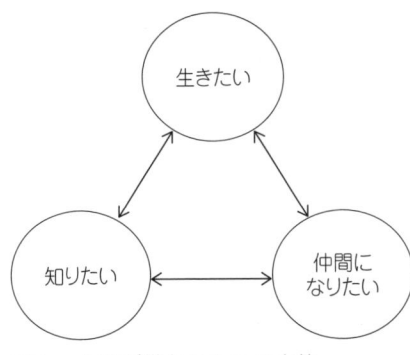

図1　人間が備える3つの本能

いずれの学校においても，共通した喫緊の課題となっているように思われる。

こうした中，人間には本来，「生きたい，知りたい，仲間になりたい」（図1）との大きな3つの本能が備わっている，とする近年の脳神経科学が明らかにした知見は，子どもたちが一日の大半を過ごす学級というミニ社会において，生き生きと学習に励み，仲間との絆を育む上で，私たちがもう一度立ち戻るべき「人間観」の原点なのかもしれない。

「教育の目的は，子どもたちの幸福にあり」——そこで本校では，子どもたちが120％HAPPYになる姿を思い描きながら，何よりも「心を育む」ことを第一に，"素直に，明るく，前向きに"を3つの「心の合言葉」として「学級力」の向上に重点を置き，本校が目指す児童像「自ら伸びる子」の育成に迫りたいと考えた。

（2）「学級力アンケート」で学級力をパワーアップ！

『キャリアアップ学級経営力～ハプンスタンス・トレーニング　中学校編～』では，学級を「階層型」「専制型」「リーダーシップ型」「創発型」の4つのタイプに分類し，「学級は，『動的・活動的』か『静的・消極的』か？」「学級の活動は，『児童主導』か『教師主導』か？」といった4つの観点から学級集団を分類している（図2）。

その上で，「学級は，多くの子どもたちと教師からなる集団であり，日々生

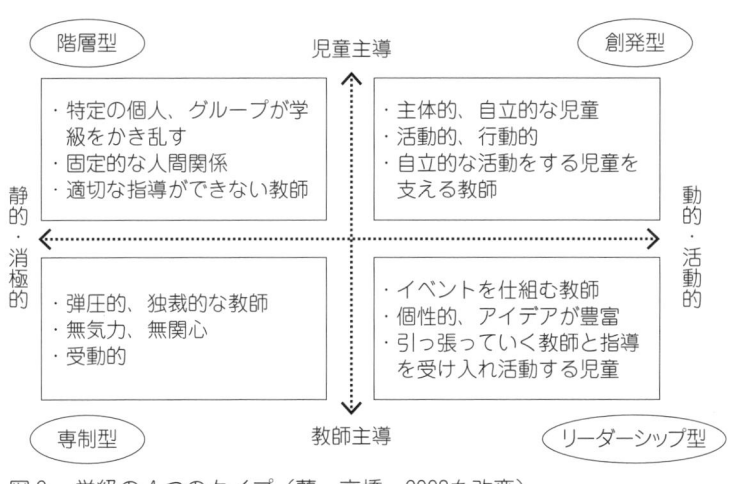

図2　学級の4つのタイプ（蘭・高橋，2008を改変）

きている。子どもたちがどんな行動を起こすのか予想はつかない」「学級は，非常に複雑な状況に満ちており，『ゆらぎ』を生じる。この『ゆらぎ，偶然の出来事（HAPPEN）』の瞬間をとらえた指導，『ハプンスタンス型指導』が大切である」と指摘している。

そこで，本校でも全職員が，児童一人一人にとって心の居場所のある生き生きとした「学級・学年集団」づくりを共通の目標とし，図2の「創発型学級」を目指して今日まで実践研究に取り組んできた。

その中で，「安定した学級は，教師と児童による『学級づくり』と『授業づくり』へのたゆみない努力があってこそ生まれること」「教師も児童も自分の学級の現状を客観的にとらえる指標があってこそ，主体的によりよい学級づくりに参画し，年度当初に掲げた理想とする『学級目標』，サクセスゴールに近づくこと」を学んだ。そして，新潟大学教育学部附属新潟小学校の先行事例を参考にしながら，児童の発達段階を考慮し，第3学年以上の全学級での「学級力アンケート」の実施に踏み切ることにした。

2. 組織として高まる教員集団を目指して

（1）職員が主体的に学校経営に参画する「プロジェクト」体制

教師という職業柄，自ら学ばずして教えるという営為は成り立たない。また，学校という組織は，一人一人の教師の集合体ではあるが，実際に生きた組織であるかどうかの指標は，互いに謙虚に学び続けている集団であるかどうかで決まるといっても過言ではない。『協同学習入門』には，「自分が関わった集団の決定に自分が責任を持つことを仲間に伝えることが，行動を実際に変化させる力になる」とある。

そこで，本校でも，まずは教師自身が"主体的に学校経営に参画するシステムづくり"が肝要ととらえ，学校を低学年と中学年，高学年，特別支援の4つのユニット，いわば「スモールスクール」の集合体として機能するように働きかけてきた。それぞれ少人数単位のグループが，学校の研究主題に即した独自の研究テーマを掲げてプロジェクトチーム（図3）を組み，自らが学び研究実践してきた成果を互いに発信して情報を共有することにした。

全校で取り組む「基盤プロジェクト」と2学年単位で取り組む「重点プロ

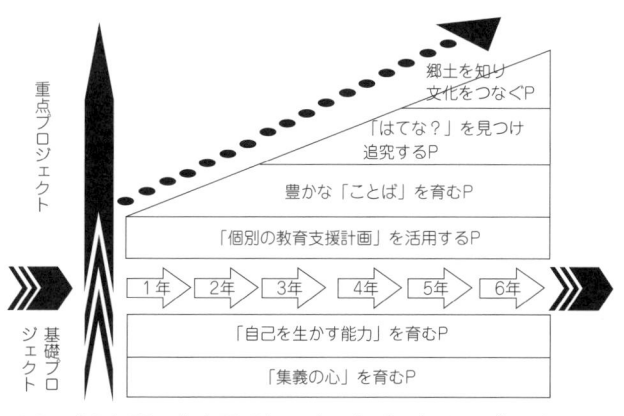

第4章　学校全体で取り組んだ学級力向上プロジェクト

```
重点プロジェクト
                                    郷土を知り
                                    文化をつなぐP
                            「はてな？」を見つけ
                            追究するP
                    豊かな「ことば」を育むP
            「個別の教育支援計画」を活用するP
    ┌1年┐┌2年┐┌3年┐┌4年┐┌5年┐┌6年┐
基礎プロジェクト
            「自己を生かす能力」を育むP
            「集義の心」を育むP
```

図3　「6年間の教育課程」で積み上げる各種のプロジェクト

ジェクト」を組み合わせて，縦と横の組織の連携を図るようにした。その際，双方向発信型の「プロジェクト」体制を整えることで，足し算からかけ算の力へ「学校の総合力」が高まるようにと考えた。

本校職員の合言葉は「チーム芦城」。「研鑽（学ぶ）→試行（試す）→導入（はじめの一歩）」の3つのステップを踏まえ，誰よりも自分自身が「学ぶ喜び」を知り，「はてな？」を追究する教員集団の構築を目指して実践研究に取り組んできた。

（2）「サクセスゴール」をクリアする共通実践

なかでも，職員の共通の基盤として「今から，ここから，自分から」をモットーに，1年間のストーリーを描き，各学期ごとの「サクセスゴール」を設定して，ステップアップ（1学期：ホップ；2学期：ステップ；3学期：ジャンプ）を図る「学級・学年経営」を重視した。

ここでも先の単位のグループを活用し，それぞれの学級・学年経営の現状を「学級力アンケート」の結果をもとに教師が赤裸々に語り合う「スマイル・ミーティング」（図4）の場を設けて，年齢やキャリアを越えて互いに学び合う機会とした。

その結果，多忙な日常にあって，ともすれば，互いにすれ違い，聞くこともはばかられる近年の職場環境を，世代の垣根を越えて双方向でコミュニケーションを交わし，職員や学級の児童の様子を知ってアドバイスし合う貴重な機会と

図4 スマイル・ミーティング

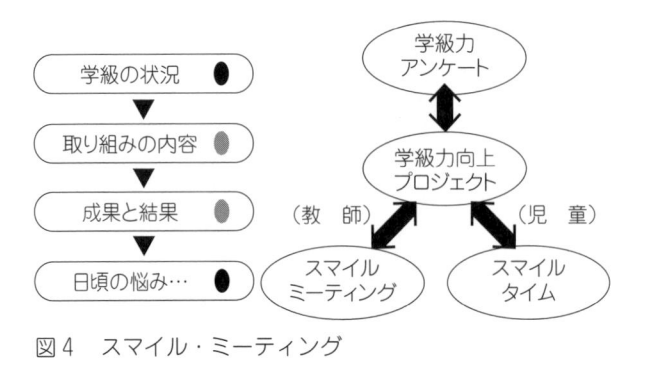

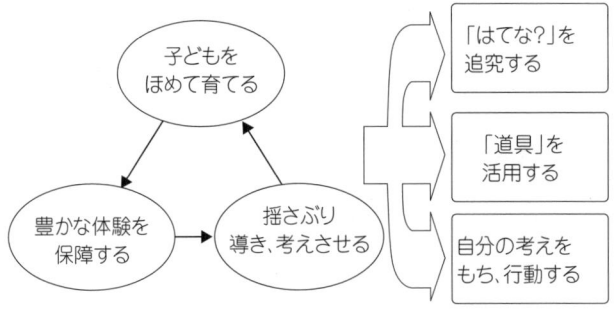

図5 教師の3つの働きかけと児童につけたい3つの力

して、たいへん有効に機能し始めた。

またその際、教師の児童観が児童の可能性を大きく左右すると考え、「児童は本来、成長しようとする力を秘めている」ことを念頭に、学校全体としての目指す児童像を「自ら伸びる子～宇宙のすばらしい地球人になろう～」に定め、日々の教育活動を集約する一点とした。

さらに、「児童につけたい3つの力」(①「はてな？」を追究する、②道具を活用する、③自分の考えをもち、行動する)と「教師の3つの働きかけ」(①豊かな体験を保障する、②子どもをほめて育てる、③揺さぶり、導き、考えさせる)を全職員の共通の実践項目(図5)として明確に掲げ、日々の授業研究や教育活動の展開にあたってきた。

3. 研究指定とオープンスクール化を契機として

(1)「学校スタンダード」の構築と発信

2009年度より5年間は、旧防音校舎(1年間)から仮設校舎(2年間)へ、そして新校舎(2年間)へと本校の教育環境が大きく変化した激動の建設期であった。一方、「新学習指導要領」の本格的な実施を視野に入れた学校の体制を整える時期でもあり、職員には、5か年にわたるビジョンを示して学校経営にあたってきた。

この間，2010年度には，石川県教育委員会より「学力向上プロジェクト」の研究指定（1年間），小松市教育委員会より「学級力向上プロジェクト」の研究指定（2年間）を受け，「学校（芦城）スタンダード」の構築と発信に力を注いできた。

（2）学級王国から「学級・学年・フロア経営」へ

　とりわけ，学校の教育環境の変化に伴う「子どもたちの心の変化」は大きく，今さらながら，子どもたちを取り巻く「教育環境」の重要性を再認識した。
　「生き生きと笑顔輝く学びの庭」とは，新校舎設計のコンセプトだが，さんさんと降り注ぐ太陽の光とぬくもりのある木材に囲まれた広々とした校舎に一歩足を踏み入れた瞬間，誰もが晴れ晴れとした心となり，明るく元気な笑顔がはじけるから不思議だ。
　しかしながら，どんなに教育環境が変化しても，教師と子どもたちの織りなす人的環境が不安定であっては，日々の教育活動は成り立たない。いかにして「好き」で結ばれた安定した信頼の基盤をベースに経営するのか（図6），何はともあれ，やはり，教師集団の「英知」と「人間力」に負うところが大きい。
　そこで，こうしたハード，ソフト両面にわたる変革の時期に，学校経営にあたっての最大の眼目を，全職員が「チーム芦城」の一員として，「学級王国」という狭い枠組みを取り払い，「学級・学年経営」に，さらには「フロア経営」（2学年続きのフロア）にと心がけるよう意識して取り組んできた。

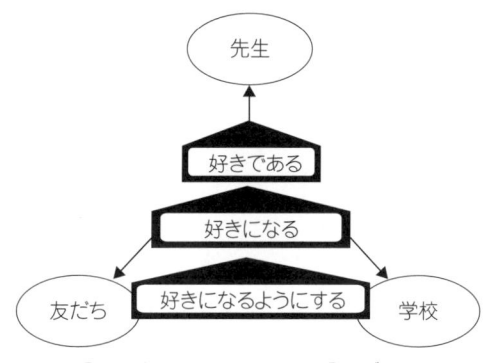

図6　「好き」は興味の始まり「学び」の起点

図7　広々としたワークスペース

仮設校舎の時代に新校舎の設計図をもとに，教室と連なる広々とした廊下の空間，ワークスペース（図7）での教育活動を想定し，堺市立浜寺小学校の先行事例を参考にしながら，「フィンランドメソッド」の一部を取り入れた試みも開始し，今では「サークルタイム」や「スマイルタイム」となって結実している。

4. 教室環境や環境構成の工夫

（1）「情」や「意欲」を育む教育環境づくり

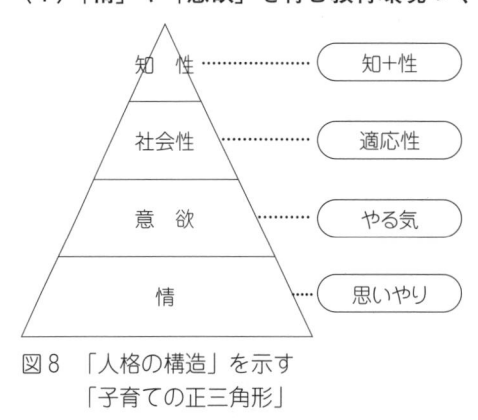

図8　「人格の構造」を示す「子育ての正三角形」

　子どもたちの教育にあたっては，「『情』や『意欲』を育んでこそ，子どもの『知性』は発達する」ととらえることが何よりも肝要と考えている（図8）。

　そこで，教室環境や環境構成の工夫にあたっても，「情」や「意欲」を育む教育環境づくりを重視し，「芸術・文化活動」の振興，「学校緑化」の推進，「宇宙教育」の推進の3点を柱に，様々な構想を練り実現してきた。

　新校舎の落成を機に，子どもたちが直に数多くの美術・工芸品や写真・イラストなどに触れられる「学校まるごと美術館」の開設や四季折々の草花に彩られた「フラワーロード」の設置と，まずは，児童の「情操を豊かにする」学校全体の教育環境を整えることから始めた。また，子どもたちの知的好奇心を大いに刺激する「科学のひろば」の設置やJAXA（宇宙航空研究開発機構）と連携した「地球人育成講座」の開催など，児童の豊かな発想やアイデアを生む土壌づくりにも努めてきた。

（2）透明度の高い学級・学年・フロア経営で「開かれた心」を育む

　一方，新校舎の各教室の内外にある大型の掲示板やワークスペースの壁面を利用して，それぞれの学級の学習活動や子どもたちの思考やアイデアの足跡がわかるように掲示に工夫を凝らしてきた。特に，「学級力アンケート」は，誰

もがそれぞれの時期ごとの結果を時系列で辿り，各学級の成長の軌跡を見ることができるようにした。

教室と廊下とが一体となったオープンスペースという学習空間が生まれたことは，「学級王国」の枠組みを取り払う絶好の機会となった。すべてをオープンにすることで透明度の高い「学級・学年・フロア経営」が可能となり，児童も職員も日常的に自然体での交流が行われ，互いの人間的な成長を感じて「開かれた心」が育ってきたように思う。

5. 研修体制の再構築と今後の学校づくり

(1)「6年間の教育課程」を通して積み上げる確かな力を育む

スタッフが毎年入れ替わる教職員の広域の人事体制にあって，「学校としてのスタンダード」を明確に確立し継続することは，学校経営上，健やかな子どもたちを育む上で重要な柱となると思われる。

特に，小学校においては，「6年間の教育課程」を通して積み上げる確かな力を育むことが肝要と考える。そのためにも，全職員が各学年の着実な積み上げの中で連携しながら，6年間で子どもたちの「人間力」を育てるという意識に立つことを大切にしたいものである。

学校としての「目指す児童像」はあっても，果たしてそれが実際に全職員が一丸となり，本気で目指す共通目標となっているのか。低学年，中学年，そして高学年と成長する児童の「発達段階の適期」を逃さずに，それぞれの段階における重点を明確にした教育活動を積み重ねて，ぜひとも，各学校が「目指す児童像」を現実のものとしたいものだ。

(2) 知的活動の基盤となる「道具を活用する技能」の向上を図る

高齢社会を迎えた今日，教育は，決して学校だけに留まるものではない。いくつになっても，「学ぶ喜び」に満ちて，とことん「はてなの追究」を続けていきたい。すなわち，「生涯学習」の重要な基盤を確立できるかどうか――ここに，現在の学校教育が果たすべき大きな役割があると思う。

実際に「はてな？」を追究するにあたっては，やはり具体的な「道具を活用する力」を身につけておくことが不可欠である。そこで，小学校の児童期にこそ，それぞれの学年に応じた重点となる「道具」を決め，学年間の着実な積み

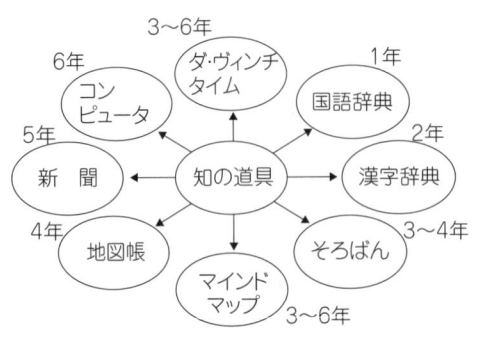

図9　知的活動の基盤となる「道具を活用する技能」

上げが可能となるように，知的活動の基盤となる「道具を活用する技能」（図9）の向上を図りたい。

（3）「学級力向上プロジェクト」で学級力と人間力をアップする

「1人の子どもに6人の大人が関わる」という少子高齢社会の構図は，ともすれば，先回りして指示や命令を下す大人のもと，子どもたちは受け身になり「指示待ち人間」となりがちである。そこで，学校における学級集団も，互いに「距離感のつかみにくい人間関係」のもと，とうてい自分たちの学級を築くという意識とはかけ離れたものにならざるをえない。

したがって，「学級力」の向上を目指すプロジェクトの中で取り組む「学級力アンケート」は，子どもたちが所属する学級集団の様相をとらえるより客観的な指標となり，児童が「自分の果たす役割を自覚して主体的に学級づくりへ参画する意識と態度を育む」上で，誠に有効な方途の一つになるものと思われる。

校内における各種のプロジェクト体制とも連携を図りながら，「学級力アンケート」の結果に基づく「スマイルタイム」（児童）と「スマイル・ミーティング」（職員）の積み重ねは，必ずや児童と職員の「開かれた心」を育み，「学級力アップ」「人間力アップ」の向上曲線となって現れるに違いない。

〈文献〉

蘭千壽・高橋知己『キャリアアップ学級経営力――ハプンスタンス・トレーニング　中学校編』誠信書房，2008
北川達夫『図解　フィンランド・メソッド入門』経済界，2005
堺市立浜寺小学校「平成19〜21年度堺市立浜寺小学校研究実践録」
「進研ニュース」『VIEW21小学校版』ベネッセ教育研究開発センター，2004年4月号
杉江修治『協同学習入門――基本の理解と51の工夫』ナカニシヤ出版，2011
新潟大学教育学部附属新潟小学校『「学級力」で変わる子どもと授業』明治図書，2010
林成之『望みをかなえる脳』サンマーク出版，2009

第5章
学校カリキュラムの全領域で実施するアイデア

5年生国語科——クラスのみんなを説得する提案をしよう

岐阜県大垣市立興文小学校教諭
中田　由佳

1. はじめに

　どの教科・領域も，学級集団が基盤となって成り立っている。いい換えると，学級の中に約束によって守られる心地よい安心感があり，仲間との心のつながりがあれば，児童一人一人に自己存在感が生まれ，伸びていけそうだという期待感が生まれる。そういう「雰囲気」をもつ「学級力」のある学級では，様々な授業を創り出せる可能性があり，より質の高い学習が繰り広げられると私は思う。

　私の所属する岐阜県大垣市立興文小学校は，「学校力」のある学校であると思っている。一人一人の教師が，目標に向かって切磋琢磨し，お互いに支え合っている。その教師の気概が，170年以上続く伝統をつないでいる。学校全体を包む安心感のもとに担任は学級経営の充実に努め，授業の工夫・改善を行っている。そして，「学級力アンケート」に出会ってからは，そこから得た実態を教科指導に生かし，さらに児童に寄り添い，力のつく授業を目指している。学級のバロメーターともなり得る「学級力レーダーチャート」は，その時々の学級のそのままの姿を表し，児童にも教師にも，よさや課題が目で見てわかるものになっている。

2. 学級力を教科指導に生かす

(1) 学級力から見えてきた児童の実態

　図1は，6月に実施した5年2組の学級力アンケートの結果を示したレーダーチャートである。

　このグラフから見えてきたよさは，82%の児童が，お互いに支え合うことができるクラスと評価していることである。帰りの会でのよさ見つけが活発に行われていることや，困っている仲間を助けるという優しさも，その要因の一つであると考える。

　しかし，支え合えるクラスである一方，目標をやり遂げるために改善していくことに対しては，67%という評価になった。学級会のふり返りから意識の要因を探ると，現状を改善したいと思ってはいるものの，余裕がなく，あきらめてしまっていることがわかった。また，交流で仲間の意見にかかわろうと話をつなげる力については児童自身も概ね達成感をもっているものの，習得すべきことを確実に習得できていないために集中力が持続しないのではないかということが反省点として挙げられた。

　そこで，学級力アンケートから見えてきたこれらの実態から，2つの授業改善を試みた。1つ目は，単元を貫く課題を設定し，仲間と課題を達成する構成を工夫することである。そうすることで，主体的に学ぶ姿を生みだせるのではないかと考えた。2つ目は，基礎的・基本的な知識・技能を習得する指導・援助をきめ細かく行うことである。そうすることで，どの子も「できた」「わかった」と実感できるのではないかと考えた。

　以下に，学級力アンケートと国語の授業を関連づけた「5年2組学級向上提案をしよう」の実践を紹介する。ここでは，提案文を書き，それを使ってクラスを改善していくという言語活動を設定した。そして，授業前後で，ど

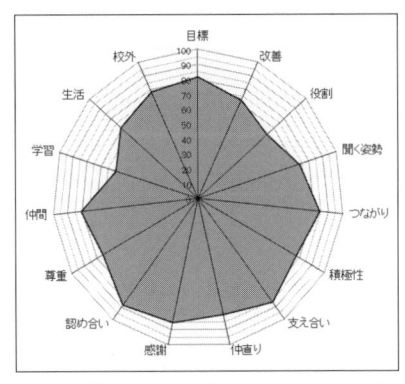

図1　学級力レーダーチャート(6月)

のように児童が変容したかを追う。

(2) 学級力からとらえた実態を指導にどう生かすか
①主体的な学びを生み出す単元の工夫——「5年2組　学級向上提案をしよう」
　児童は，4年生までに，相手や目的に応じて，書く材料の収集や選材の仕方，まとめ方を工夫し，調査報告文を書く力を身につけてきている。それを受けて，5年生では，自分の課題について調べ，得た知識や情報をもとに自分の考えを記述する力が求められている。そこで，「5年2組の学級向上」を目的とし，それぞれの所属する委員会の立場から意見文を書き，提案する言語活動を設定した。図2は，本校の研究主題「児童が自ら求め，思考力・判断力・表現力を高める授業の創造」にかかわらせて作成したものである。
　この単元は，「5年2組の学級向上」を目的とし，所属する委員会の立場から提案書を書くという言語活動を設定した。まず，教材文をモデルとし，インタビューやアンケートで実態調査し，どう改善すると学級が向上するのかアイデアを練る。そして，単元終末で行う提案交流会で，仲間を説得できるかどうかを念頭に置き，提案書を書く実践である。
　以下は，児童の提案内容の抜粋である。
・日直の仕事を忘れがちな実態を改善するため，一つ一つの仕事内容を書いたプレートを作り，仕事を終えたらひっくり返すという掲示物を作る。
・トイレのスリッパの乱れを改善するため，スリッパの置き場所がわかるように印を付ける。
・クラスで飼っているメダカに興味をもってもらうため，メダカの生態を調べたポスターを作って掲示したり，メダカの名前を募集したりする。

　この単元では，教科書にある提案文で書き方を習得し，自分の提案文に生かすことで，習得した知識・技能をさらに理解することができた。また，「クラスを向上するために，提案する」という目的が明確であったので，どの子も，主体的に取り組

自分の考えを積極的に発表する児童たち

単元

第三次 学級向上提案を行う。

向上し高めよう。学級提案で学級を高め力を。

第二次 教科書をモデルに提案文を書く。

習得 / 活用 / 習得 / 活用 / 習得 / 活用 / 習得 / 活用 / 習得

教科書の文章提案文のムけの生から、テーマくアーイ見自分たちで書く、提案文を

習得した知識・技能を活用する言語活動の中で、思考力・判断力・表現力を育み、知識・技能がさらに定着する

第一次 5つの言語意識を明確にし、目的をもつ。

・何のために〈目的意識〉
・誰に対して〈相手意識〉
・どの場面で〈場面意識〉
・どのように〈方法意識〉
・どうあれば〈評価意識〉

単元のはじめに、単元学習アンケートから生活をふり返らせ、学級向上提案をこの学級でするためだ。

提案

教科書をモデルにして提案文を書く。

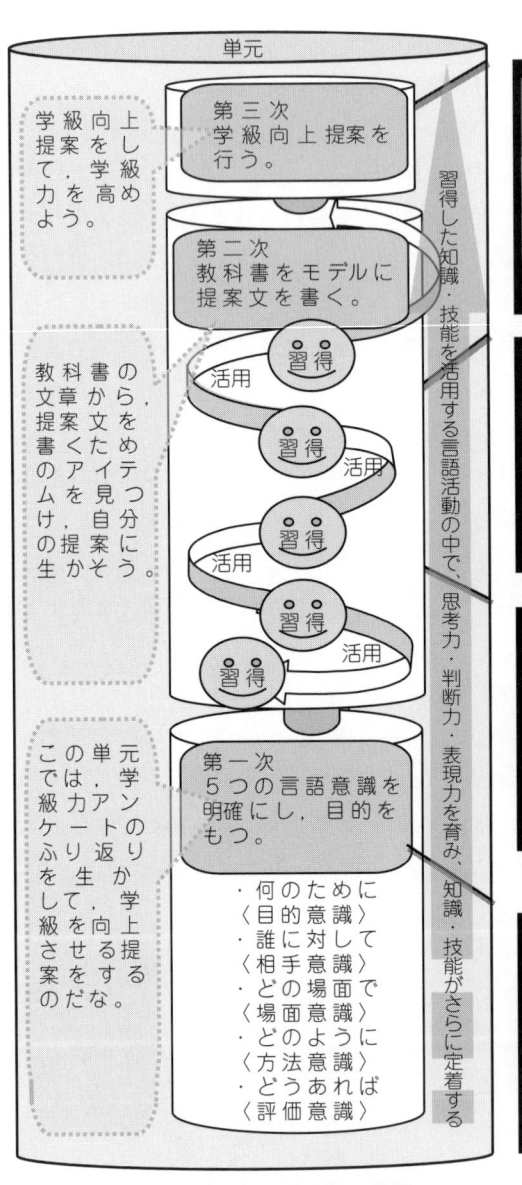

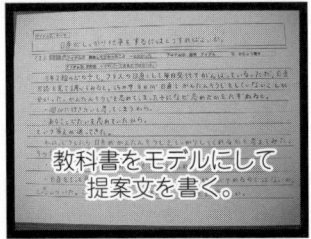

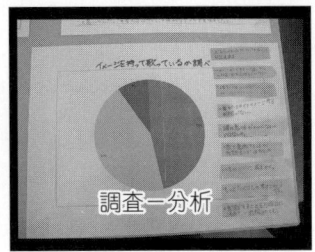

調査→分析

構想

図2　主体的な学びを生みだす単元構想

めた。「けっこう，いい提案文が書けた」と満足げな表情で文章を眺める児童の姿が印象に残っている。

② 「できた」と実感のもてる指導・援助の在り方

　以下に，給食委員会に所属するAさんを例にとって，どのように提案したかを示す。

　給食委員のAさんは，5月初旬に給食の食器が割れたことに着目し，お皿が割れないようにしたいという願いをもった。そこで，アンケート用紙を作成し，クラスの仲間にアンケートをとった。そして，その調査結果をグラフにし，問題点を書くときの足場にするため，課題，原因，改善案を3色の付箋で分類した。3色で分類することは，どんなことが課題で，どういう原因があるのか，どう改善するのかといった提案の見通しをたてることに有効であった。そして，自分の考えている提案が実現可能かどうかを，同じ給食委員で集まって検討した。自分一人で行う提案であるが，同じ委員会の仲間でアドバイスし合うことで，「学級を向上させる」という意識が強くなっていったように思う。Aさんは，仲間の助言により，提案のイメージをふくらませ，見落としていたことに気づいたり，新しいアイデアを取り入れたりすることができた。

　また，作成した資料をボードに貼り，提案資料を作成した。こうしていくと徐々にできあがっていくのが目に見えるので，どの児童も仲間に負けない提案をしようと，一生懸命に取り組むことができた。一人一人が何をするべきかわかっているので，説得力のある提案文を書こうと，いつも以上に集中して臨んでいたように思う。

　また，授業では，一人一人に補助プリントを渡し，それぞれの問題点や提案

ボードは一人一枚あり，これを使って発表する。黒板が見える高さに設定し，自分の提案の全体像が見えるようにしてある。

【同じ委員会で実現可能な提案かを検討】

[問題点]	問題点
① 問題 　わたしたち5年○組では，実態 よさ　している。ただ，アンケートなど　によって実態調査すると，問題点 ということがわかった。 ② 原因 　〈引用の箇条書き〉 　問題点の対象に理由をたずねると， 　・○○○○ 　・△△△△ 　という答えが返ってきた。 　〈表やグラフ〉 　問題点の対象の意見を整理してみると， 　〜という傾向があることがわかった。 ③ 提案の方向性 　そこで，わたしは，どうしたら問題点を解決するかを考えてみた。その結果， 　・□□すれば，□□するのではないか。 　と思いついた。この考え方にそって，具体的なアイデアを提案したい。	わたしたち5年2組では，給食のときにお皿を割ってしまった経験のある子が8名いた。ただ，アンケートによって実態調査すると，ひやりとした経験のある子は，クラスの7割以上いることがわかった。 　ひやりとした経験のある子に，どんなときにそう感じたかをたずねると， 　・給食を運ぶときにすれ違う子とぶつかり，お皿を落としそうになった。 　・お皿をお盆の上にのせていたが，通路がせまく，バランスを崩して落としそうになった。 という答えが返ってきた。意見を整理してみると，すれ違うときに落としそうになるひやり体験があることがわかった。 　そこで，わたしは，どうしたらお皿を割らずに給食を配れるかを考えてみた。その結果， 　・通路を広くすれば，ひやり体験が減るのではないか。 と思いついた。この考え方にそって，具体的なアイデアを提案したい。

【左：補助プリント（問題点）　右：児童の作成した文章】

を書くときに役立つようにした。

　このプリントは，教師から一方的に与えたものではなく，教科書をモデルにし，そこから，問題点にはどんなことをどのように書くとよいのかを児童と一緒につかみ，その上で作成したものである。Aさんも，補助プリントを使って，書いていくことができた。

　児童は，実態調査から問題点をとらえて提案しているので，どの提案にも説得力があった。提案発表会では，今まで作成してきたボードを見せながら話し，「やりきった」という達成感を味わうことができた。

　学級を向上させたいという思いは，3月に実施した学級力アンケートにも変化をもたらした（図3）。

第5章　学校カリキュラムの全領域で実施するアイデア

| 「提案」（補助プリント）
「　提案　」
　・提案内容の説明
　・具体例を挙げた詳しい提案
　　（含：イメージ図）
　　「提案の効果」
　・よさや実現したときの効果
　・「〜に違いないと考える」
　　「きっと〜できる」という文末表現
　・提案の成果に関わる事柄は具体的に詳しく書くこと | 提案
　　　「机の位置でひやりをなくす。」
　給食のときに，通路がせまくてお皿を割りそうになり，ひやりとするのを防止する。
　通路を広くとれるように給食隊形の机の位置を決めて，目印にビニールテープを貼る。その目印に机を合わせれば通路が広くなり，給食を運ぶときにぶつかることはきっと減るだろう。
　しかし，通路を広くするだけでは，十分とはいえない。だから，配るときのみ通路を一方通行にして，ぶつかるのを防げば，ひやりとすることが減るし，お皿を割らずにすむと考える。 |

【左：補助プリント（提案）　右：児童の作成した文章】

　「目標をやりとげる力」の項目の中に「改善：自分たちの学習や生活をよくするための話し合いや活動をしている学級です。」「役割：係や当番の活動に責任を持って取り組む学級です。」という問いがあるが，その数値が高くなった。

　また，5月と比べると，「きまりを守る力」の「学習：授業中にむだなおしゃべりをしない学級です。」という問いにおいても数値が上がっている。クラスで話し合いをもったところ，誰もが意欲的に授業に臨んだことや，やるべきことがはっきりしていて，今何をやったらいいのかがわかったので，むだなおしゃべりもなく集中できた，という返答があった。国語の授業とつながって，児童が学級の伸びを実感できたところに，レーダーチャートの変化の理由があると考える。

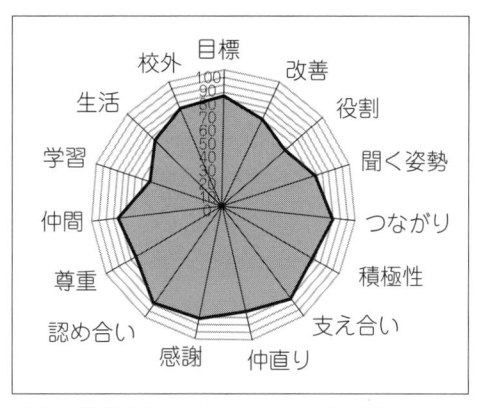

図3　学級力レーダーチャート（3月）

111

3. 成果と課題

成果

- 「学級向上のための提案書を書く」という言語活動で，主体的に授業に臨む児童が育った。その理由は，3つあると考える。1つ目は，書くことの題材が児童にとって身近で，問題意識をもちやすいものであったためである。2つ目は，提案文を書くことにより，学級力向上について意識が自分のものとなり，クラスのみんなを説得するためにはどうしたらよいのだろうという相手意識や目的意識を明確にできたためである。3つ目は，伝え合う活動を通して，仲間同士の連帯感や協同的な責任感を高めることにつながったからである。
- 児童自身が，学級力レーダーチャートを見て，今，何が学級の課題で，そのためにどうしたらよいかを話し合い，課題解決しようと意識できる。その児童の意識と教師の授業改善の意識が重なるので，学級を高めるのにより効果があると感じた。

課題

- アンケート内容を学校の実態に合わせた内容に変えて，詳しく実態をとらえ，そこから授業改善に臨みたい。例えば，児童は，学習の項目について特に厳しく評価している。話すこと，聞くことを校内では大事にしているので，「むだなおしゃべりをしない学級」の項目を，「仲間の話の内容に反応している学級」あるいは，「集中して授業に臨む学級」という意味を加えて調査し，実践に生かしたい。
- 学級力アンケートの結果を学級力レーダーチャートに表すと，欠けている部分に目がいきがちだが，よさにも目がいくようにし，よさを伸ばすための指導・援助について工夫や改善を試みたい。

6年生国語科「随筆」の実践——自分を見つめ直して見えてくるもの

兵庫県西脇市立重春小学校教諭
竹本　晋也

1. 国語科の学習として

　本校の採択している光村図書の教科書には，3学期1月頃に「随筆を書こう～自分を見つめ直して～」という単元がある。この単元は『小学校学習指導要領』「B書くこと」に位置付けられている。単元名にも「言語活動例ア」に示されているように言語活動は「随筆を書く」である。そして，指導事項は，
・Bア　考えたことから書くことを決め，書く事柄を収集し，全体を見通して書く事柄を整理することができる。
・Bウ　事実と感想・意見などを区別するとともに，目的や意図に応じて簡単に書いたり詳しく書いたりすることができる。
・伝国(1)イ（キ）文や文章にはいろいろな構成があることについて理解すること。

の3つ。この指導事項をねらって指導計画を立てなければならない。
　随筆とは，自分が実際に経験したことや，見たり聞いたりしたことの中から，忘れられないような印象深いことを取り上げ，それについて自分の考えをまとめた文章のことである。また，『学習指導要領解説』には，「身近に起こったこと，見たことや聞いたこと，経験したことなどを他の人にもわかるように描写したうえで，感想や感慨，自分にとっての意味などをまとめたもの」とある。随筆の特徴の1つ目として，文学的な文章の表現力が必要となることがあげられる。つまり，これまで身につけてきた豊かな表現技法や描写などを生かすことになる。2つ目は，説明的文章の表現力が必要となることである。つまり，想像や推測を論理立てて記述，説明するということである。随筆は文学的文章と説明的文章の中間に位置づけられ，これまでの国語科の学習で得た知識や技能をフル活用する必要があるとも考えられる。

このような随筆を扱った本単元を学級力向上プロジェクトの一環として位置づける。随筆を書くという言語活動を通して，3つの指導事項を指導することをねらうことを第一とし，その指導の結果として，学級力向上へとつながるように学習を展開していきたい。

2．本単元と学級力との関連性

　随筆を書くという本単元が学級力向上につながると考えたのは，随筆を書くことは，自分を深く見つめ直す活動といえるからである。さらに，子どもたちが，卒業を目前に，これまでをふり返り，成長を実感したり，親への感謝を自覚したり，さらには中学校への期待を膨らませたりしている時期だからである。

　随筆を書く活動は，基本的には一人の活動である。友だちと共に一つの随筆を仕上げるわけではない。しかし，随筆を書こうとすれば，自分の経験を掘り起こしていく作業が必要である。その経験を掘り起こしていく中で，この1年の学級としての成長を自覚することができたり，友だちに支えられた経験を思い出したり，自分自身の考え方や感じ方の変化に気づくことができる。つまり，随筆を書くという活動をとおして，自分の一年間を意味づけたり価値づけたりするのである。

　学級力向上プロジェクトとして，様々な活動に取り組み続けてきたこの時期だからこそ，これまでの活動の意味や価値を確かにすることで，さらに学級への帰属意識を高めることができる。そして，互いの思いを随筆として読み合うことで学級としてのまとまりを強くし，卒業という最後の大きな目標に向かって突き進む活力を学級に生み出したいと考えた。さらに，この随筆を卒業アルバムに載る文集としても位置づけることとした。ただ思い出が書かれたり夢が書かれたりする文集ではなく，自分の見方，感じ方や考え方が表れたこの時期にしか書けない文集になると考えたからである。その意味においても，小学校の総まとめになる随筆の単元になるように工夫した。

3．指導計画

　指導計画は全9時間で計画した（表1）。随筆という様式を読み取り理解す

表1　指導計画

過程	時	本時の活動
随筆理解	1	・大まかに随筆の様式を理解する。
	2	・3つの随筆から、活用させたい型（随筆必要条件）を取り出す。
	3	・4つの随筆から構成を読み取り、構成例を理解する。
設定構成記述	4	・各意味段落の内容を具体化する。 ・構成を考え、文章のつなぎ方を考える。
	5	
	6	
推敲	7	・ペアで客観的に相互評価し修正する。
	8	・相互評価をふまえ、自分の随筆を自己評価し、最終修正する。
清書		・卒業文集用の原稿用紙に清書をする。
交流評価	9	・お互いの清書を読み合い、それぞれの随筆のよさを伝え合う。 ・単元のまとめとして、自己成長（国語としての学び）をまとめる。

る過程と，その読み取った随筆の様式（型）を活かして，自分なりに随筆を創作する過程と大きく分けて2つの過程がある。最終的に自力で書くという高い目標なので，細かく確実に上っていけるステップを作り，全員が目標へと到達できるように配慮する。

4. 指導のポイント

（1）随筆様式の型を設定する

　型を頼りにさせることで，よく書ける子も書きにくい子も全員が書きやすくなる。さらに，型を意識させながら書くことで，今自分が何を書いているのか，何の役割の文章を書いているのかという内容をメタ認知しながら書くことができる。構成については構成の型の例を選択させ，型はめではない個性的な表現が生まれるようにしたい。

　本単元の型を以下の7つに設定した。

　A：キーワードに対する自分の考え方，見方の変容が書かれていること。

　B：自分の印象深い経験／見聞について描写してあること。

　C：多様な表現技法を活用すること。

　D：経験／伝聞と無関係なように見える事柄と関連づけること。

E：三段構成，文型を意識させること。

F：今の自分が未来について考えることが書かれていること。

(2) 設定段階のポイントは，「キーワード」

　中心に書く事柄をキーワードで表現するようにする。例えば，「友だち」「学ぶ」「学級」「信頼」「心」「学校」「仲間」「思いやり」「夢」「目標」「仕事」「母親」「学び合い」「やさしさ」「雰囲気」などというような，キーワードを設定させる。キーワードで表すことによって，「友だち［キーワード］に対する［考え方／見方］が，［経験／伝聞］によって，○○な［考え方／見方］になった。」という基本的な考え方／見方の変容を子どもたち自身がとらえやすくする。

(3) 構成・記述段階のポイントは，「モデル例」と「カード」

　随筆の構成モデルを4例（A～D）挙げ，自分の書きたいモデルを選べるようにする（図1）。いきなりモデル例を挙げても理解できないので，短い文章で構成モデルに従って書いた随筆を読み，それぞれの随筆からA～Dの構成モデルを読み取るという学習をする。構成モデルは5つのパーツから成っているが，構成を選択し書き始め，いざ書いてみると違う構成にしたくなった，違う構成の方がこの文章に合う，といったことが起こってくる。そこですべてを書き直さずに済むように，5つの内容をそれぞれ色分けしたカードに書くようにする。ノートや原稿用紙ではなく，5つのパーツをカードに書くようにするのである。これによって，カードが色分けされているので，自分が何を書いているのか自覚しやすくなり，文章を書いた後でも，カードを並び変えながら構成を再検討することができるのである。

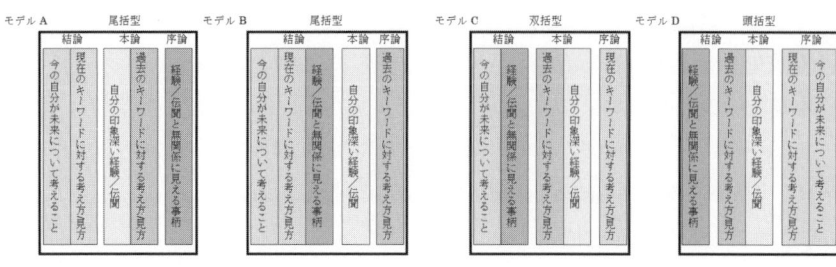

図1　随筆の構成モデル

5. 実際の学習

（1）子どもたちが選んだキーワードと変容

　キーワードを選ぶために，これまでの経験や成長を掘り起こす活動が必要である。友だちと成長をほめ合う付箋の交換をしたり，これまでのスマイルタイムの記録を見たりして，自分の成長をカルタにしてまとめていった（図2）。

　カルタには，これまで学級でがんばってきた行事，友だちからもらった温かい言葉，自分なりに挑戦してきたことなど，これまでの経験がたくさん書かれていた。そのカルタから子どもたち一人一人が，自分が最も書きたいキーワードを選ぶようにした。

　子どもたちが選んだキーワードは，「まとまる，一つ，笑顔，関係，目標，友だち，本当の自分，6年菊組，人のために，お母さん，ちがい，仲間，自信……」などいろいろである。

　そして，キーワードに対する考え方の変容を図にまとめた（図3）。このように，あらかじめ，筆者の考え方の変容を図示することで，構成が明確になり，読み手に伝わりやすい随筆を書くことができる。

　また，ある子どもは，キーワードを「6年菊組」と設定し，図4のような変容を書いた。「6年菊組」という自分のいる学級自体に対する考

図2　自分成長カルタを書いている様子

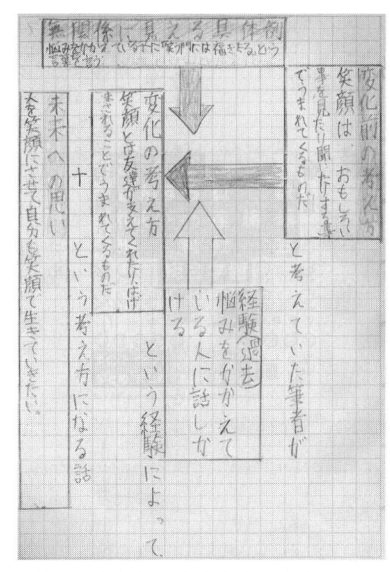

図3　考え方の変容をかいた図

図4　6年菊組の変容

図5　ペアで相談し合う

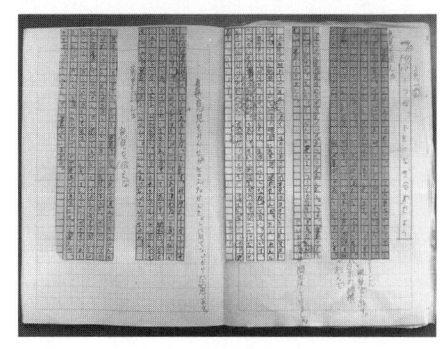

図6　できあがった下書き

え方が変容したらしい。そのきっかけはみんなで乗り越えてきた行事や一緒に過ごしてきた毎日にあることが図4からわかる。つまり，自分の成長を語ろうとすれば，そのきっかけとなった経験には，必ず学級や友だちが存在しているのである。個の成長を支えているのが，学級であり友だちである。友だちがいるからこそ，この学級だったからこそ，今の自分があるのだということに気づいていくのである。随筆を書く活動をとおして，自分自身の成長に気づくことはもちろん，その成長のきっかけは学級や友だちにあったことにも気づくことになる。

「6年菊組」をキーワードにした子のように，学級の変容がとらえられるようになったという成長が随筆として表現され，学級全体に共有される。そして，学級としての成長を全員が自覚していくということにつながって，自分たちの学級力をさらに高めていくのだと考える。

(2) 友だちと共に学び合って創る随筆

　子どもたちはポイントとなる場面では，ペアでの学び合いをする（図5）。例えば，それぞれの5つのカードは書けたけれど，実際にどの構成にすれば説得力が上がるのか迷ってい

るときや，構成は決まったが，カードとカードがうまくつながらず，全体としての統一感がなくて迷っているとき，自分の力だけでは解決が難しい問題に出会ったときには，隣の友だちと相談する。学び合いながら，随筆を書くという展開にすることによって，たった一人で黙々と書く随筆ではなく，友だちと共に経験をふり返り思い出に浸りながら書く随筆の学習へと変えることができる。

6. 書くことと学級力

　ただ「随筆を書く」という国語科だけを視野に入れた学習では，学級力へとつなげることはできない。しかし，書く時期や書く目的を明確にしたり工夫したりすることによって，書く以外の付加価値をつけることができる。随筆という文章の様式を整理し，子どもたちにどんな意味をもたせるかという視点が必要である。限られた時間の中でどのように双方の教育的効果を上げられるのか，教科と学級力向上の関連的指導が重要である。

　また，書くという活動は，話し合う活動よりも時間がかかり，論理的でなければならない。そのために，経験を掘り起こしたり論理を構成したりする思考力が必要になる。じっくりと時間をかけて思考するからこそ，自分の成長や学級の成長にも気づくことができるのだろう。

　書くことによって，様々なことを自覚できることも書くことの一つの魅力である。例えば，自分の成長の自覚，学級の変化の自覚，自分と学級との関係性の自覚など，学級に関わることを話し合う活動だけで扱うのではなく，書く活動でも扱っていく方がよいのだろう。

　最後に，随筆を仕上げ，子どもたちは互いの随筆を読み合った。すると，「自分とも関係しているなぁ」「それぞれに思いがあるなぁ」「自分と似ているところも違うところもあるなぁ」「あの子の本当に思っていることを知れたなぁ」という共感が学級内に生まれた。卒業を目前にして，互いの本当の思いを確かめ合えたことはとても貴重であった。卒業アルバムに文集として残る随筆。迷ったときやつらくなったとき，この随筆を読んで，小学6年生の頃の自分や学級を思い出し，前進するエネルギーを得てほしい。今回の随筆が学級力の向上だけではなく，今後の人生を生きていく力となってくれることを願いたい。

国語科と音楽科の連携——学級CMづくりを通して

■広島県福山市立向丘中学校教諭■
飛田　美智子　　寺延　行美

1. はじめに

　学級力向上の取り組みは，学級独自の活動や学校行事，学年全体の取り組みなどと連携しながら行うことが考えられる。しかし，学校生活の大半を占める授業において，学級力アンケートの6領域を意識した活動を工夫し取り入れることができたら，さらなる学級力のアップにつながり，学力もつくと考えた。

　ここでは，国語科の表現活動の単元と音楽科の創作の単元とを組み合わせた中学2年生の実践の一端を紹介する。これは，学級のよいところをプレゼンテーションする内容をCM形式にし，学級のキャッチコピーに曲を付け，1つのCMに仕上げるものである。この活動は，達成力・自律力・対話力などが相互に絡み合うため，生徒に「自分の学級ってなかなかいいじゃん！」という感覚がさらに深まったと考える。

2. CMづくりの目的と効果

（1）自作の映像と作曲で，楽しく参加できて，学級のよいところの説得力が増す

　学級のよいところをパネルと言葉だけの説明ではなく，レポーターが登場したり，芝居風にしたり，コマ送りの映像を撮ったりと，表現方法がそれぞれのグループで違う面白さがある。学級の友だちが登場する映像や自分たちの自作の曲が入ることで，興味をもって見ることができる。

（2）学級のコミュニケーション力や学級のチームワークが育つ

　デジカメなどの撮影は主には教師が行ったが，4人のグループではまかなえない場面が多くでてくる。学級の全員が登場するコマを考えるグループもあるので，体育館や運動場で昼休憩や放課後に，全員で動いた。人文字を作る場面では，声を出して指示を出す者が必要になってくる。来年の大運動会では，自

分たちが3年生として，1年生から3年生の縦割り集団を動かさなければならないため，それを意識していることがみてとれた。また，ここで撮った1シーンから，もっと友だちと触れ合いたいと，「全員レクの日」を決めようという新たな提案がなされるなど，男女とも仲良く昼休憩に野球やドッジボールをすることにつながった。

(3) グループ内で自分の役割を果たそうとする

4人グループで1作品を完成させた。少人数なので，自分がやらざるを得ない場面が出てくる。イラストのうまい者，小物づくりが好きな者など，得意なことを発揮できた。また，人任せにできず，役割を果たそうとする意識も生まれた。

3. 国語科と音楽科の単元の展開

(1) 学習計画

表1のように教科の特性を生かして，連携しながら学習を展開した。国語科と音楽科のグループのメンバーは同じで，4人を基本とした。実際のCMを見て，CMやCMソングの作り方を「創作（表現）の型」として取り出した。また，学習の展開に沿ってワークシートを作り，学習の進度や理解に活用した。

表1　学級CMづくりの指導計画

次	国語科の学習内容	音楽科の学習内容
一	学級CMづくりの目的を理解する	
	○学級のCM創作の目的や見せる相手について理解する。 ・1年間の学級の歩みやがんばってきたところを学校全体へアピールするCMを作る。	○23RのCMのキャッチコピーを作る。 ・23Rのイメージをカルタにしながら話し合う。 [図1] [表2]
二	資料を参考にCMの作り方を学ぶ	
	○既成のCM映像の工夫を分析し，構成・内容・印象のもたせ方・言葉の工夫などの特徴をまとめる。[表3]	○既製のCMソングを分析し，歌詞・リズム・旋律・和音などの特徴をまとめる。[表3]

三	CMづくりの準備をする	
	○CM内容を「起承転結」を意識した簡単な4コマにする。 ○撮影を意識した詳しい絵コンテにする。 ・条件を示す。《時間，登場人物，台詞，画面のアングル，仕立て（ドラマ風等），準備物など》 ［図2　生徒の絵コンテ］ ○絵コンテをもとにグループごとに意図や工夫点を説明して，よい点を学び合う。協力して欲しいことを交流する。再び絵コンテを見直す。 【評価：構成・内容・言葉の使い方・印象のもたせ方】	○オリジナルのCMソングを創作する。 ・グループで相談しながら，既成のCMソングを参考にして，キャッチコピーに合う旋律を創作する。 ○相互に発表し合い，グループの工夫点を学び合う。絵コンテに合うかどうか再度，考える。 【評価：歌詞・リズム・旋律・和音・構成】
四	放課後	
	CMのための小道具づくりと撮影をする	
五	HR	
	CMの発表会をしてよいところを評価し合う	
	○グループごとに発表し合い，お互いのがんばりをたたえる。 （CMソングの楽譜）	

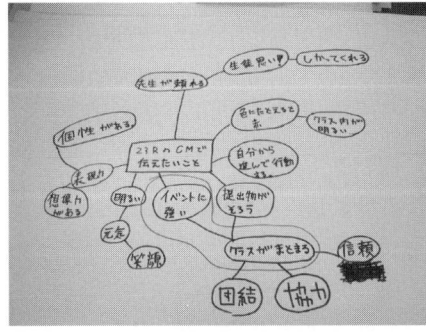

図1　よいところ集めカルタ

表2　キャッチコピー

「明るく元気23R」
「笑顔いっぱい23R」
「元気いっぱい笑顔あふれる23R」
「個性あふれる明るい23R」
「信頼しあえる23R」
「みんなで力を合わせよう23R」
「ひとりひとりが個性的23R」
「元気がいっぱい23R」　など

表3　創作（表現）の型の一部

[国語科]
1　印象のもたせ方
・あえてその商品名をCMに出さない工夫。
・ちょくちょく笑いを入れる。
・風景と語りだけでも印象に残る。
・ストーリーを作り，商品名を覚えさせている。こんなときに飲んだらうまいとか……
・言葉や画像を面白くしている（スローモーションなど）。
・ドラマにしたりドキュメンタリーにしたりして，見ている人をひきつける。
2　言葉の工夫
・わざと言葉を間違えてみる（ダイワハウチュ）
・伝えたいことを何回も言っている。
・コーヒーのCMは「朝のリレー」で，モーニングコーヒーへつなぐ。
・キーワードとなる言葉を何回も入れる。
・意味深い詩を入れたりしている。

[音楽科]
1　既成のCMソングより
・TVやラジオのCMから印象に残ったものをもちより，どんな特徴があるか出し合う。
例♪ドコ○だけ，ドコ○だけ
　♪チョコレート，チョコレート，
　　チョコレートは◇◇◇
（聴き手の印象に残るように，言葉も旋律も単純。繰り返しがある。）
2　共通事項に焦点をあてたCMづくりのヒント
歌　詞…単純で覚えやすいものにする。
リズム…単純なもの。同じリズムを繰り返して使うとよい。
旋　律…音階や和音を取り入れて音をならべてみるとよい。
和　音…基本的に主要三和音を用いる。
その他…言葉の抑揚やリズムを生かす。

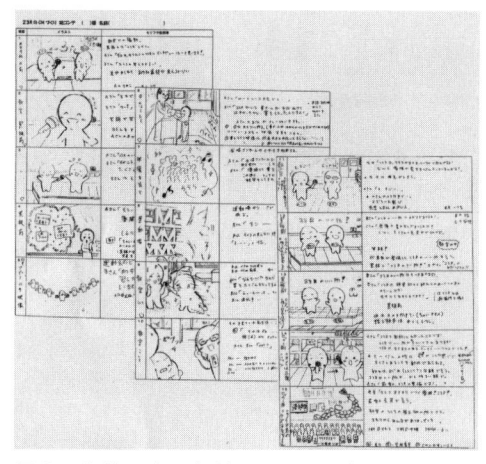

図2　生徒の書いた絵コンテの一部

（2）指導と支援のあり方
①カルタでイメージを広げる
　学級のよいところをカルタにしながら，キャッチコピーを作ったり，内容に生かしたりする（図1，表2）。
② CM と CM ソングの分析
　既成の CM や CM ソングを取り上げ，特徴をつかみ，それを自分たちの学級の CM づくりに活用できるよう，分析の時間をとった。それを「創作（表現）の型」としてまとめる（表3）。
③映像化に向けての絵コンテの作成
　生徒たちは，映像化に向けての案を絵コンテに書いた（図2）。動きの説明や台詞などをできるだけ詳しく書かせた。撮影不可能のものもでてくるので，変更は臨機応変に行った。
④ CM 作品の例（一部）

そういえば 23R はいろいろ優勝したりしたなあ…

やったー！大成功！

ロードレース大会，ずば抜けてはやかったですね。

人文字完成

⑤ CM ソングの例

♪ あかるく げんき にじゅう さんるーむ

♪ げんきいっぱい えがおあふれる にじゅうさんるーむ

4. 生徒のふり返りカードより

　生徒が書いた授業中や撮影を終えての感想の中から，一部紹介する。学級力アンケートの項目別に感想をまとめた。

［目標］
○新しいメロディーを作り出すのは難しかった。心に残るものを創るのは大変だ。
○キャッチコピーをもとに作曲するのが楽しみだ。
［改善］
○他の班は元気がいいところをリズムで表現したりしていたので，そこを参考にしたい。
［協力・団結・役割］
○よい感じに仕上がるのを期待しています。CMづくりのためにだけドッジをするんじゃなくて，23Rの仲間として最後に1回だけでもみんなと一緒にドッジをしたいです。みんな入って。でも，23R最後の思い出にCMづくりっていうのも心に残ります。楽しかったし，良かったです。3年生になってもこのクラスのことは忘れたくないです。
○23Rという人文字を作る作業は，簡単そうで意外にチームワークがいることがわかった。でも，23Rはすぐにできたので，やっぱりすごいと思いました。
［積極性］

○班のみんなでカルタでたくさんキーワードを出し合い，いいキャッチコピーができた。
○考えるとどんどん出てきて，良いところをたくさん出せてよかったと思った。
［合意力］
○23Rのイメージを出し合って，とてもいいキャッチコピーを考え出すことができた。
○考えるのは難しかったけれど，相談しながらアレンジするのが楽しかった。
［認め合い］
○リーダー的に指示して，みんなをまとめる人がいたから，とてもいい出来になっている。「23R」の文字の細かいところまできれいな形でできていました。ドッジのときも自然に楽しく23Rのいいところがどんどんでていたと思います。

　この感想は，学級通信にも掲載して紹介した。友だちがどんなことを考えているのかを互いに知ることで，さらにCMづくりへの意欲を高め，自分の学級に対する愛着も深まっていったことがわかる。

5．おわりに

　「4人ずつでCMづくりとか，みんなで何かを作ることが学級力を高めることに役立ったと思う。人文字を作る作業は，簡単そうで意外にチームワークがいることがわかった。」「（学級力を高める活動の）1番っていうのはないけど，みんなで協力して，活動していくうちに，楽しくなって，すること全部学級力を高める方法だったんじゃあないかと私は思った。」（学年末の生徒感想より）
　授業は，学校生活の大半を占めている。紹介したような実践をいつもすることは難しい。しかし，授業のなかに学級力向上のためのちょっとした活動を入れることはできる。生徒と同様に，指導者同士のつながりが学級力を向上させる鍵の1つではないかと実感した。

ワークショップ学習を活用した学級力向上プロジェクト

■山梨県山梨市立日川小学校教諭■
向山　敢

　本校の校内研のテーマ「学力向上」のもと，ワークショップ学習の理論を取り入れて，学級力向上プロジェクトに取り組むことにした。

　その理由は，中学年の頃には男子の元気がよく，ケンカが絶えなかった学級だったからである。5年生という高学年の仲間入りをする子どもたちに，自分のことだけでなく，友だちのこと，クラス全体のことを考えて行動できるようにと期待をこめて，年間を通して学級力向上に向けて取り組んだ（図1）。

　その過程で，4つのワークショップ学習，「カルタ」「サークルタイム」「評価セッション」「成長発表会」を組み入れた。

5月	ビッグカルタ
	第1回学級力アンケート
	スマイルタイム
10月	第2回学級力アンケート
	スマイルタイム
11月	「総合的な学習の時間」に評価セッションを実施
12月	第3回学級力アンケート
	学級力向上プロジェクト個人ファイル作成
	ほめほめタイム開始
	サークルタイム
	中間評価セッション
1月	第4回学級力アンケート
	スマイルタイム
	最終評価セッション
2月	成長発表会

図1　年間計画

1. 初めての「ビッグカルタ」

　私自身「ビッグカルタ」という言葉を初めて聞いた。「カルタ」に慣れていない子どもたちのために，まずは個人でカルタに記入させてみた。すると最後まで記入できない子がいることがわかった。そこで初めてのビッグカルタなの

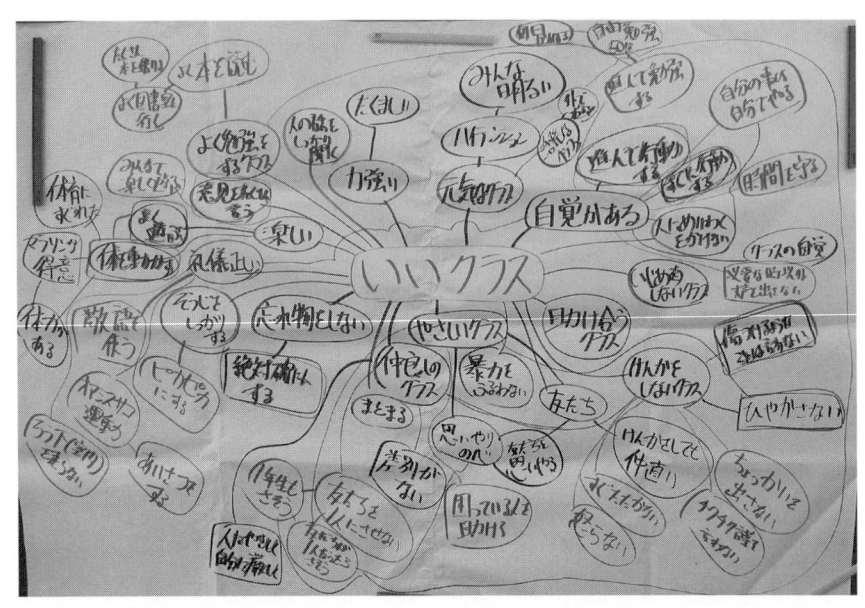

図2 初めてのビッグカルタ

でみんなで作っていくことにした。書き慣れない子どもたちにわかるようにまず，たくさん書けた子どもたちの意見を発表させ，模造紙に書き並べた。すると，その言葉を見て，はじめ個人のカルタに記入できなかった児童が，発言することができるようになった。

初めてのビッグカルタは図2のようになった。ケンカの多かった中学年の頃の影響もあり，「やさしいクラス」「仲良しのクラス」「助け合うクラス」といった言葉が見られた。また，「ちくちく言葉を言わない」「すぐたたかない」「ちょっかいをださない」など具体的な言葉も出てきた。

「カルタ」に表現された理想のクラスの姿は，現在のクラスに対する不満であると感じた。普段言えない不満を「カルタ」を通して発表することができたのではないかと思った。児童の不満を課題とすることで，学級力向上に向けてその方向性が少し見えたような気がした。

その後，機会があるごとに算数や国語の授業などで「カルタ」を作成するようにすると，児童も慣れてきて，ビッグカルタを作るとたくさんの意見が出るようになった。

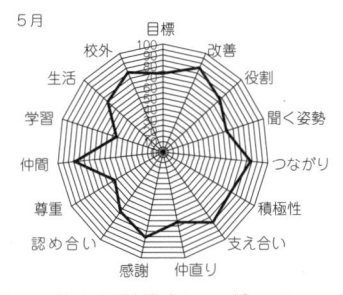

第5章　学校カリキュラムの全領域で実施するアイデア

図3　第1回学級力レーダーチャート 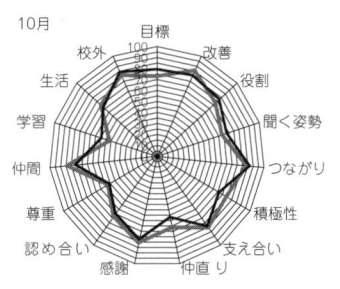　　図4　第2回学級力レーダーチャート

2. むだなおしゃべりクラス

5月に実施した第1回学級力アンケートの結果は図3である。

数値が最も低いのは，「学習（授業中にむだなおしゃべりをしない学級）」だった。実際本学級ではおしゃべりが多く，担任もこの結果には納得した。しかし，担任にとってこれほど多くの児童がおしゃべりをしていると回答したことは予想外だった。

レーダーチャートをもとに，スマイルタイムを行った。そして，クラスの課題と改善策を話し合った。「話している人がいたら注意する」「注意は一度だけにする」といった意見が出された。その後，さらに具体的な取り組みとして，朝の会で決める1日のめあてをこの改善策に関係するものにしようと児童から意見が出された。

10月に学級力アンケートを実施した（図4）。ほとんど変わらなかった。スマイルタイムでは，結果が変わらず「変わっていないじゃん」とがっかりする児童の姿が見られた。目標に向けてがんばるほど，評価が厳しくなるということを例をあげながら話をし，スマイルタイムを終えた。

3. 学級力向上プロジェクト個人ファイル

本学級では「評価セッション*」を他学年の実践と合わせて「総合的な学習の時間」に取り入れた。そこでほとんど変化の見られなかった学級力向上プロジェクトに「評価セッション」を取り入れ，改善を図った。

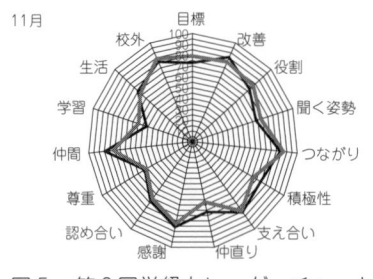

図5　第3回学級力レーダーチャート

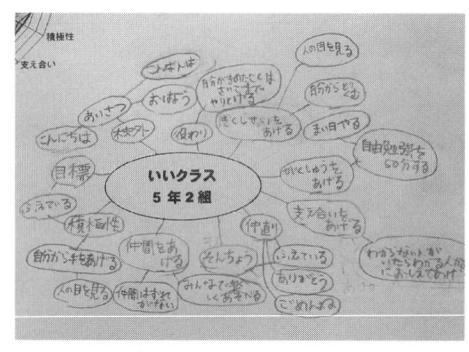

図6　学級分析個人カルタ

学級力向上プロジェクトにおける評価セッションの位置づけ
（1）第3回学級力アンケート実施
（2）ビッグカルタとスマイルタイム
（3）ファイルに個人のめあてを記入
（4）ほめほめタイム
（5）サークルタイム
（6）中間評価セッション
（7）ほめほめタイム
（8）最終評価セッション
（9）成長発表会

　第3回学級力アンケートのレーダーチャートは図5である。これをもとに個人でカルタを作成した（図6）。ビッグカルタも作成し，スマイルタイムを行い，ビッグカルタを見ながら個人の生活のめあてを設定した。

＊評価セッション
　評価セッションとは，「子どもたちが学びの計画・実施・評価の成果を自己成長シートにまとめ，自己評価と相互評価そして外部評価を通してふり返ることによって，よりよい学びへと改善していくために響き合う活動」である。そこでは，ポートフォリオを作成するだけでなく，そこに蓄積した資料を整理して作成した自己成長シートや自己成長アルバムを用いて，5名程度のグループに分かれて，身につけた力と今後の成長課題について発表し合い，お互いのよさと成長を認め合い励まし合う。

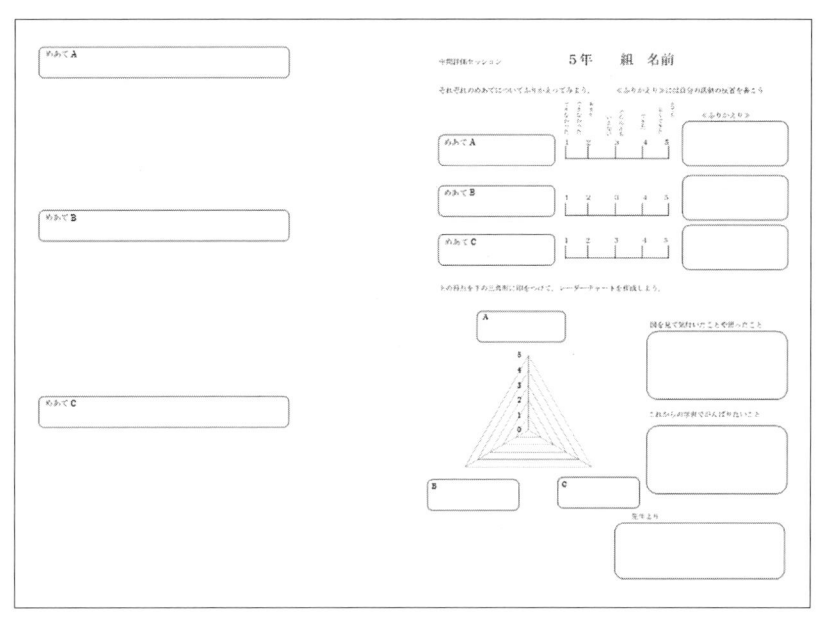

第5章 学校カリキュラムの全領域で実施するアイデア

図7 学級力個人ファイル

　児童が各自で設定しためあては図7の個人ファイルにまとめていった。左側には3つのつけたい力を記入し、その具体的な取り組みを記入した。

　図8のファイルの児童は「会話力」「積極力」「達成力」という3つのめあてを立て、具体的な取り組みを次のように書いた。「人の目を見て、話したり聞いたりする。」「自分からすすんで手を挙げる。」「自分がきめたことは最後までやりとげる。」また、友だちがどのようなめあてを立てたのかわ

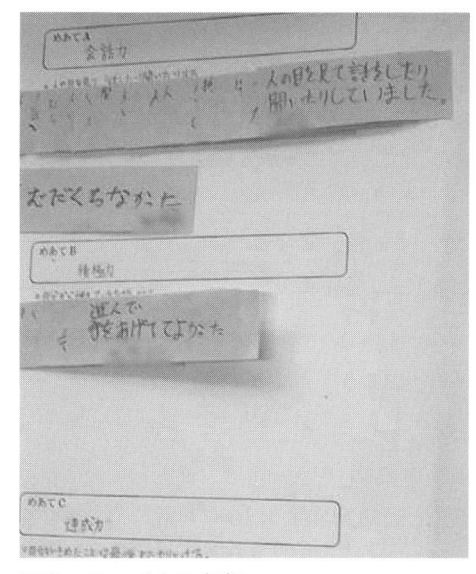

図8 ファイルの実際

131

かるように全員の目標を記した表も載せることにした。

さらに帰りの会ではほめほめタイムを実施した（図9）。その日の友だちのよかったところを「ほめほめカード」に書いてファイルに付箋を貼り合う取り組みである。また，友だちのめあてが示されているため，そのめあてにあったほめほめカードをできるだけ書くようにした。慣れなかった子も教師のほめほめカードを参考にして10分ほどで2，3枚書くことができるようになった。

図9　ほめほめタイム

4. サークルタイムを通して成長を実感しはじめた子どもたち

帰りの会で「ほめほめタイム」をおこなってから2週間ほどしてから「サークルタイム*」を実施した（図10）。教室で教師も含め円になって座った。第3回学級力アンケートの結果とクラスの現状を比較し，クラスの課題について話し合った。

「今のクラスはどうか」ときくと子どもたちから「聞く姿勢はよくなってきている」という意見が出された。「たしかに」とそれに同意する意見も出され，うなずく子も半数以上いた。子どもたちがクラスがよくなっていると感じはじめていると実感した。

その中である児童が「私としては積極的になってきたと思う」と発言する

＊サークルタイム
　サークルタイムとは，「子どもたちが床の上に円形に座って，あるテーマのもとに全員参加で対話をする活動」である。イギリスでは，みんなで歌を歌ったり踊ったりするお楽しみ会のようなものもある。異なる友だちの意見を聞いて自分の意見をつなげて話す習慣，つまり対話力をつけることで，テーマについて深く粘り強く考える力やわかりやすく論理的に話す力を高められるだけでなく，友だちを尊重する態度や自信をもって自己表現する積極性などを身につけることができる。

第5章　学校カリキュラムの全領域で実施するアイデア

と，友だちから「○○さんは変わったよね」と評価する声が出された。

　その後サークルタイムを1回行った。子どもから「またサークルタイムをやって」という声があがり，子どもたちにとって，自分の意見を最後まで聞いてくれる環境というのがとても気持ちのよい場であると感じた。

図10　サークルタイム

5. 中間評価セッション

　「ほめほめタイム」をはじめてから，ひと月ほどたった冬休み前に中間評価セッションを行った。個人ファイルの右側に各自のめあてを記入し，5段階で自己評価した（図11）。これまでもらった「ほめほめカード」やサークルタイムの話し合いを読み直してから評価するようにした。

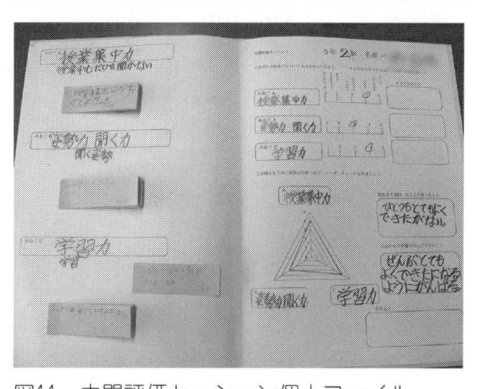

図11　中間評価セッション個人ファイル

6. 白熱したスマイルタイム

　2月初旬に第4回目の学級力アンケートを実施した（図12）。レーダーチャートを見ると「聞く姿勢」の得点が高くなっていた。個人でカルタを作成し，クラスの実態について分析し，スマイルタイムを実施した。

　今後のクラスの目標について話し合う

図12　第4回学級力レーダーチャート

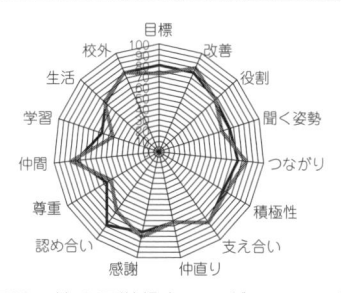

133

と,「課題だった『聞く姿勢』『学習』の得点は上がったので,次の目標を立てよう」「『聞く姿勢』と『学習』は全体からみるとまだまだ得点が低いので今後もクラスの課題としていくべきだ」という2つの意見に分かれた。2時間にわたる話し合いの結果,ここまで取り組んできた目標を,中途半端で終わらせたくないと継続して取り組んでいくこととなった。5月のスマイルタイムと比べてみると,子どもたちがクラスのことを真剣に考えはじめている姿が見られるようになった。

7. 自分の成長を確認

2月末には「成長発表会」を実施した。この1年間でどのような力が身についたのか,何ができるようになったのかを最終評価セッションとして,個人ファイルにまとめた(図13)。これまで3か月「ほめほめタイム」を継続していたため,「ほめほめカード」は多い子で50枚以上,少ない子でも30枚以上になっていた。これをもとに自分の生活の様子を自己評価し,個人ファイルのレーダーチャートに再度まとめた。するとほとんどの児童のレーダーチャートは大きくなっていた。

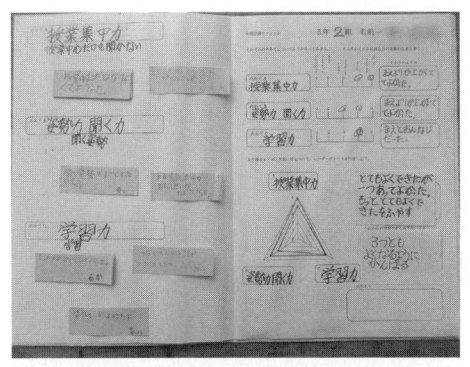

図13 最終評価セッションの個人ファイル

子どもたちは照れながらも「私は積極力がつきました」「僕は時間を意識して行動することができるようになりました」など,自分の成長を発表することができた。

自己肯定感の低かった児童も多くの「ほめほめカード」をもらうことができた(図14)。その結果,

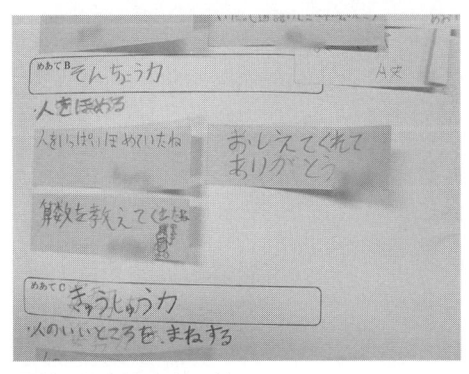

図14 ほめほめカード

レーダーチャートが大きな弧を描くようになり，視覚的に自分の成長を感じることができた。

8. 成果

6年生になり，6月に学級力アンケートを行い，レーダーチャートにもとづいてスマイルタイムを行った。その中でも得点の低かった「尊重」の改善策を話し合った。子どもたちの不満が具体的にわかった。

「ひやかされるのが嫌だ」と言う児童に「ひやかされるってどういうときに？」と聞くと，「みんなが『おお～』とか言うのが嫌だ」と言うのだ。「おお～」と言っていた児童は「すごい」とたたえているつもりだったのだが，嫌がられていたことに驚いた様子だった。これからは素直にほめようという約束を決めた。

また，5年生時からの課題だった「むだ口」については，「関係のない話があってもいいけど，それが続くのがダメなんじゃないか」と具体的な解決策が出されるようになった。これまでスマイルタイムを何度も経験し，話し合いを繰り返してきたからこそ，この結論を導き出すことができたように思う。

子どもたちは，最初はレーダーチャートの得点を上げることが目的だったようだ。しかし，「カルタ」で自分を見つめ，「評価セッション」で自分の課題を見つけ，「スマイルタイム」でその改善策を考える活動を通して，自分がクラスの中で認められていると感じられるようになり，自信をもって自分の考えを発表し，ぶつけ合うことができるようになった。そして何より最高学年として自分たちのクラスそして学校をよくするため考えて行動しようという姿が見られはじめたことが一番の成果であったように思う。

［参考文献］
田中博之『学級力が育つワークショップ学習のすすめ』金子書房，2010

行事を活かして学級力UP!

■兵庫県西脇市立重春小学校教諭■
竹本　晋也

1. 行事と学級力の相関関係

　学校には，一年間にとてもたくさんの行事がある。授業時間の確保のため，行事の精選や見直しが盛んにいわれているが，子どもたちや学級にとって，成長するチャンスである行事は大事にしていきたい。

　行事の特徴を整理したい。まず，行事は，あらかじめ決められたものであり，子どもに選択の余地なく，学級みんなが取り組むべきものであるということである。得意な子も苦手な子も関係ない。次に，行事は本番があり，その本番までにある程度の準備期間があるということである。その準備期間が行事の成功をうらなっているといってもいい。最後に，学級間競争が生まれるということである。どの学級も同じ行事に向かっていく中で，他の学級の様子も見えることによって，より自分の学級の姿がクリアに見えてくる。

　このように行事を3つの特徴に整理すると，一つの結論が見えてくる。それは，「行事はまさしく学級力を高めるチャンスである」ということである。行事を前向きにとらえ，学級力向上のチャンスとして活かしていくのか，それともしかたなく取り組むのか，学級として大事な岐路である。本学級では，行事を学級力UPのチャンスととらえ，学級力向上のための積極的な手立てを講じていった。その手立ては4つある。①目標設定，②見える化，③ふり返り，④くり返し，である。それぞれについて述べていきたい。

2. 目標設定①〜水泳記録会〜

　学級力の項目にある「目標をやりとげる力」と直接関連してくるが，それぞれの行事において，明確な学級としての目標を設定することが何よりも大事である。目標を設定することは当たり前であるが，その当たり前がやはり大事で

ある。何が大事かと考えてみると，設定された目標というよりは，目標を設定するプロセスの方が大事である。つまり，目標を設定するための話し合い活動が重要である。話し合い活動で，欠かせないポイントを挙げる。まずは，全員が行事に対する素直な思いを出すこと。目標は個人の目標ではなく，学級全員の目標である。そのために，ペアや班での話し合い段階を設定することが大事である。全員が全員の前で思いを語ることは時間的にも個々の能力的にも難しい面があるが，ペアや班であれば可能である。

　次に，全員が納得すること。その行事に対して，得意でわくわくしている子も，苦手でびくびくしている子も納得し，その目標に向かってがんばっていこうという前向きな気持ちが生まれてくるようにしたい。そのためにも，全員納得を欠いてはいけない。

　さらに，学級力アンケートの結果を受けて，学級のどの力を伸ばしたいのか，行事を通してどのような学級を目指すのかという視点を大事にすることも重要である。行事の成功だけを目指すのではなく，行事を通してなりたい学級像を明確にしていくことがポイントである。

　この3つのポイントの重要性に気づかされた目標設定時のエピソードを一つ紹介したい。1学期，水泳の学習が始まる前，自分の泳力と成長を披露する水泳記録会の目標設定を話し合っているときのことだった。水泳を心待ちにしている子どもたちが中心になって，話し合いが進んでいく。目標も決まり話し合いを終えようとしているときに，ある女の子が「私はその目標ではがんばれない……」と本当に小さな声で発表した。その女の子は，水泳が苦手だった。「その目標は私にとってはプレッシャーになるだけで，がんばろうと思えない」というのがその女の子の思いだった。水泳を楽しみにしている子たちからすれば，決まりかけていた目標に待ったをかけられ拍子抜けした様子だったが，その子の言葉をきっか

図1　教室前に掲示された目標

けに，違う子が「その気持ちは自分もよくわかるな……」と話してくれた。学級の空気が止まったような感じだった。再び，動き出した方向は，目標を決め直すという方向だった。水泳を楽しみにしている子だけでなく，水泳が苦手で気持ちが重くなっている子の気持ちをもっと聞き出して，全員が納得する目標にしようと話し合いを始めた。苦手な子の気持ちを代弁する形で，よく発表してくれたなと思う。同じ気持ちだった子は，もっといるはずである。その気持ちに気づいた学級が，その子たちの気持ちを大事にしようと決め直しの方向に動き出したことも評価したい。もちろん，時間は予定よりもかなりかかってしまった。そして，全員がたどりついた目標はそんな特別な言葉ではなく，いたってありふれている「自分の力を精いっぱい出そう」という目標だったが，子どもたちが，本当の意味で学級全員の目標を設定できたことが何にも代えがたいと思う。

今回の目標設定を経て，学級の中にはいろいろな立場，考え方の子がいるのだということにも改めて気づき，自分の視野を広げるきっかけとなったのではないだろうか。行事を通して，「学級にいるみんなを大事にする学級になりたい」という思いが，全員の心の中に生まれたように思う。

行事に挑むにあたって，学級としての目標を設定することは重要である。目標設定は設定された結果よりも，設定されるまでのプロセスを重視して，学級力の向上を目指したい。

3. 見える化②〜運動会・音楽会〜

目標設定にもいえることであるが，何事も目に見える形にすることがとても重要であると考えている。プロセスを重視して目標を設定したとしても，時間が過ぎれば意識が薄らいでいくものである。しかし，目に見える形にしておくことで，それを見るたびにそのプロセスを思い出すことができる。行事は本番までにある程度の期間がある。瞬発力ではなく，継続することを大事にして，行事までの取り組みを活性化していきたい。そのためにも，見える化することが重要である。

設定された目標は，子どもが大きく書いて教室のよく見える位置に掲示する。目標が設定されてから行事が終わるまでの期間限定の掲示である。これに

第5章　学校カリキュラムの全領域で実施するアイデア

よって，子どもたちの意識の中に常に目標がある状態にできる。何かトラブルが起こっても，目標に立ち返って話し合ったり，意識を確認し合ったりすることもできる。

さらに，自分たちのがんばろう！という気持ちも目に見える形にすることが大事だと考える。それぞれが，行事に向かっての思いを語り気持ちを高めていくことも大事な取り組みの一つであるが，見える化することも大事な手立てである。例えば，運動会前日には図2のような黒板をみんなで創った。自分たちの思いを言葉にして表して，お互いに読み合う時間を設けた。聞くだけでなく，目で見て互いを理解し，学級としての雰囲気を盛り上げていくことができ

図2　運動会前日に書いた黒板

図3　音楽会直前に創った黒板

た。そして，運動会当日もこの黒板で朝を迎えることができ，気持ちを短時間で確認し合うことができる。

また，音楽会は少し形を変えて思いを見える化した。一辺15cm程度の正方形に切った色画用紙に，一人一人が音楽会にかける思いを書くようにした。そして，一枚ずつ黒板に貼っていき，それらの正方形の紙で文字を表した。それが図3である。このときの文字は「ひとつ」である。一人一人の思いがつながって学級として一つになれるのだという思いを込めてこの文字を表した。話をして伝えるよりも目に見えた方が，わかりやすいし，心に届きやすい。子どもたちは，「ひとつ」を胸に音楽会にのぞむことができた。音楽会を終えて，教室に戻って来た子どもたちは，抱き合って喜びを共有していた。目標を設定し，

その目標に向かって努力し，お互いの思いを共有してから本番に臨むことで，より大きな喜びを味わえるのだと考える。このように，見える化して子どもたちの気持ちを高めたり共有化させたりすることが，行事の成功を左右し，ひいては学級力の向上を左右するのではないかと思う。

4. ふり返り③〜学級対抗リレー大会〜

3つの手立てとして，ふり返りを挙げたい。ここまで述べたように，目標を設定したり，思いを見える化して共有化したり，行事の本番に向かって積極的な手立てを紹介してきた。3つ目の手立ては，行事後に講じる手立てである。行事を終えた気持ちをさらに共有することで，自分たちが取り組んできた行事までの努力，さらには本番のがんばりを認め，自分たちにとってどんな意味があったのかということを意味づけることができる。

1学期の学級対抗リレー大会では，本番に向かって休み時間も放課後も練習し努力してきたが，結果としては最下位だった。このリレー大会は代表者が走るのではなく，全員が走者となるため，本当に学級としての力を高め合う場だといえる。自分たちが予想もしていない悪い結果に意気消沈していた子どもたち。教室に戻ってから，全員で一つの円をつくってそれぞれの思いを語り合った。多くの子たちが，涙ながらに悔しさやつらさを語ることができた。努力をしたからといって望む結果がたやすく出るわけでないし，望む結果が出なかったからといって，やってきたことを否定する必要もない。自分たちにとって，また，自分にとって，どんな意味があったのか，よい点も反省点も冷静に位置づけることが大事だと思う。その点において，思いを語り合ってお互いを共有し合えたことが，次へのスタートにできたのではないかと思う。

また，本学級では，教室に掲示していた見える化された目標に直接，それぞれが行事を経て得た思

図4 目標へ思いを書きこんでいる子どもたち

いを書くようにしている。図4は子どもたちが思いを書いている様子である。学級対抗リレー大会のときも、「クラスのために　燃えろ！輝け！ファイト6菊！」という目標に向かって、涙を拭きながら自分の思いを書いていた姿は印象深い。ある子は、「みんなは全力を出し切った。一生懸命がんばった。結果は仕方ない。しか

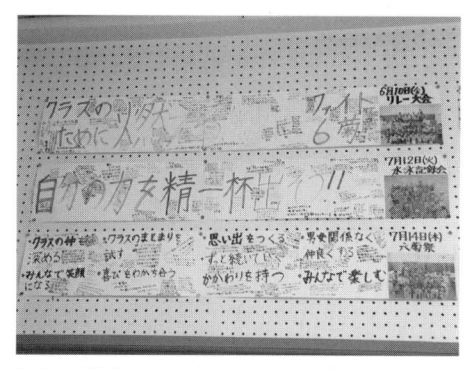

図5　学級の歴史としての目標掲示

し、このことをばねにして、次クラスでやる行事でがんばったらいい。最後に、結果は最下位だけど、目標のようにみんながんばっていて、またクラスが一つになった。クラスの絆が深まったなと思う」と言葉を残していた。全員が書き終われば、少しの間、誰もが読める場所で掲示し、その後、図5のように教室の上の壁へと掲示場所を変え、学級の歴史として残していくようにしている。

　行事後のふり返りによって、思いを共有化すること、行事を意味づけること、思いを見える化して残すことをポイントとして、ふり返りを大事にしたい。

5.　くり返し④〜年間を通して〜

　ここまで①〜③の手立てを紹介した。これらは新しいことでもなく、特異なことでもなく、当たり前のことだと思う。ただ、ポイントをおさえて効果的に手立てを講じていけるかどうか、それによって同じことをして、結果は違ってくる。

　最後の④の手立ては、これら①〜③をくり返すということである。年間、本当にたくさんの行事がある。すべての行事に①〜③のようなことをしている時間はないという意見もあるかと思うが、運動会だけ、音楽会だけと単発でこのように取り組んでも学級力は積み上がっていかない。やはり、①〜③をくり返していく中で、少しずつ子どもたちや学級は成長していくのである。一つの行

事において①～③に取り組んだからといって劇的に学級の何かが変わるわけではないが，行事ごとに何度もくり返していくことによって，確実に成長を生むことはできる。

さらに，①～③は学校内の行事に限らず，学習においてもスポーツにおいても大事なことである。これから生きていく上でも，自分を向上させていくために大事なポイントであると思う。そういった意味でも，このような①～③のサイクルを身につけさせていくことも重要なことだといえる。同じことを，同じ質の高さで，くり返し継続していくことで，一歩ずつ前に進めるような子どもたちに育っていってほしいものである。卒業前には，10の目標が掲示された教室になっていた。

6. 実践の成果～アンケート結果より～

学級力向上プロジェクトは，行事を活かして取り組む方が，確実に効果は上がる。ただ，行事は行事自体を行っていくことで精いっぱいになってしまうということも十分考えられる。各行事は年間計画に位置づけられているので，あらかじめ，どの行事を学級力 UP に活かすのか計画し，ねらいを明確にしておくことが重要だろう。

最後に，学級力向上プロジェクトの最後に行った子どもたちのアンケート結果を紹介したい。図6は，4人の子どもたちの意見の抜粋である。「一年を終えて，自分たちの学級の一番すごい所はどこだと自覚しているか」という問いに対して，この4人のように，たくさんの子どもたちが，目標設定を挙げていた。子どもたち自身も，自分たちの学級を創っていくために，行事は大きなチャンスだととらえているし，その行事を活かしていくためにも目標設定が重要であると自覚できているのだろう。行事を通して，子どもたち一人一人に成長の実感が得られるように，子どもたちと共に行事を創り上げ，学級力 UP のチャンスとしたい。

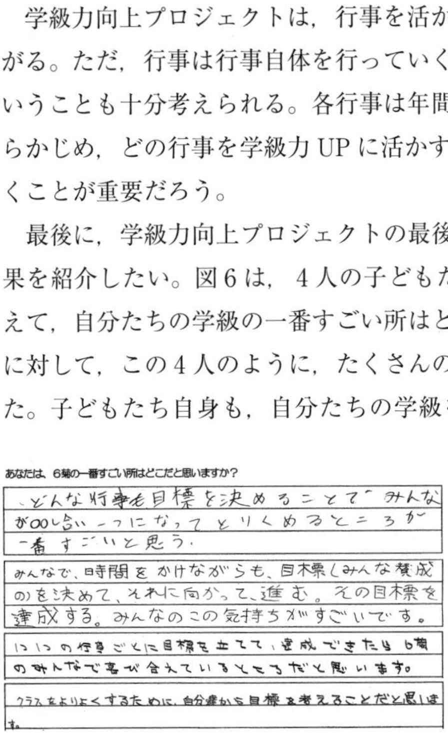
あなたは、6組の一番すごい所はどこだと思いますか？

・どんな行事も目標を決めることでみんなが○○し合い一つになってとりくめるところが一番すごいと思う。

みんなで、時間をかけながらも、目標しみんな賛成のを決めて、それに向かって、進む。その目標を達成する。みんなのこの気持ちがすごいです。

1つ1つの行事ごとに目標を立てて、達成できたら6組のみんなで喜び合えているところだと思います。

クラスをよりよくするために、自分達から目標を考えることだと思います。

図6　子どもたちのアンケート結果

児童会における取組

■岐阜県大垣市立興文小学校教諭■
梅村　友規

1. 児童会と学級力との関わり

（1）児童会活動と学校力

小学校学習指導要領では児童会活動について次のように明記されている。

1　目標

　児童会活動を通して，望ましい人間関係を形成し，集団の一員としてよりよい学校生活づくりに参画し，協力して諸問題を解決しようとする自主的，実践的な態度を育てる。

2　内容

　学校の全児童をもって組織する児童会において，学校生活の充実と向上を図る活動を行うこと。

　　（1）児童会の計画や運営
　　（2）異年齢集団による交流
　　（3）学校行事への協力

　この目標と内容において，特に委員会活動を意味のあるものにするため，また充実したものにするために，各学級の学級力アンケートを集め，各項目の値の総和から，学校力としてレーダーチャートに表した。それをもとに各委員会で，どういう活動を仕組めば学校の現状がさらによくなるか，できていないことが改善できるかなどを話し合い，実践するようにした。

（2）学習委員会の実践事例から表れた成果と課題

　6月にとった全学級の学級力アンケートを総合した学校力は図1のような結果となった。

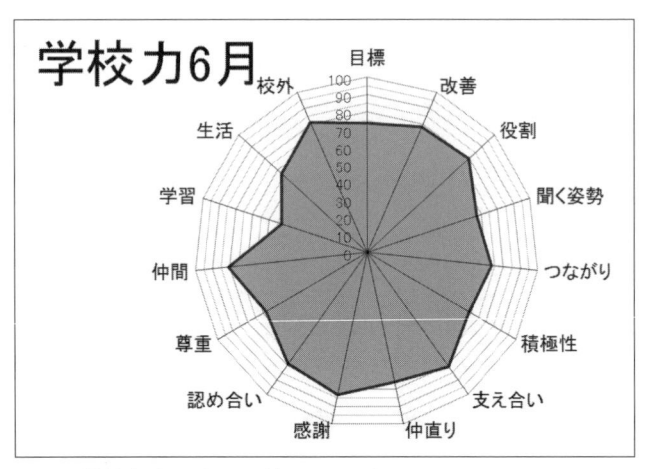

図1　学校力を示すレーダーチャート

　この結果から，「学習」の項目が他の項目に比べて著しく低く，職員は危機感を感じた。そこで，児童会担当教師から学習委員会の担当教師に学校取組を仕組む必要があるのではないかと相談し，学習委員会が取組について話し合い，全校で取り組むことにした。

　学習委員会での話し合いにより，「学習の木※1」（図2）という取組を学校全体で実践することになった。これは，各学級の学習のきまりの現状をきちんと話し合ってみつめること，目指す学習姿勢を具体的にさせること，学校全体で

※1　「学習の木」の取組
　学習について，各学級でできていない学習姿勢を明らかにし，それを改善するための取組である。取組は1と2に分けて行われる。学習委員会を中心に活動を進めていく。
　　取組1…各学級で改善したい学習姿勢を決め，目標をつくる。それを達成できるよう，学習委員を中心に呼びかけを行っていく。毎日成果を確認し，できた人数分だけ木に実（シール）をつけていく。実がたくさんつき，その取り組んだことが十分できるようになったら，次の取組2に移行する。
　　取組2…取組1でできるようになった学習姿勢のさらに上のレベルの学習姿勢を目指し，学級ごとに取組内容を考え，同様に実践する。現状に満足せず，新たな目標を設定し，児童たちで自ら進めていくことを大切にする取組である。ただし，学級によっては，取組1でできたことを定着させるために引き続き同じ目標で進めることもある。

取組を成功させようと一丸となることを目的
とした。
　この取組により，「学習」に弱さを感じて
いた学級はそれを改善するために，低・中学
年は教師を，高学年は学級委員・学習委員・
学習リーダーを中心として，学級内で取組内
容を考え，それを成功させようと努力するこ
とができた。「学習」の数値が高い学級は，
発達段階に応じてより質の高い授業づくりを
目指し，全員挙手・オリジナル反応[※2]・つな
ぎ発言[※3]などの取組を行い，それもクリアし
ていった。

図2　学習の木

　こういったプラスの面が多く見られた取組だったが，課題もみられた。学級
独自の取組を展開することで，学級間での意識の差が見られる場面が出てきた
ことである。学年で各学級の学習委員が集まって話し合いをしたり，学年集会
で全体に取組の意義や，出口での具体的な姿を事前に伝えたりするなど，共通
理解を図らないと学級での取組が成功したとしても学年・学校としてとらえる
と成功とはいえない。レベルの低いものを目指し，それができて達成感を味わ
う子どもたちと，高いものを目指すもののそれがクリアできず不満足を感じる
児童たちが学校内に同居してはいけないと考える。

※2　オリジナル反応
　オリジナル反応とは，仲間の発言に対して，「同じです。」や「いいです。」という
ような，全員が口をそろえて決まりきった反応をするのでなく，「似ています。」や
「少し違います。」「付け足しがあります。」など，それぞれがそれぞれの反応を示す
ことである。仲間を大切にし，話をしっかり聴く習慣を身につけるために，本校で
は徹底して指導している。
※3　つなぎ発言
　つなぎ発言とは，仲間が話した際に，教師が「この意見についてどう思います
か？」と子どもに発言を促すのでなく，話をした仲間が「このことについてどう思
いますか？」と自ら仲間に意見を求めることである。次々に仲間が意見をつないで
いき，学習内容を深めることである。本校では教科の授業だけでなく，学級討論会
や，学年集会など，日頃から様々な場で子どもたちが行っている。

2. 年間の見通しをもった取組

（1）学習委員を中心にした取組の実践例

　私が担任した6年X組では，学力はある程度高いが，仲間との関係をうまく築けない児童が多かった。休み時間も複数の仲間と遊ぶのが苦手であったり，授業での小集団交流の際に，いつも同じ仲間と行ったりする児童が多かった。また，学力はあっても，学習への前向きな姿がなかなか形に見えないという実態もあった。

　そこで，6月に学級力アンケートをとり，集計した結果（レーダーチャート）を児童たちに見せ，学習委員を司会者に1時間学級会を開いた。司会者となる児童には，事前に担任である私と綿密に打ち合わせを行った（基本的に担任は学級会の途中で一切口を挟まない，自分たちの話し合いの場という意識をもたせたかった）。

　いきなり全体での話し合いでは発表者が限られてくる（そういう雰囲気のクラスであった）ので，まず，「学級力アンケートから学級をみつめる①」という用紙（図5）を配布し，個別にレーダーチャートから「わかること」「学級の長所と短所」「これからの生活（授業と日常生活）で何に気をつけるか」を記述させた。こうして確実に自分の考えを一人一人にもたせた後，各グループで班長を司会とし，各自の考えをまとめ，全体で交流を行った。グループでの話し合いをもたせたのは，全体の場では消極的な参加しかできない児童も，小集団ならば積極的に話し合いに参加できることがこれまでの生活の様子でわ

図3　学級での話し合いの板書　　　図4　学級アンケートを記入する様子

かっていたからである。

　全体交流では、レーダーチャートにおいて、「学習」「生活」「尊重」の項目が極端にへこんでいることが話題となり、学習面と生活面を見直していかなければならないという思いを全体で確認できた。具体的な方策としては、「授業の聞く姿（反応）」と「仲間ともっと積極的に関わる（仲間のよさを見つける）こと」を今後の生活で気をつけていこうということになった。

　10月に第2回学級力アンケートを行った。アンケート集計後、第1回と同じようにまずプリントを用いて自分の考えを一人一人にきちんともたせ、その後グループで意見を交流し合い、最後に全体でそれぞれの考えを出し合って今後の課題と具体的な方策を考えた。この時期には、学習委員会主催の全校取組も行われてい

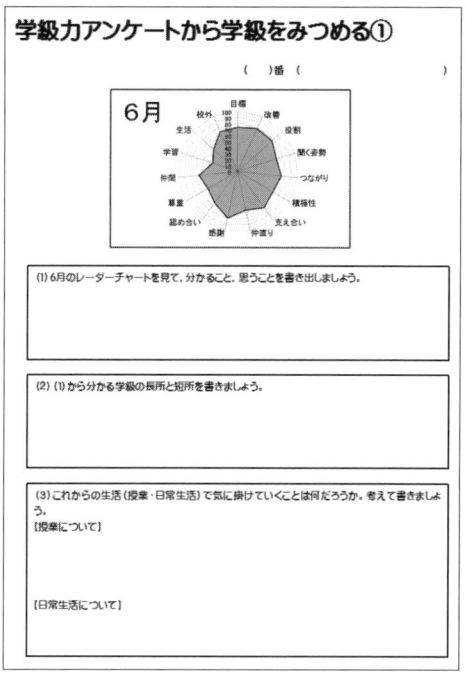

図5　プリント「学級アンケートから学級をみつめる①」

図6　委員会取組2「話し方」

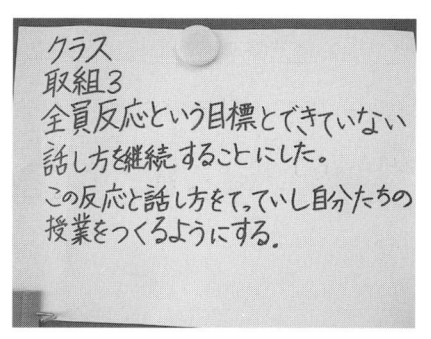

図7　クラス取組3

147

たので，タイアップし取組を強化した（図6，7）。

取組1（委員会取組）「全員反応」・「6年生らしい授業をつくる話し方」
　⇒全員反応はできたが，6年生らしい授業をつくる話し方はできなかった。そこで話し方を強化した取組2を考えた。

取組2（委員会取組）「6年生らしい授業をつくる話し方」
［1］課題につなげて話す
［2］答えだけでなく理由も話す
［3］資料を使って話す
　⇒［1］［2］はクリアできたが，［3］はできなかった。そこで委員会取組は終わったが，クラスの話し合いで継続して取組を行っていくことに決めた。

取組3（クラス取組）「全員反応」・「6年生らしい授業をつくる話し方」
　⇒クラス独自の取組で，意識が下がるのではと思ったが，自分たちの改善しなければならない問題としてとらえていたので，学習委員・学級委員・班長の意識も高く，積極的に声をかけ続けた結果，2つともクリアできた。

3月の学級力アンケートでは，これまでの「個人→グループ→全体」の流れで，6・10月との比較，今後の課題を考えた（図8）。ただし，6年生ということで，卒業を間近に控え，やりきり活動の意味合いも含めた取組を考えた。

6年X組での卒業までの11日間でやりきる取組
［1］授業中だけでなく，いかなる時も場に応じた反応を行う
［2］中学生になるまでに確実にルールやマナーを守る
　⇒卒業を控え，下級生に6年生らしい姿を見せたいという思い，中学入学までにできていないと困るという不安もあり，一人一人が気を抜かず，真剣に取組を行った。

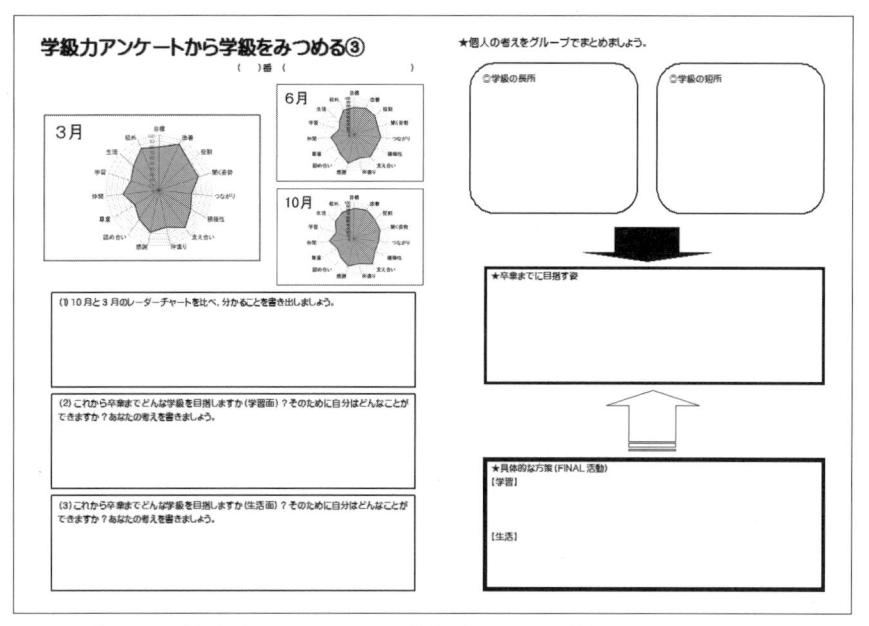

図8　プリント「学級力アンケートから学級をみつめる③」

（2）成果と課題

○学級力アンケートをもとに行った話し合いでは，毎回同じ形式（個人→グループ→全体）で行ったので，児童たちにも流れが定着してきた。学習委員や班長が次は何をしていいのかわかっていたので，スムーズに会が進行し，本題をきちんと話し合うことができた。

○1年間の内，毎学期学級力アンケートをとり，学級を観点にもとづいて見つめ直して，学級一丸となって課題に向かって取り組んでいくというパターンができあがったのがよかった。単発であったり，何かあったからそれを改善したいがための対症療法的な取組になったりしなかったので，児童たちも学級力向上という目的意識をもち，自分たちのための話し合い（活動）として行えたのがよかった。

○児童が主体となった活動になったのがよかった。学級力アンケートから学級を見つめ，話し合い，取組を決め，自分たちで声をかけ合って取組成功に向けて動けたことに大変価値があると思う。教師主導では価値も下がり，本当

の意味での成功とはいえない。一人一人がアンケートという形で素直な自分をふり返り、それを学級全体のレーダーチャートに位置づけられことで、学級を改善することが自分をよりよくすることにつながると考え動いたことも一つの要因と考えられる。また、失敗を失敗で終わらせず、できるまでやりきらせたこともよかった。取組をクリアしたらそれで終わりではなく、さらに高い目標を立て、パート2、3と取組を発展継続させたのもよかった。取組だからがんばるではなく、いつもがんばれる児童を育成したい。

○回を重ねるごとにレーダーチャートの見方にも慣れてくる児童が増えた。3回目では10月と3月を比較するだけでなく、6月と3月を比較したり、あまり変化のない項目に着目したり、いろいろな視点で学級を見つめる姿が見られた。そこで、危機感を感じたり、自信につなげたり、様々な反応が見られた。

△レーダーチャートを読み取る際、どうしてもデータのへこんでいるところに目が行きがちである。自分たちの弱点を知ることも大切ではあるが、データがふくらんでいるところ、すなわち自分たちのよさを見つけられる目をもたせたい。

△学級力アンケートをもとに学級の実態を知り、独自の取組を考えていこうという段階となったとき、うまく取組内容や方法を考えられない児童がいた。取組を作り出すことには慣れていないので、慣れていくように教師が指導する部分は指導していく必要がある。

△レーダーチャートの見方がわからない児童もいる。事前にレーダーチャートの読み方を指導する必要がある。周りの項目の数値が高いために、へこんでいるように見えても、実は離れた他の項目よりも数値が高いということが結構ある。そこまで読み取れる児童は多くない。また、児童たちは部分を追う傾向があるので、全体を見る見方（レーダーチャートの大きさ）を伝えたい。2つのレーダーチャートを重ねることで、1回目と2回目では大きく成長したことが明らかになる。児童へのデータの提示の仕方を考える必要がある。

△学級目標と同じように、学期や行事の反省の際、学級力アンケートに立ち返ってふり返るようにするとさらに学級力が高まるのではないだろうか。

第6章
日常的な取り組みの
アイデア

学級力自己評価シートの継続利用

山梨県山梨市立日川小学校教諭
佐野　理恵

1. 4月の6年1組の状況

　昨年度から学級力向上プロジェクトに取り組んできた。「学習」の項目が課題となっていた。子どもたちは「全員ができてこそクラスでできたことになる」という意識が強く，評価も厳しいために，教師からは少し改善が見られたと思っていたが，課題解決にまでは至っていなかった。クラスのめあてとして掲示したり，ふり返りを行ったりしてきたが，全員が同じ意識で目標達成に向かうことが難しく，改めて自分を見つめ，評価する力をつけていく必要があると感じた。

2. 最高学年としてなりたいクラス・なりたい自分

　4月，「最高学年としてこうありたいなあ」と思うことをビッグカルタにまとめた。まずは，班になってA3サイズの紙に「これができれば最高学年としていいクラスになる」ということを何でも出し合い，カルタで考えを広げていった。次に，班から出た意見を模造紙2枚分のビッグカルタにまとめた。いいクラス6の1を目指して，どこから取り組むか話し合った結果，昨年からの課題であった「学習」の「授業中むだ口をしない」をめあてとして取り組むことになった。帰りの会でふり返りを行い，全員できたら花丸をつけていくことにした。目指す姿が具体化されたビッグカルタやクラスのめあてを掲示するこ

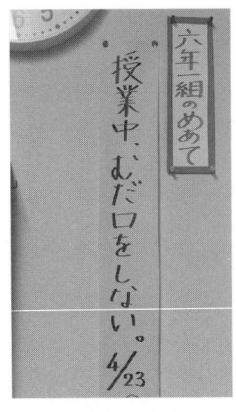

図1　4月のめあて

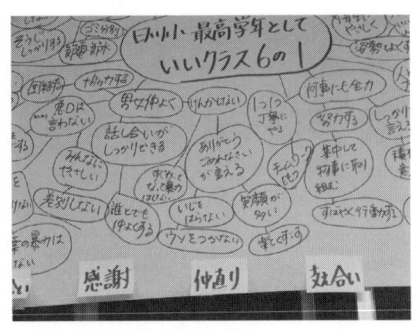

図2　4月のビッグカルタ

とにより，最高学年になった意識と活動への意欲が高まった（図1・2）。

3. 第1回学級力アンケート

　子どもたちは，学級力アンケートの集計結果をもとに作られた学級力レーダーチャートにとても関心が高い。昨年度よりも大きくなった円グラフを期待し，まず，個人で分析した。よくなったこととして「役割」があげられた。4月は，1年生の清掃・給食の手伝いをしたり，休み時間に一緒に遊んであげたり，体力測定でペアになりお世話したりする活動を仕組むことができたため，「1年生のために6年生としてがんばれた」「しっかりお世話ができた」という意見が多く出された。1年生との関わりの中で得た，最高学年としての仕事ができたという達成感は，子どもたちにとってとても大きかったようだ。また，修学旅行への取り組みもあり，様々なグループでの話し合いや事前学習が行われたため，「改善」についても高い評価だった。

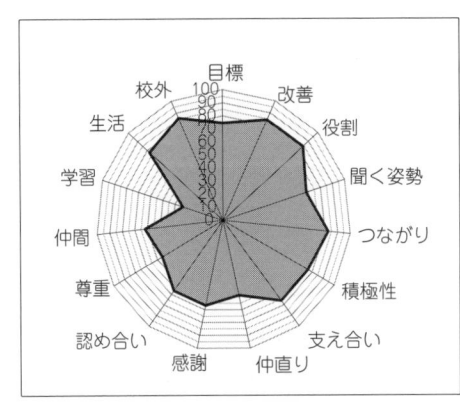

図3　5月の学級力レーダーチャート

第6章　日常的な取り組みのアイデア

図4　花丸をつけたビッグカルタ 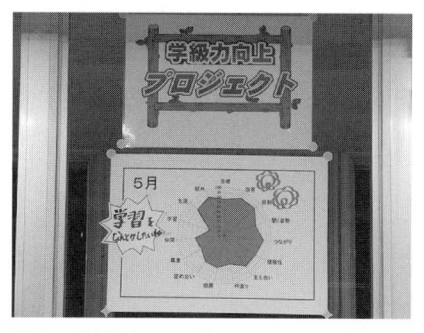　　図5　学級力レーダーチャートの掲示

　今年度は，学級力レーダーチャートの項目順にビッグカルタを作成し，1年間自分たちのがんばりをビッグカルタにも花丸で表していくことにした（図4）。花丸が増えるたびに，クラスの成長を感じられることを願っている。
　一方，よくなかったこととして「学習」があげられた。昨年から取り組んでいるにもかかわらず，なかなか数値が上がらない。そこで，具体的に自分が何をすれば「学習」がよくなるか，自分をどう成長させたらクラスのためになるのかを考えさせたいと考えた。

4. 個人ファイルの活用

　昨年度，総合的な学習の時間に，自己評価シートを学年で作成して取り組んだ。その自己評価シートを学級力向上に利用し，年間を通してやってみることにした（図6）。
　まずは，ビッグカルタを参考にしながら，自分にできていることとできていないことを見つける。次に，自分にできていないことの中から，「学習」に関することを1つ，他に自分の課題として伸ばしていきたいこと2つを選び，向上させたい力3つとそのめあてを記入した。現時点のレーダーチャートもあわせて作成した。
　そして，毎日のクラスのふり返りに加えて，ときどきほめほめタイムを行った。ほめほめタイムは授業が5分早く終わったときや道徳・学活の時間，帰りの会などに，ピンクの付箋に自分や友だちをほめる言葉を書いて渡した（図7・8）。ほめほめカードは，自分へ，同じ班の人へ，クラスの中でがんばっ

153

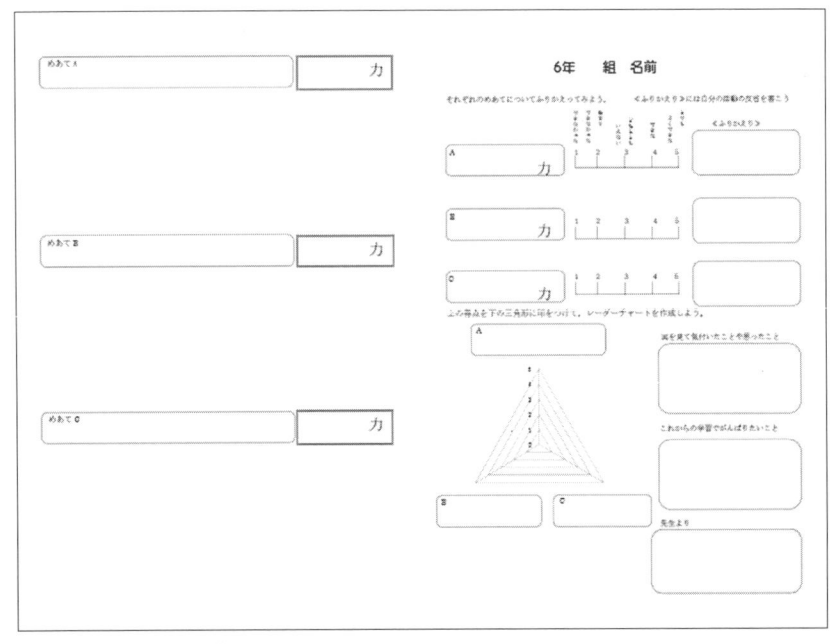

図6　学級力自己評価シート

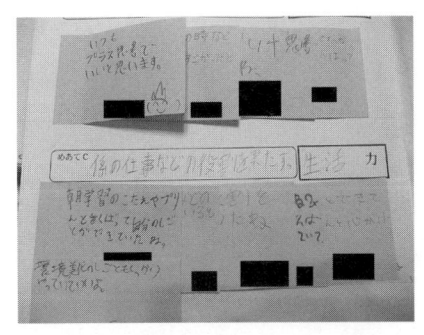

図7　ほめほめカード　　　図8　班になってほめほめタイム

ていた人へなど，変化を加えながら渡すようにした。また，ほめほめカードにはなるべく具体的にがんばっていたことを書いてあげるよう支援した。これをくり返し行った。そうすると，「先生，あと1枚書きたい人がいます」「今日は書かないの？」と子どもたちはほめほめタイムを楽しみにするようになった。

第6章 日常的な取り組みのアイデア

ほめほめタイムを行うことにより，目標に対する一人一人の意識が継続するようになった。そして，ほめほめ言葉が増えるにつれ，目標に近づいている自分を確認し，自信をつけていった。

5. 第2回学級力アンケート 〜7月・夏休み前のまとめ〜

学級力アンケートの結果（図9）を見ながら，今の6年1組を子どもたちが分析した。約2か月間の取り組みを終えて，「学習」に大きな改善が見られた。しかし，一方で「尊重」がかなり下がってしまった。みんなで理由を話し合った。「学習」を上げようとするあまり，注意する言葉が厳しくなってしまったことや，「やだ・うざい・きもい」などの言葉を軽い気持ちで使って友だちを傷つけていたこと，「陰で悪口を言っている人がいる」などの意見が出された。夏休み後は，「自分や相手がいやなことは言わないようにしよう」をクラスのめあてとして取り組んでいくことになった。

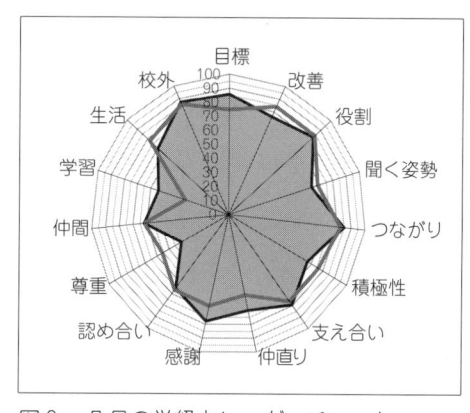

また，あわせて個人ファイルのまとめも行った。ほめほめカードを読み直しながら自己評価を行い，前回と違う色で個人レーダー

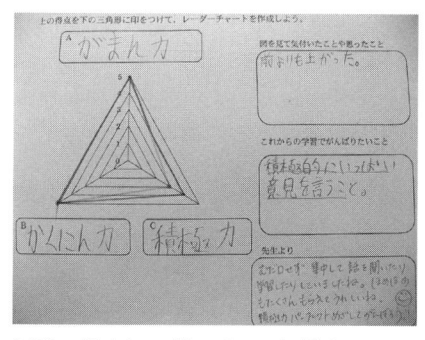

図9　7月の学級力レーダーチャート

図10　個人レーダーチャート例1 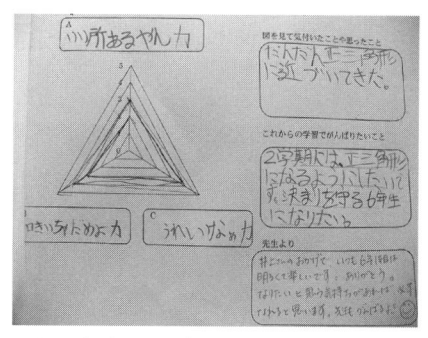　　図11　個人レーダーチャート例2

155

チャートを作成した（図10・11）。大きくなった三角形を見ながら，自分の成長を確認することができた。そして，次へのステップに向けて，十分に達成できた力については新たな力を課題として設定し，一人一人が自分とクラスのために取り組んだ。

6. 個人ファイルを活用してみて

　学級力向上プロジェクトに取り組んで，一番大切なことは，クラスや自分に対する問題意識を継続させることである。自分を俯瞰的に観察し，自分自身を見つめることができるようになってくる6年生の発達段階において，個人ファイルはとても有効だと思った。

　個人ファイルを使うことによって，7つの効果があった。
①自己分析の手順をわかりやすく提示できる。
②自分のよいところ・改善が必要なところをとらえることができる。
③評価の観点を，「積極力」などの自分らしい言葉で自己設定できるので，自己改善への意欲が高まる。
④自然とPDCAのサイクルを学ぶことができる。
⑤自分をどのようにして見つめ直すとよいのかを学び，前向きなとらえができるようになる。
⑥友だちからのほめほめカードやレーダーチャートは，自分の成長を確認する根拠となり，自己成長を実感できる。
⑦友だちからほめられ，認められることは，自尊心の向上にもつながり，クラスに温かい雰囲気を創り出すことができる。

　今後もほめほめカードを書く時間を確保し，また，カードに書く内容の質を上げながら，自分やクラスの成長を実感し，自信のもてる活動にしていきたいと思う。

「笑っていい友！」を通した人権教育

■福岡市人権教育研究会　所属：福岡市立内浜小学校教諭■
横江　寛

1. 4月新しいクラスの子どもたちと学級開き！

　学級開きの子どもたちは，期待と不安に満ちあふれた顔で私を見ている。どの子も私を注目し，まばたきを忘れているかのようであった。教師にとってもリセットの日ではあるが，子どもたちにとっても新たな気持ちになれる日であることをその態度からも感じることができた。その様子に圧力すら感じ，足を踏ん張らないと教卓から黒板に押されてしまうような勢いであった。

　私の第一声は「今日からこのクラスで一緒に過ごしていきましょう」。そして，始業式特有の時間を過ごし下校の時間になった。「では，今日の宿題です」「エー，先生今日から宿題ですか」「はい，そうです。今日の宿題は，どんなクラスにしたいか連絡帳に書いてきてください」「それだけですか先生」「はい，それだけです」。子どもたちのホッとした顔があった。

　翌日，子どもたちは様々な思いを抱き宿題を提出した。子どもたちの思いに目を通して，子どもたちに返却した後，学級会。「今日の学級会は，クラスの目標についての話し合いです」「昨日書いてきた目標を出し合い，6年2組の目標を決めましょう」「みんな書いてきたので，自己紹介も含めて発表してください」。このような形で学級会が進んでいった。実をいうとこの会の進め方には，私なりの考えがある。なかなか集団の前で即発表をすることが苦手な子どもたちも，予め準備していた文章を読むことで，初めての緊張感がみなぎっている教室でも少しでも力を発揮できるのである。子どもたちは，自己紹介とこんなクラスにしたいことを発表していった。

2. Aさんがクラスで輝くことを目標にした取り組みから

　Aさんは，学力について定着の努力はしているが結果として表れにくく，

友だち関係でも，子どもの言葉を借りると「激しい言葉で文句を言う」「放課後遊んでいても，すぐ人の悪口を言う」などのことから，人間関係をうまく取れないことが多かった。そのAさんをクラスの中心に据え，Aさんがクラスで輝くことを目標に取り組みを考えていった。

(1)「笑っていい友！」がクラスの目標に

　それぞれがクラスの目標としたいことを発表し，自己紹介していった。Aさんも書いてあることを読むだけ。いまになってAさんが何を書いたかは覚えていないが，私としては，みんなの前でAさんが発言できることを目標としていたので，その目標は達成した。

　「この中から，どれをクラスの目標にしますか？」。子どもたちは決めかねているようであった。そんなとき一人の子どもがつぶやいた。「クラスみんなが笑える友だちになればどんな目標だって達成できると思います」。子どもたちは口々に「オー！！　それいいな」と言った。

(2) 承認感を上げる第一歩

　学級目標も「笑っていい友！」に決定し，教室の前に目標を掲示した。ここで，Aさんを中心とした取り組みを入れていった。Aさんは，絵をデザインしたり描いたりすることがとても得意である。「Aさん，クラス目標のデザイン作成を中心になって進めてくれない？　誰か誘ってもいいよ。必要な材料は先生が用意するから」。Aさんは，数名の友だちを誘い翌日にはコンテを描いてきた。そして，数名の仲間と完成させ黒板の上に大きく掲示した（図1）。

(3) 集団づくり

　学級開きから1か月が経過し，クラスの雰囲気も安定してきた。私にとっても子どもたちにとっても，とても楽しい日々が過ぎていた。

　家庭訪問の期間である。ある保護者から「先生，今2階に友だちのAさんが来ています。でも，うちの子がどうしてもAさんを嫌がるのです。親としては，子どもに言い

図1　学級目標

聞かせているのですが，学校が終わったら，Aさんが家に来るのが嫌で居留守を使うのです。だから放課後一歩も外に出ないのです」と言われた。クラスの雰囲気が安定してきたと思った私は，鈍器で後ろから叩かれ，めまいを起こした気分で帰路についた。もちろん，1か月で学級集団がつくれるなんて長年の経験からも思ってもいないことであるが，それなりにクラスの中では，平穏にAさんもその他の子どもも過ごしていると思っていた。しかし，それぞれ辛い思いをしていたのだということを改めて知り，落ち込むと同時に明日からの闘志が湧いてきた。

（4）今日からが人間関係づくり，集団づくり再スタート

　福岡市人権教育研究会で人間関係づくり研究委員会に所属していることもあり，学級力アンケート（以下アンケート）に出会った。そこで，人権教育に欠かすことのできない集団づくりにいかせるものとして，アンケートを活用していくことを再スタートに選んだ。本来は，アンケートから言葉の力を育てる活用学習など様々な発展をしていくものであるが，私はアンケートを人間関係づくり，集団づくりのツールとして，意味づけ，価値づけをした。スタートは，6月の学級活動の時間からである。アンケートを取り，結果をレーダーチャートにしてクラスに提示する（図2）。

　それを見た子どもたちからは，「何これ」といった声がでた。これは，自分たちが答えたアンケート結果であることと，16項目について詳しく説明した。「関係修復」は「仲なおり」，「社会規範」は「外での決まり」などと表現した。来月のアンケートまで取り組む力は，一番落ち込んでいる部分に見える「関係修復」となった。

（5）意味づけ・価値づけ・方向づけ

　アンケート結果を使ったクラスの話し合いをアンケート後に行うことを告げ，会の名前をど

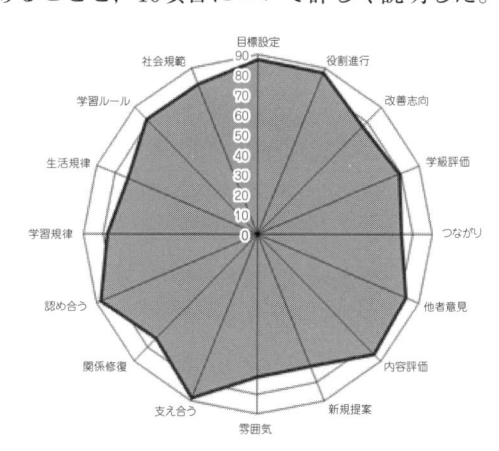

図2　6月の学級力レーダーチャート

うするかについて聞いてみた。会の名前は学級目標からとり，「いい友会」となった。会の流れは次のようである。①「みつけた！　学級の友だち，班の人，係」として，先月の学級力向上に取り組んだ友だちのよいところを書かせていく。②今月のレーダーチャート確認。③レーダーチャートで気になったことを発表。④クラス目標の決定（集団決定）。⑤イメージの花火（カルタ）作成。⑥イメージの花火をもとにした今月の具体的な取り組みの決定（自己決定），である。

　このアンケートをクラスに導入することで，クラスの状況を子どもたちが確認でき，次の目標に向かっていくことができる。そして，翌月にまたクラスの状況が自分たちで確認できるよさがあると考えた。もう1つは，アンケート結果の話し合い活動で，「教師と子ども」，そして「子どもと子ども」をつなぐ仕組みができるのではないかと考えた。そこで，①と⑤にはこだわりをもち大切にしていった。

　①については，まず，班でアンケート結果を確認し，1か月前から今日まで学級力向上のために友だちがしていたことについて記入させる。この作業を通して，Aさんをはじめクラスの友だちを承認することができ，常にクラスの友だちを意識していける。また，係の活動がクラスの学級力を上げるために必要であることも意識できる。次に，⑤の個人決定をするために，イメージの花火から，班の人たちと自分の意見などを線で結ぶことで，共有できる部分を必ず作ることにこだわりをもって進めていった（図3）。

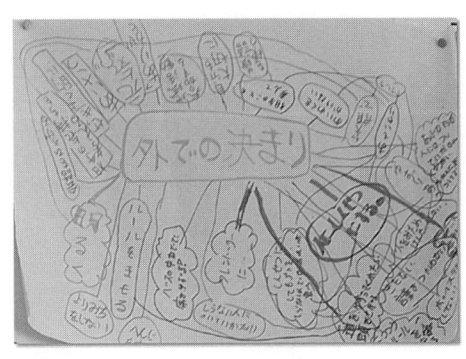

　Aさんをはじめとする子どもたちは，自分のがんばりを友だちが認めてくれたことを喜んでいた。また，イメージの花火では線で結ぶときに友だちの意見も受け入れ，また自分の意見もつながりがあることが確認でき，落書きを楽しんでいるかのように進めていた。

図3　イメージの花火

（6）学級力アンケートを継続させるために

　「いい友会」を重ねるごとに、子どもたちも慣れ、意識が薄くなっていった。しかし、これは子どもの課題ではない。教師の課題であることを肝に命じ様々な対策を練った。

　まず、自己決定した子どもの具体的行動や気持ちを表した言葉を座席表に書き込み、授業の中で本人が意識していなくても、具体的行動につながることがあれば、教師から子どもの言動を取り上げ、「学級力につながるね」などの声かけをしていった。子どもたちは、決定した具体的行動が続かない。しかし、教師の声かけで、「これもつながるんだ」ということがわかると様々な場面で子どもたちの意欲は持続していった。他にも、アクティビティに取り組む時間がないときなどは、帰りの会などで特に人間関係を意識できるものを選び、単発に行った。

（7）Ａさんの承認感の変化

　Ａさんのクラスの中での承認感が上がっていることが目にみえわかるようになってきた。そんなとき、評価テストの前日の授業で復習をおこなっていた。Ａさんは、隣の友だちと学習を進めているようにみえた。実際は隣の子に計算の仕方を習っていた。翌日評価テスト。そして後日テストを子どもたちに返す。一人ずつテストを返すのだが、私が「Ａさん」と呼ぶと、同じ班の友だちがＡさんに付き添って教卓に向かってきた。Ａさんにテストを返すとＡさんは笑顔。日頃よりかなりよい点数であった。横に付き添いのようについて来た友だちから間髪いれず出た言葉は「やっぱりね、昨日の計算理解していた。がんばっていたもん。いい点数とると思った」。Ａさんと友だちは笑顔で席に戻っていった。

3. Ｂさんを輝かせ、周りの子どもたちをゆさぶる授業から

　日頃の人間関係づくりやアクティビティで意味づけを行っていくうちに、レーダーチャートが100％に近くなってきた。子どもたちは結果に満足していた（図４）。

　そんな中、11月の「いい友会」は、学級活動の時間で行うことにした。今回の「いい友会」はゆさぶることを意図した授業を仕組んだ。そのために一人一

人のアンケートをみかえし，低い点数をつけている子どもに通常行っている日記を通して，なぜ点数が低いのかと質問していた。

返ってきた子どもの日記には，「私がもう少し大きな声で手を挙げて発言を多めにしたらいいのに。」「人や僕が授業中と関係ない話をしていたときなど，注意しなかったことが何度かあった。」「私はまだなんでも話せる！人が限られているので。」と自分やクラスをふり返りながら点数をつけた子どもの返事が多かった。

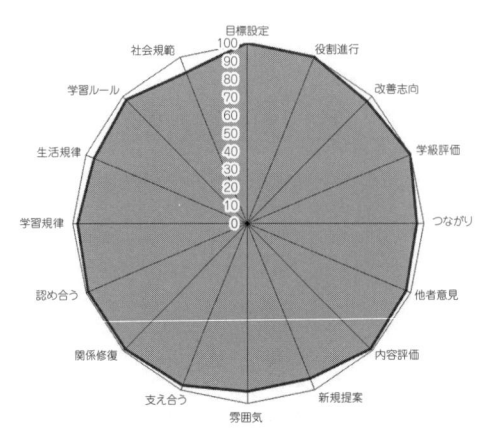

図4　10月の学級力レーダーチャート

その中でBさんは「友だちがからかったりするので2点にしました。」という返事であった。Bさんは，Aさんとともにクラスの中心で輝いてもらいたい子でもあった。この返事から，この授業でBさんを輝かせ，周りの子どもたちをゆさぶることを私自身の授業のめあてとした。

授業は，子どもたち主導でいつものように進んでいく。そして，今月のレーダーチャートからクラスのめあてを決めていくときである。私が日頃声を出さない場面で，「ちょっといいですか」「今回もいい友に近づいているみたいだね」「ところで，こんな大きくなった円だけど，この円には，全ての友だちの思いが入ってない」「入っていない友だちの思いを紹介するね」と言って，日記に書いてくれた子どもたちの文を誰が書いたかわからないように文章に少し手を加え紹介していった。

そして最後にBさんが書いた文章を読んだとき，からかっていた子の表情が変わった。普段は笑顔で満ちあふれる「いい友会」であるが，このときばかりはクラス全体のテンションが下がっていくような雰囲気を感じた。そして，集団決定で目標は，「支え合う」になった。最後に具体的な行動や思いを自己決定した。普段はここで「いい友会」は終了であるが，今回はこの後，自己決定を数名発表してもらい授業終了の予定であった。そこで，「誰か発表してく

れる」と子どもたちに尋ねると，よくＢさんをからかっていた子どもが「はい」と，一番に手を挙げ「『からかわない』に取り組みます」と発表した。自分が行っていた行動に対しての反省からであろう。それから，結局自分たちで挙手をして，全員発言で今月の決意表明をしていった。この授業後，Ｂさんから，からかわれているといった訴えはなくなっていった。

4. 最後に

　子どもたちが卒業を迎える時が近づいてきた。私は，アンケートを人間関係づくりや学級集団づくりの取り組みの一部として活用してきた。この１年間には，まだまだたくさんのドラマがあり，それを乗り越え子どもたちが成長したことはいうまでもないが，常に「いい友会」で自分たちをふり返り，友だちのことを考えていけた。

　最後に，１人の子どもの卒業文集を紹介して終わりとしたい。

　私は６年になって，１年間クラスで「笑っていい友」を目標にがんばってきました。クラスでは，学級力アンケートでグラフなどを使い「これからどうがんばっていくのか。」「ここをどうしたらよいのか。」など，いろいろなことを話し合いながら少しでも「笑っていい友」に近づけるようにしました。今は，前と比べてグラフも形になってきた。最初に比べると笑わなかった人も笑顔がみえてきたと思います。１つの目標を目指す事でクラスが明るくなったと思います。クラスの目標が達成できたら，色々なところで役立てることができるのではないかと思いました。私は，これからもクラスの事だけでなく，自分の目標として「笑っていい友」に取り組んでいきます。

カルタを活用したパラダイスタイム──見えてきた子どもたちの笑顔

■福岡県福岡市立原西小学校教諭■
小島　香

1. どんな気持ちで卒業式を迎えたい？

　異動した先の小学校で初めて6年生を担任することになった。楽しみでもあり，不安でもあった。1学期の始業式，初めて見る6年3組の子どもたちの顔は，どんな先生なんだろうという好奇心にあふれていた。その日，教室では自己紹介をした後，宿題を出した。

　「みんなにとっては小学校で過ごす最後の一年やね。まだまだ先のことかもしれんけど，卒業式をそれぞれがどんな気持ちで迎えたいか考えてきてね。それが今日の宿題です」

　次の日，子どもたちはそれぞれ考えてきたことを出し合った。「感動する卒業式にしたい」「1年間楽しかったって思えるような卒業式がいい」「この6年生はがんばったよねってみんなに思ってもらいたい」，様々な意見が出た。

　「じゃあそんな卒業式を迎えるためにどんな学級になったらいいかな？」

　子どもたちの意見は4つに分類された。

・友だちを思いやること
・友だちと話し合うこと
・友だちとけじめをつけること
・友だちと楽しむこと

　これがそのまま6年3組の学級目標となった。そして，学級は先生がつくるものではなく自分たちでつくるものなのだと話をした。

　子どもたちは男女の仲が良く，よくも悪くもお互いのことをよくわかっていた。しかしその反面，親しいがゆえの攻撃的な言葉や女子のグループ内でのトラブルが課題であった。5月の運動会を目前にひかえ，失敗したときのお互いの声かけを考えるために初めてカルタを使った。「スポーツマンシップとは」

第6章 日常的な取り組みのアイデア

を中心にそれぞれが考える言葉を話し合った。また、「友だちとは」を中心に「自分はこんな友だちでありたい」「こんな友だちがほしい」というカルタを書いた（図1）。この2つは子どもたちがどんどん意見を出し、私が書いていく形式で行ったが、子どもたちの書きたいという意欲を引き出すには充分だった。

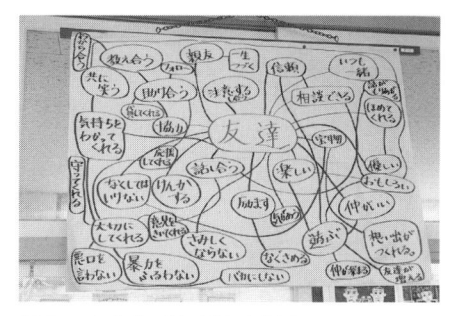

図1　カルタ「友だちとは」

　6年生を担任すると決まったときから福岡市人権教育研究会研究推進委員学習会で学んだ学級力を高める取り組みをしようと決めていた。そこで、子どもたちに学級力アンケートを行うことを提案。アンケートの結果や、そこから見えてくる課題、今後の取り組みを話し合う会議の中で、アイデアを出し合うためにカルタを書くことを伝えると、子どもたちからは「やりたい！」という声があがった。そして、学級力について話し合う会議の名前を決めようということになった。

　「この会議をすることでどんなクラスになったらいい？　それがぱっとわかることばがいいね」

　子どもたちからは「きらきら」「みんなが主役」「フレンド」「スター」など色々な意見が出た。その中で1人の男子が、
「パラダイスって言葉はとても幸せなイメージがある。学校では楽しいこともあるし、苦しいこともある。でも一人で笑うときより、みんなで笑うときのほうがわくわくするし、一人で落ち込んでたらなかなか抜け出せないけど友だちがいると、なんとかなる、とかがんばろうっていう気になる。みんなにとってこのクラスが楽しい、ここでがんばるっていう気持ちになるといい。それはパラダイ

図2　パラダイスタイム

165

スって言葉が一番合うと思う」
という意見を出した。「おぉ～」と納得の声を出す子，うんうんとうなずく子，拍手をする子。結果全員一致で「パラダイスタイム」という名前に決まった。

2. 自分たちで解決したい！

　そんな中でも女子のトラブルは一向に減らなかった。何かあるたびに，皆にアイデアを求めたり，当事者たちと話し合ったりする時間をとってきた。減らないことに私は焦りや不安やいらだちを感じていた。「なぜ同じことを繰り返すんだろう。もっと違うやり方を考えた方がいいのだろうか……」。
　1学期の終わり，放課後に5人の女子が私のところに寄ってきた。
「先生，トラブった。話し合いがしたいっちゃけど」
「またか……」と思いながらも，
「わかった。じゃあ話し合おうかね」
と言うと5人が顔を見合わせていた。いつものほっとした表情ではなく，緊張感があった。いつもと違う……。
「どうしたと？　話し合うっちゃろ？」
「うん。でも今日は先生は話し合いに入らんでいいよ。自分たちで解決したいけん。でもこじれたら嫌やけん，そばで聞いとってほしい」
「先生どうにかして」という今までの彼女たちの雰囲気とは違う言葉に驚いた。話し合いはスムーズに進んだわけではなかった。言葉に詰まることもあったし，堂々巡りをすることもあった。私が入る話し合いよりも倍以上の時間がかかった。しかし，5人それぞれが自分の感じたことを話し，お互いの思いを知り，納得することができた。誤解があったこともわかった。話し合いが終わったとき，子どもたちの顔には満足感と達成感が見られた。話し合いの後，子どもたちに聞いてみた。
「あなたたちが自分たちでって言ってくれたのなんか嬉しかったぁ。でも何で自分たちで解決したいと思ったの？」
「うーん。不安もあったけどやってみたいって思ったと。卒業してからもおなじことがあったとき自分たちで解決せないかんし。いつも誰かが入ってくれるとは限らんし」

子どもたちが今の自分たちの関係を卒業後のことも見据えて考えてくれているのがわかった。「またか……」と思っていた自分の気持ちがなんだか恥ずかしく，話し合ってきたことが子どもたちの成長につながっているように思えて嬉しかった。

3.　「これ書いていいですか？」

　6年3組には特別支援学級の「そよ風学級」から交流に来ているA君がいた。交流の時間は限られている。しかし，お客さんでいてほしくはなかった。できることできないことはあるが，周りにもA君本人にもクラスの一員であることを感じてほしかった。子どもたちには「A君も6年3組のメンバーだから」と話をしていたが，話をしたからといってそう感じられるものではないということもわかっていた。A君にとって「パラダイスタイム」の話し合いに入ることは難しいことかもしれないと感じていた。けれども，クラスのことを話し合う時間に皆と同じ空気を感じてほしくて，まずは参加することからと考えた。

《パラダイスタイム1回目》
　カルタを書くときにA君のそばについた。書く言葉を一緒に考え，1つだけ書いた。

《パラダイスタイム2回目》
　自分で言葉を思いつくと私に，
「これ書いていいですか？」
と聞いてきた。誰かと同じ言葉でも，少しわかりにくくても，
「いいよ」
と答えた。そのやりとりで言葉を4つ書くことができた。そこで書いたものを私が友だちのものとつないでいった。

《パラダイスタイム3回目》
　自分でどんどん言葉を書くことができた。自分の言葉と友だちの言葉を進んで線でつなぐことができた。何よりも周りが自分の言葉をつないでくれたのがうれしかったようだ。自分の目標もカルタの中の言葉から選んで，自分でたてることができた。後で「そよ風学級」の先生に話を聞くと，とても「パラダイ

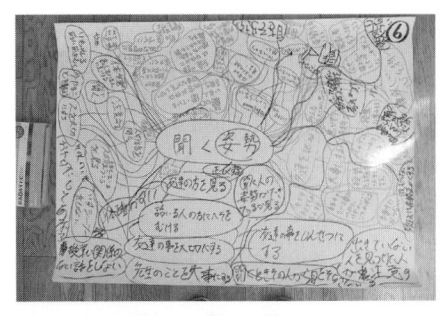

図3　模造紙いっぱいに埋まったカルタ

スタイム」を楽しみにしていること，クラスの今の様子を考えていることがわかった。

この頃，子どもたちはカルタを書く時間をとても楽しみ，他の学習でもやりたいという声があがっていた。また，最初のころは模造紙半分を12分間で埋められなかったのが7分間で埋まるようになっていた。

4.　「それがD子やけん」

2学期の末になると，何かトラブルがあったときには，男子も女子も話し合うという姿勢が生まれてきた。

3学期のある朝。教室に入ると女子が車座に座り，話し合っていた。このクラスでは何か腹を割って話そうというとき，担任から子どもたちに相談をもちかけるときは皆床に座り，車座になって話をしていたからだろう。

「こんなに人数がいて1人が一方的に責められるんじゃないだろうか……」
という心配をしながら，言葉を挟むのを我慢した。話し合いに参加していたB子が，
「性格が合う合わないはあるよ。でも，C子が言ってるD子の嫌なところは誰かに迷惑をかけてるとこじゃないし，もっている雰囲気やろ。それがD子やけん」
と言った。
「そうやね。そうじゃなくなったらD子じゃないよね」
「そんな人もたくさんおるよ」
周りがC子へ話しかける口調は温かく，攻撃的なものではなかった。私の心配をよそに子どもたちはとても穏やかでにこやかに話し合いを終えた。

B子が言ってくれた言葉と温かい雰囲気で話し合いを終えたことは，一日のクラスのスタートをとても気持ちのよいものにしてくれた。

子どもたちの間では「できるようになったからいいや」ではなく，「ここは

自分たちのいいところだからちゃんとやっていこう」という空気も生まれていた。それによって，自分たちのできているところ，がんばっているところを認識できるようになり，自信をつけていた。

5.「みんなと一緒に笑う」ということ

　騒がしく楽しいことばかりに走りがちな6年3組の中で，何事にも真面目に真剣に取り組むE子。1学期の最初に友だちからきつい言葉を言われた子である。話し合った後も彼女が傷ついたことが気になっていた。E子のよさをみんなにも気づいてほしかったし，E子にも真面目なところを長所として自信をもってほしかった。「パラダイスタイム」では彼女の真面目さもいいほうにとらえられ，がんばった人の中でよく名前があがった。お楽しみ会の出し物で，女子全員でダンスをすることになったときは，恥ずかしがっていた最初と違い，積極的に教えてもらったり練習をする姿も見られ，友だちに対する憧れが，自分を卑下する方ではなく，自分もそうなりたいと行動に表れるようになっていった。また，自分にも人にも厳しいゆえに，なかなか人をほめる言葉が出なかったのが，パラダイスタイムの中で積極的に「友だちのがんばっていたところ」を発言できるようになった。2学期半ばまで笑うときもうつむいて笑っていたし，声を出して笑うことはなかった。そんなE子が修学旅行後から徐々に顔をあげて笑うようになり，3学期は声をあげて笑う姿もよく見られた。友だちとの会話も増え，本人も話しかけやすい雰囲気になっていった。
　実際にE子が自分に自信をもてたかどうかははっきりとはわからない。それでも，顔をあげて皆と笑い合えるようになったことがE子の気持ちの変化であることには違いない。

6. このクラスでもう1年過ごしたい

　卒業式の前日，卒業アルバムが皆の手元に届いた。文集の中の寄せ書きには，皆への感謝の気持ちが書かれていた。「6の3楽しかった」「6の3でよかった」「6年生がこのクラスでよかった」などなど。それを見ながら私は思わず子どもたちに問いかけた。
　「この1年どんな1年だった？」

7月

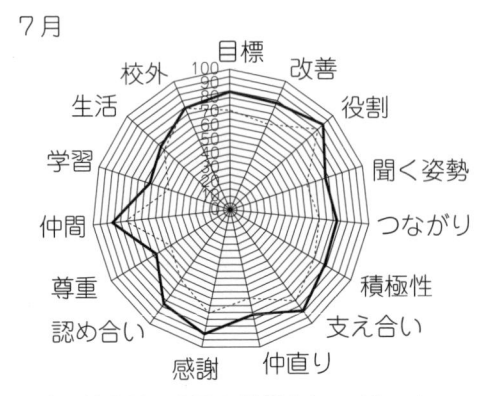

図4　第1回，2回の学級力レーダーチャート

12月

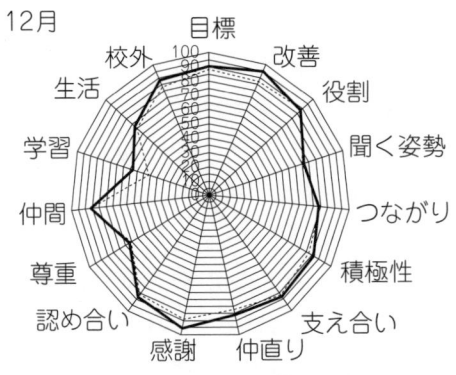

図5　第5回の学級力レーダーチャート

「楽しかった」
「たくさんの人と遊んだ」
「いっぱい怒られた」
「めっちゃ話し合いしたよね」
そんな中，1人の女の子が手を挙げた。
「私はね，この6の3でよかった。楽しかったことばかりじゃないけどそれでもよかった。中学に入ったらクラスがバラバラになるのが残念。もう一度このクラスで1年間過ごしたい」
彼女の言葉に拍手が起きた。確かに楽しいことばかりではなかった。成長をしていたとはいえ，トラブルは度々起きたし，学級目標も達成されていたとはいえないかもしれない。
年5回行った学級力アンケートのレーダーチャートも落ち込んでいるところはまだまだあった。しかし，第1回から第2回の間に大きく成長したし，第5回のレーダーチャートは，バランスよく大きな円を描くようになっていることがわかる（図4，5）。パラダイスタイムを始め，アクティビティや日々の話し合いの中で子どもたちはクラスのことを考え，友だちを意識するようになった。子どもたちの言葉はクラスを締めくくる言葉として，とても素敵だった。私自身もこのクラスの担任ができたことを幸せだと感じたし，子どもたちを愛おしく手放したくない気持ちになった。6年生を担任することの喜びを教えてもらった。
　こんな気持ちをもたせてくれた子どもたちと大切な時間を共有できたことに感謝。

マインドマップを活用したスマイルタイム

石川県小松市立芦城小学校教諭
島田　佳奈

1. 子どもたちの言葉にドキドキ！

（1）スマイルタイムの流れ

　私が小学校6年生の学級で行っているスマイルタイムは，以下のような流れである。

①レーダーチャートを見て分析（課外15分）

　事前に，学級力アンケートのレーダーチャートを個々に配布し，自分の意見をもってスマイルタイムに参加する。子どもによっては，配布したレーダーチャートに自分の意見をメモしている。クラス全員で輪になって床に座り，お互いの顔を見て話ができるようにする。

・よい数値の項目についてどうしてよくなったのか
・よくない数値の項目についてどうしてよくないのか

　この2点について，具体的に意見を出し合う。輪の中央にレーダーチャートを貼った模造紙を広げ，子どもたちから出た意見をマインドマップに書き込んでいく方法で記録を取る（図1）。マインドマップを取り入れた当初は教師が書いていたが，徐々に記録役の子どもが行うようにしている。

②課題として取り組む力（項目）の決定（特活45分授業のうちの導入5～15分）

　①を受けて，「次はこの力をのばそう」という項目を決める。このとき，担任の「この項目を取り組んでほしいな……」という思いと子ども

図1　輪になって行うスマイルタイム

たちががんばろうと決めた項目が違うこともある。担任の思いと重なるように誘導したこともあったが，見守ることが多い。担任の意図と違う項目であっても，具体的な取り組みを継続していくと，担任が望んでいた項目の数値も自然に上がってくることが増えてきたからである。

③具体的な取り組みを考える（特活45分授業のうちの25～30分）

②で決定した項目について，みんなでがんばっていけるような具体的な取り組みを考える。グループごと（3～4人）で意見を出し合い，各グループのアイデアを1～2つにまとめて，全体に発表する。それぞれのアイデアについて質問したり，付け加えたり，合わせてよりよいものを生み出したりしながら，全員で取り組むことを絞っていく。

(2) 子どもたちの言葉の変化

　私自身，スマイルタイムで子どもたちが話し出すときは，毎回ドキドキする。スマイルタイムは，全員必ず自分の意見を言う約束で進めているため，いつも活発に発言する子はもちろんだが，普段なかなか挙手をしない子が発言したとき，「えっ！　あの子がこんなことを考えていたのか」「そっかぁ。そんな風にみんなのことを見ていたんだね」という，うれしい驚きのドキドキが，たくさんあるからだ。

　第1回目の学級力アンケートは5月に行った。アンケートの結果から，学級に対してわりと前向きにとらえている子が多いということがうかがえた（図2）。

　結果がレーダーチャートとして出ると，子どもたちも嬉しいようである。

「配達ボランティアをしてくれている人が，いつも同じじゃなくて，気づいた人がしているから"支え合い"が高いのだと思う」

「先生からプリントをもらうときに，ありがとうと言えている人がたくさんいるから"感謝"が高いのだと思う」

「朝自習の時間にまだ少ししゃべってしまう人がいるから，"学習"が低いのだと思う」

「授業で発言する人が決まっていて，ノートに考えを書いているのに手を挙げてない人がまだいるから，"積極性"が低いのだと思う」

　数値の高い項目の分析は，意見がより具体的に次々と出てくる。数値の低い

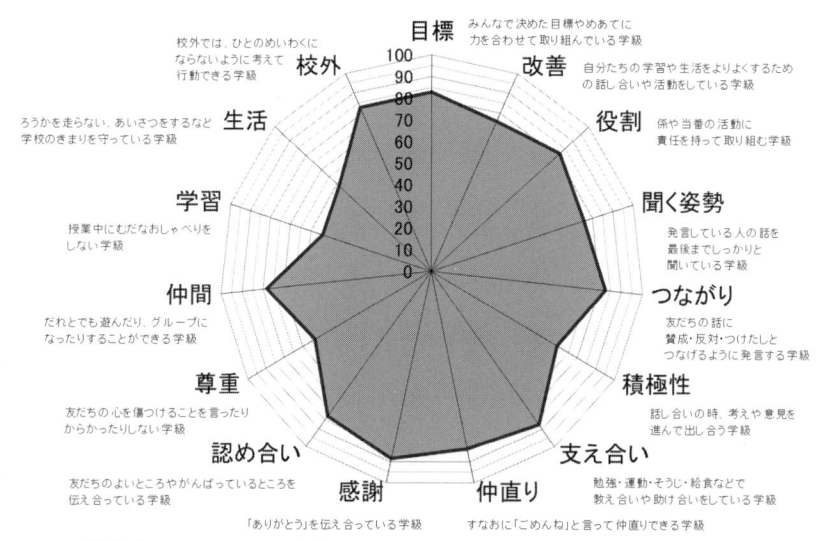

図2　学級力アンケートの結果

項目に関しては，次月に課題として取り組むことを決めるので，どういう場面でどんなことができていないのか，より具体的に出すように伝えている。

分析が終わると，いよいよ，次月に取り組む力の決定である。このとき，子どもたちは，"生活"の項目に注目して意見を言い始めた。確かに他の項目に比べると数値はよくないほうに入る。しかし，私の心の中は，「う〜ん，"生活"かぁ……4月からの様子からだと，"積極性"を上げてほしいのだけど……。それに，"生活"だと，具体的な取り組みのアイデアを出すことが難しそうだなぁ……"積極性"に変わっていくような意見がでないかなぁ……」と，少々不安で，もしかすると渋い表情を浮かべていたかもしれない。しかし，"生活"をのばしたいという意見をしばらく聞いていると，

「今年の前期の児童会のスローガンが，あいさつをがんばることになっていて，最高学年の6年がまずできていないと手本になれないから」

「生活委員であいさつ運動をしているけれど，まず6年が友だちにも友だちじゃない人にもあいさつできるようになったほうがいいと思うから」

「廊下を走っている人に『走るな』と言われても聞くはずがないし，僕らがちゃんときまりを守れないと，学校の顔になれないから」（←6年生は，下学

年にも地域の人たちにとっても，この学校の印象を伝える学校の顔なのだと4月当初に伝えていた）

「正直，今まで廊下を走ってしまっていたけれど，これを機にちゃんとして手本になりたいから」

など，君からそんな言葉が出てくるなんて！　と驚きの連続であった。私が何を言ったわけでもないが，「学校のために」「学校のリーダーとして」という意識のもとで意見を言う子が多かったのだ。学級力を向上させるための取り組みなのだが，子どもたちの中に「最高学年なのだから，まず自分たちが手本に」という「学校力向上」の意識が強くあることを知れた。

この学級では，5年生時より，スマイルタイムを行っていて，継続して行うことによる子どもたちの言葉の変化に本当に驚き，成長を感じたドキドキする時間であった。

次の学級力アンケートの結果では，その成果がぐんと表れ，子どもたちも大いに喜んだ。そして，また次の取り組みへとつながっていった。

2. マインドマップを使うよさ，難しさ

（1）マインドマップとは？

前述したように，子どもの学級力向上の意識をさらに高める取り組みとして，スマイルタイムにマインドマップを取り入れた。

マインドマップは，トニー・ブザン氏がレオナルト・ダ・ヴィンチやエジソンといった天才たちのノートを研究し発展させたもので，注目されている発想法のひとつである。その魅力として，色や絵といった五感にうったえる刺激を使うことで，右脳と左脳の両方がはたらき，脳がより活性化されることが挙げられる。

本校では，発想を広げたり，情報を整理したりするときのツールとして，マインドマップを使っている。思いついたことを放射状にかいていくことで考えやアイデアをふくらませたり，多くの情報をキーワードにしてまとめたりすることができるので，どの教科でもその有効性を生かせる便利なツールである。

子どもたちの他教科でのマインドマップの定着度を見て，スマイルタイムでもマインドマップをとり入れている。

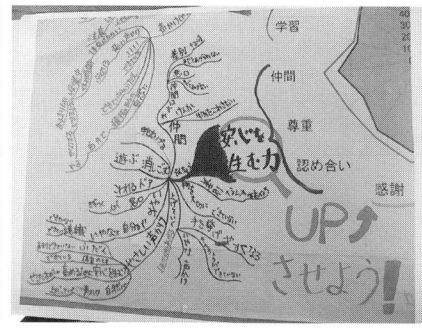

図3　マインドマップでまとめる様子　　図4　取り組む力についてのマインドマップ

(2) スマイルタイムで活用してみて

スマイルタイムでマインドマップを使ってみて，以下のようなよさ・難しさを感じた。

①よさ
・友だちの意見を要約して書けるようになる（キーワードは何か考えながら聞き，書く）。
・書く言葉に困ったときは，みんなで相談しながらキーワードは何か考え出すようになる。
・カラフルになり，でき上がったときに満足感が得られる。
・模造紙に書くので，掲示として残しておける。
・板書していくよりも，時間がかからない。
・放射状でかいていくため，紙いっぱいに意見が出るようにという意識になり，発表が活発になる。
・マインドマップを見ながら関連した意見を言おうとする。そうなると，子どもたちの意見が集中する項目はマインドマップの枝も多く伸びる。「どうやらこの項目があまりできていないから，次回は取り組んだほうがよさそうだな……」と，子どもたち自身が自然に次回に取り組む力（項目）を意識することができる。

②難しさ
　記録役の子どもがマインドマップをまとめる場合，字の大きさや書くスピード，要約する力（キーワードを聞き取り，短くまとめて書く力）など，子ども

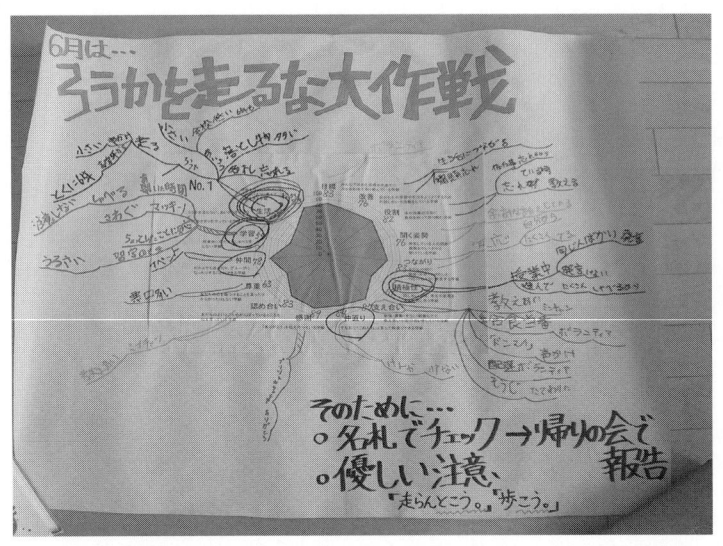

図5　スマイルタイムでまとめたマインドマップ

によって差があり，時間がかかってしまうなどの課題もある。回数を重ねるごとに「慣れ」て，よくなってはいるが，他教科でもマインドマップを活用し，定着を図る必要がある。

　また，記録役の子どもの判断で意見が書き込まれていくため，教師にとっては「今の意見はこう書いてほしいな」「意見が集約されすぎて，きちんと模造紙に残らなかったな」という複雑な思いになることも正直ある。しかし，「こう書いたほうがいい」「こう書き残してくれ」など，教師の出場が多すぎると，子どもたち自身で話をまとめて書く場をうばってしまうことになる（もちろん，書き方や話の進め方など指導が必要なときは教師が声を出す。が，徐々に教師は見守る時間を長くし，子どもたち同士で自分たちの学級について考え，目指す方向を決めていくことが理想のスマイルタイムかな……と考えている）。そのため，教師の出場の加減が難しいと，いつも思う。

3. 決定した取り組みを継続させるために

　マインドマップの他にも，実践の成果を上げるために，次のような取り組みを工夫して実践した。

第6章　日常的な取り組みのアイデア

図6　パズル完成を楽しみに

(1)「見える化」する

　高学年であっても，自分たちで決めた取り組みをがんばっているのだということを目に見える形で表すことは大切だと思う。担任の声かけ以外に，掲示板や黒板，廊下や名札など，子どもの目に触れさせることで，「そうだ，これをがんばっているのだった」と，日々意識して継続できるのだ。これまで，いくつか実践した中から，効果的であったものを2つ紹介したい。

①パズル完成を目指そう！

　「みんなでがんばっていることが毎日わかるように，何かに表したいのだけれど，アイデアないかなぁ」と，子どもたちに求めたときに出てきたアイデアをそのまま実践してみたものである。パズルを用意し，みんなで決めた取り組みが全員できたときに1ピース貼り，1か月で完成を目指すというものである（図6）。ちなみに，完成してできるパズルは，学級で飼っている"カメ"の写真であった。子どもたちはカメを大変かわいがっていた。パズルの完成図を決める話し合いでは，「クラスみんなの顔」「担任の顔」などの意見が出たが，パズルはくねくねした形に切らなければならず，人の顔を切るのはなんだか嫌だと意見を出してくれた子がいた（だからといってカメはいいのか!?とも思ってしまうのだが）。

　このときは，みんなの愛するカメちゃんの完成を目指し，モチベーションを継続できたように思う。その際，一人一人が自分の力を伸ばすことで学級力を

177

高めるための方法であって，パズルの完成が全てのゴールではないことを伝えながら，日々取り組んだ。

②自分がんばります！宣言〜はがき新聞を使って〜

　取り組みが決まった後，さらに具体的に自分はどんな場面でどんなことをしていくのかを，はがき新聞にまとめて，グループ発表をした。時間がないときは発表までできないが，スマイルタイム後は必ずはがき新聞に自分のがんばることをまとめ，掲示する。紙のサイズが小さいので書くことが苦手な子にも負担が少なく，短い時間で行える（慣れるまでは時間はかかるが）。

　教室の後ろに掲示したり，学級通信で紹介したりすることで，新聞のレイアウトだけでなく，書く内容に目を向けさせ，意識を高めることにつながった。

（2）朝の会，帰りの会を上手に使う

　一人一人の意識が継続できるよう，1日の始まりに朝の会でめあてを設け，1日の終わりに帰りの会でふり返りを行い，その結果を具体的に「見える化」するという流れにすることは，モチベーション維持につながる。

　しかし，朝の会は1限目の授業が始まるまでに終わらせる必要があるし，帰りは，子どもたちはとにかく早く帰りたいという思いがあるだろう。また，担任にも子どもたちにも過度な負担にならないことが大事である。気持ちの中で「あれもしなきゃ」「これもしなきゃ」となってくると，上辺だけの取り組みになりかねない。大事なポイントはとにかく「短時間で」ということ。そのため，30秒で，1分で，と時間の目安を決めて行う。

　方法は，1人でめあてを決めて1人でふり返る場合（挙手で，日記で，当番が代表して言うなど），ペアで行う場合，グループで行う場合，様々ある。短い時間ではあるが，よい発言や意見をとりあげるなど，いい内容をどんどん学級全体に伝え，価値づけていくのは担任の役目である。

　そのときの取り組みの内容によって，どんな手立てをとると"やりっぱなし"にならず，子どもたちが自主的に行い，意識が継続し，力をつけていくことができるかを考え，試行錯誤しながらもやってみる，また改善する，を繰り返しながら行うことが大切だと感じている。

学級目標と関連づけた取り組み

岐阜県大垣市立興文小学校教諭
林　英治

1. 学級目標を常に意識した生活を目指して

「きみたちの学級目標は何？」と聞いたとき，すぐに答えられる児童はどれぐらいいるだろうか？　さらに「その目標には，どんな願いがこめられているの？」「学級目標に向かって，今は何をがんばっているの？」と聞くと，はっきり答えられる子どもはさらに少なくなると思う。

学級目標は，一年を通して，その学級がどんな姿を目指すかを具体的に表したものである。したがって，子どもたちがいつも学級目標を意識して学校生活を送らせたいと担任は考えるものである。しかし，学級目標が達成できたかどうかを子どもたちにふり返らせても，「授業にみんなで一生懸命取り組んだから，学級目標は達成できたと思います」「ときどき，けんかをしている子がいるので，まだ学級目標は達成できていないと思います」というように，子どもたちが，今の生活をふり返って，できている面とできていない面をあげて達成できたかどうかを判断することが多かった。このような学級目標のふり返りでは，単純に今の生活をふり返り，よい悪いを判断しているだけに過ぎない。

そこで，より学級目標の達成に向けて，学級の仲間と共に具体的な目標をもち，積極的に学級をよりよくしていこうとする気持ちをもたせたいと考えたのが，「学級目標ふり返り表」である（図1）。

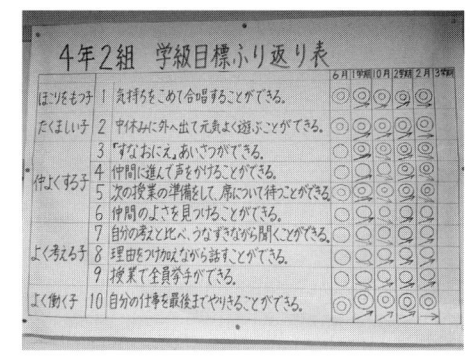

図1　4年2組学級目標ふり返り表

4年2組の学級目標は、「何事にも全力でがんばる本当の仲間」である。4月、学級目標が決定した後に、子どもたちに「この学級目標を達成するには、学級としてどんな姿になっていないといけないだろう」と問いかけた。「仲間に進んで声をかけることができると、学級目標の『本当の仲間』の部分が達成できると思う」などといった意見が出された。出された意見を学校目標の具体的な姿である「ほこりをもつ子　たくましい子　仲よくする子　よく考える子　よく働く子」と関連させながら、学級目標を達成するための具体的な10項目を決定した。何をどのようにすべきかがはっきりした項目にすることで、達成の度合いが明確になる。

　6月にふり返りをしたときには、「『仲よくする子』『よく考える子』の目標の結果があまりよくなかったから、特に元気よくあいさつすることと授業での発表をがんばっていきたいと思う」といったふり返りの意見が出され、一日の目標を「全員挙手」とする日が多くなるなど、学級目標を常に意識した生活をしていこうという雰囲気を創り出すことができた。

2.　学級のよさ・改善点に自分たちで気づけるように

　「学級目標ふり返り表」の項目は子どもたちの話し合いを通して決定され、それぞれの項目について、達成の度合いがわかる。しかし、学級全体を見たときに、どんな力がついていて、伸ばさなくてはならない力は何かがはっきりと見えにくい。教師が意図的に目標をすべて決定するわけではないため、学級の状態をより客観的に見ることができないところが問題であると感じた。そこで、「学級力アンケート」を活用することにした。「学級目標ふり返り表」と関連づけることにより、学級の実態がより把握でき、子どもたちが何に取り組んでいくとよいかがわかりやすいと考えたからである。

　6月に行った「学級力アンケート」の結果は図2のようである。

　レーダーチャートを見ると、「話をつなげる力」「きまりを守る力」が弱く、「安心を生む力」「支え合う力」がある学級だという結果が出ている。そこで、「学級目標ふり返り表」の結果と合わせて子どもたちに見せ、気づいたことを出し合わせた。

　「『きまりを守る力』が弱いのは、『学級目標ふり返り表』でも同じ結果に

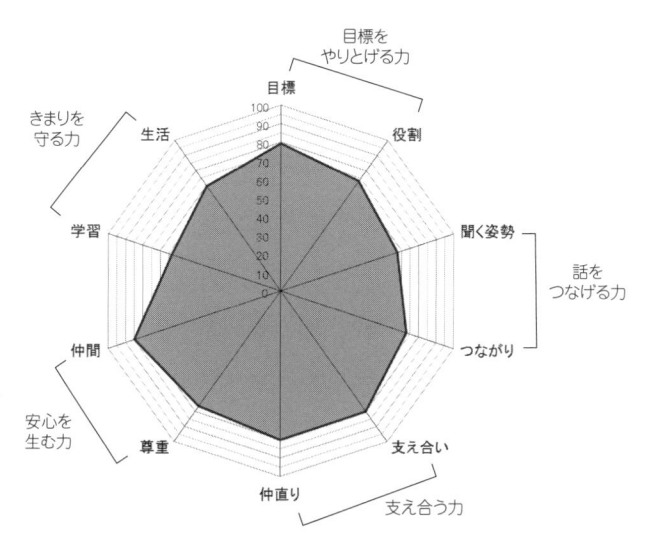

第6章　日常的な取り組みのアイデア

図2　6月に行った「学級力アンケート」の結果

なっていることに気づきました。『ろうかを走らない、あいさつをするなど、学校のきまりを守っている学級です。』ができていないのだから、進んであいさつをすることをがんばらないとよくならないと思いました」

「『ふり返り表』で『自分の考えと比べ、うなずきながら聞くことができる。』ができていません。『学級力アンケート』でも、『発言している人の話を最後までしっかりと聞いている学級です。』ができていません。同じ結果が出ていると思うので、友だちの話に反応しながら、聞くことをがんばるとよいと思いました」

このような意見が出され、話し合いの結果、「あいさつ」と「話の聞き方」を改善していくことになった。

3. 明るく元気なあいさつができる学級を目指して

あいさつについては、学校の4，5月の生活目標であり、意識して取り組んできたはずであった。しかし、「学級力アンケート」や「学級目標ふり返り表」でも、できていないという結果になった。私は、もっと多くの子どもたちが元気よくあいさつできていると思っていると考えていたため、子どもたちの意識とのずれに気づかされることになった。そこで、「どんなところで、みんなは

あいさつができていないと思うのかな？」と子どもたちに尋ねてみた。すると，学級で一番元気のよいA男が，
「学校の門に立っている先生には，元気よくあいさつができるけど，教室に入ってきたときに，学級の仲間へあいさつできていないから」
「授業を始めるときや終わりのときのあいさつがいつも小さいから」
「ものをもらうときに言う『ありがとう』や，渡すときに『どうぞ』という言葉が言えていない子がまだ多いから」
という答えをした。A男の発言は，あいさつが元気よくできるときとできないときがあり，そんな自分の姿を見つめ直したものだと思われた。そこで，さらにあいさつで目指したい姿はどんな姿か，全体で意見を出し合うことにした。

A男「朝だけでなく，いつでもどこでも元気よくあいさつができるとよいと思います」
B子「教室へ入ってきたときに，『おはよう』と言ったのに，ほとんどの子があいさつを返してくれなかったので，悲しかったです。だから，あいさつされたら，元気よくあいさつを返せるようにしてほしいです」
C男「授業の始めと終わりのあいさつを元気よくできるようにしたいです」
D男「プリントを渡しても，何も言わないで持って行く人がいます。だから，渡されたら『ありがとう』と言えるようにしてほしいです」
T　「あいさつをしたり，されたりしたときは，みんなはどんな気持ちになったのかな？」
E男「あいさつをされると，気持ちがよいです。自分があいさつをしたときでも気分がよくなります」
T　「ということは，あいさつに取り組むことで，どんな力がつくと考えられるかな？」
F子「『ありがとう』と相手に話すことは，『学級力アンケート』にある『ありがとうを伝え合っている学級です。』をよくすることと同じになるので，『友だちを支える力』がもっとついてくると思います」
G子「朝，教室に入ってきた仲間に大きな声であいさつを返すことは，『話し合いの時，考えや意見を進んで出し合う』力や『発言している人の話を最

後までしっかりと聞く』力がつくと思います」

このように，あいさつで目指す姿を考えながら，「学級力アンケート」との関連を明確にしていくようにした。この話し合いの後，A男は，それまでできなかった，朝教室に入ってきたときに大きな声であいさつすることができるようになってきた。周りの仲間も，あいさつを通して，お互いの気持ちが伝わり，学級全体が温かい雰囲気になってきた。

4. 学級のよさを生かした授業づくりをすることで学級力を高める

10月からの「学級力アンケート」は，高学年用のアンケートを使った。その結果が図3である。

「きまりを守る力」にある「学習」の項目が他の項目に比べ，達成していると感じている子どもが少ないことがわかった。「授業中にむだなおしゃべりをしない学級です。」の項目が，子どもたちはできていないと感じている。しかし，この項目に着目したとしても，「むだなおしゃべりをしないように，お互い注意するとよいと思います」など，だめな行動をしないという意見に集約され，学級をよりよくするために何か取り組んでいこうとならないのではないかと考えた。また，H男は問いかけに対する反応もよいのだが，周りの子ども

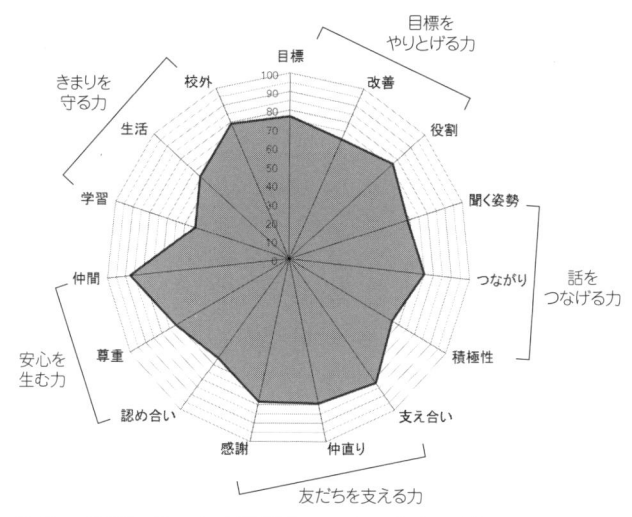

図3　10月に行った「学級力アンケート」の結果

図4 理科の実験の授業で班で意見を出し合って、結果をボードにまとめている

が、H男はむだなおしゃべりをしているととらえ、「H男が静かになればよい」という方向へ話し合いが進んでしまい、H男を成長させることにはならないと考えた。そこで、今現在、達成できている力をさらに伸ばす取り組みをすることの方が、より学級力を高めていくことにつながるのではないかと考えた。

10月の「学級力アンケート」の結果を見ると、「目標をやりとげる力」の「①目標　みんなで決めた目標やめあてに力を合わせて取り組んでいる学級です。」、「話をつなげる力」の「⑤つながり　友だちの話に賛成・反対・つけたしと、つなげるように発言している学級です。」の2つの項目が達成できていると子どもたちは考えている。そこで、毎日の授業の中で、この2つの項目を重点的に伸ばす指導を意識的に行った。

「目標をやりとげる力」を高めるために、授業の課題づくりを丁寧に行うようにした。算数では、前の時間と違う点に着目し、本時の目標を明確にしてから、課題追究に入るようにした。また、「話をつなげる力」を高めるために、課題を解決するときに有効に働く言葉や見方・考え方を明確にして、活用できるように指導・援助を工夫した。理科では、冬の朝、窓ガラスに露がついているのはなぜかを考え、意見を出し合う時間を設定した（図4）。前の時間までに学習したことの中で関連することは何かを児童が事前に意識できるように指導をすることで、一人一人が課題に対する考えをもつことができる。考えをもつことができれば、発言する子どもも増え、「話をつなげる力」を生かして意見を交流することで、自分の考えをより確かなものにでき、授業での充実感が生まれ、学級力の向上につながると考えた。

H男は、以前は問いかけに対して自分の意見を思いつくままに話すだけだったが、「○○さんの意見といっしょで、〜だと思います。」のように友だちの意見を聞いて、付け足しの発言ができるようになってきた。

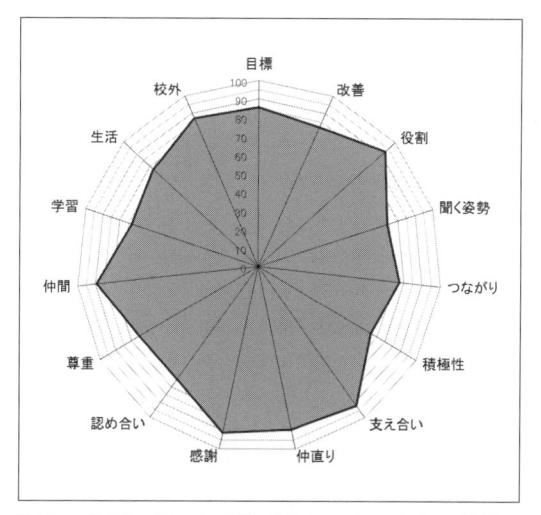

第6章　日常的な取り組みのアイデア

図5　3月に行った「学級力アンケート」の結果

　その後，3月に行った学級力アンケートの結果である（図5）。
　すべての項目に向上が見られ，特に「友だちを支える力」の「⑦支え合い」や「⑨感謝」の項目が顕著に向上している。つまり，授業で仲間と共に学び合い，充実感をもつことができるように取り組んだ結果，子どもたちが「勉強・運動・そうじ・給食などで教え合いや助け合いをしている学級です。」の項目に達成感をもつことができたのだと考える。さらに，仲間との学び合いの中で，仲間に対する感謝の気持ちも大きくなっていったと感じている。

＊

　今の学級の生活が終わろうとしている3月に学年で，講師を招いてお話を聞く機会があった。講師の方が「君たちの学級目標は何かな？」と聞かれたときに，真っ先に手を挙げたのは，H男だった。そして，自信をもって「僕たちのクラスの学級目標は，何事にも全力でがんばる本当の仲間です」と答えた姿を周りの仲間は，温かく見つめていた。その姿から，学級目標を意識した生活をすることで，H男はもちろん，学級の仲間が1年間充実した生活を送ることができたのではないかと感じた。

185

生活班に組み入れた学級力向上プロジェクト

■山梨県山梨市立日川小学校教諭■
岩下　秀人

1. はじめに

　多人数学級の5年生である。4月から，「学び合う5年生」「やさしい5年生」「元気な5年生」を学級目標に掲げ，最高学年に向けて悔いのない1年間にしようと取り組んできた。

　年度当初の子どもたちの様子は，困っている友だちがいると進んで助けてあげるなど，人の気持ちを考えて行動する児童の姿が見られた。しかしその一方，忘れ物，掃除，給食の片付け，校舎内の歩行などに課題が見られた。委員会活動や当番活動においては，意欲的に取り組む児童の姿も見られたが，多人数学級であるため，「誰かがしてくれるから……」と友だちを頼りにしてしまう子どもも数名いた。一人一人が高学年としての自覚をもち，積極的に様々なことにチャレンジしていけるような学級にしたいと願い，学級力向上プロジェクトの取り組みがスタートした。

2. ビッグカルタ

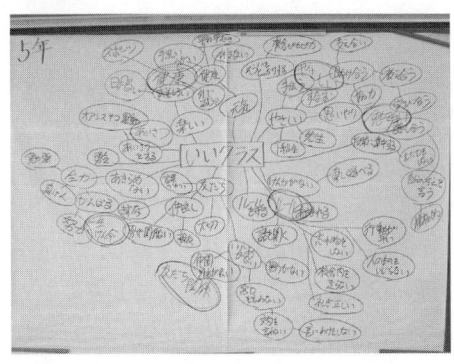

図1　ビッグカルタ

　5月に入り，「どんなクラスが，いいクラス？」と，子どもたちへ問いかけた。担任が司会をしながら，「いいクラス」について模造紙にビッグカルタで整理した。4年生でもビッグカルタに取り組んでいたため，予想していた以上にたくさんの意見が出された。担任が小見出しをつけながら整理を

し，図1のようなビッグカルタが完成した。「健康」「やさしい」「勉強」「ルール」「友だち」「一生懸命」「あいさつ」の7つの小見出しに分けて整理をし，教師も子どももいいクラスについてのイメージを膨らませることができた。完成したビッグカルタを見ながら，第1回学級力アンケートを実施した。

3. 第1回スマイルタイム

　第1回学級力アンケートの結果が図2である。数値が最も低いのは，「学習（授業中むだなおしゃべりをしない学級）」の項目で，49.2％であった。この結果については，子どもたちの日常の様子からも納得できるものであった。

　6月に入り，第1回スマイルタイムを実施した。学級力レーダーチャートをもとに，担任が司会をし，子どもたちから感想や気づきを自由に発表させ，学級の現状について分析した。成果として，「校外でのすごし方」「ありがとうが言える」「支え合っている」「つながりのある発言」の4項目が挙げられた。また，「むだなおしゃべり」「最後まで話を聞く」「友だちとの関係」「学校のきまり」の4項目が，現在の学級の課題として明らかになった。その後の話し合いで，課題の4項目の中から，「学習（授業中むだなおしゃべりをしない学級）」と「生活（ろうかを走らない，あいさつをするなど学校のきまりを守っている学級）」の2項目が伸ばしたい力として子どもたちから出された。学級力アンケートの結果や日常の子どもたちの様

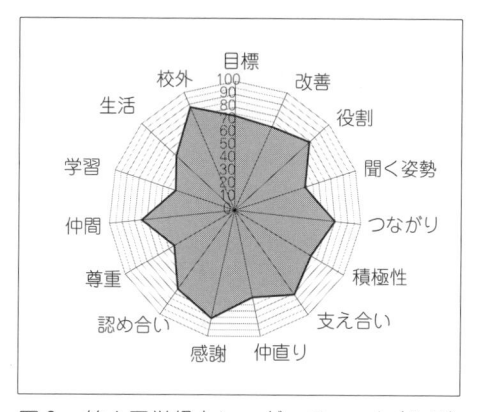

図2　第1回学級力レーダーチャート（5月）

図3　第1回スマイルタイム板書

子から，伸ばしたい力としてふさわしいものであり，この2項目について取り組んでいくこととした。具体的な取り組みについては，学級役員6名（代表委員2名，議長2名，書記2名）と担任で取り組み案を作成し，次回のスマイルタイムで話し合うことになった。

4. 第2回スマイルタイム

図4 第2回スマイルタイム板書

前回のスマイルタイムから1週間後，第2回スマイルタイムを実施した。学級役員が「『一人ひとりが意識をする』『みんなで注意し合う』ことでよりよい学級にしていこう」と提案した。多くの子どもは取り組み案に賛成であった。付け足し意見として，ある子どもから，「教室にめあてとして掲示して目に見えるようにした方が取り組みやすい」という意見が出された。他の子どもからも賛成意見が出された。取り組み方法として，教室にめあてとして掲示し，守れるようになったら印をつけて次のめあてに取り組んでいくことになった。

5. さらに充実した取り組みにするために

図5のような掲示をし，取り組みを始めた。しかし，子どもたちの様子は，取り組み前とさほど変わることはなかった。そこで，より具体的な取り組み方法が必要だと考え，担任から生活班ごとにもめあてを決めたらどうかと提案した。多人数学級であるため，友だちを頼りにしてしまう児童がいるという実態と，より班活動を充実させたいという想いから，このような方法を提案してみた。子どもたちも賛成し，次のような取り組み方法が決定した。

①生活班ごとに，「学習」か「生活」に関わるめあてを1つ決めて掲示する。
②毎日の帰りの会でふり返りをする。
③3日続けて守られたら，次のめあてを決める。めあては前回とは違う項目

に関わるものにする。

この取り組み方法により、一人一人が自分たちの課題を意識して日常生活を過ごし、よりよい学級にしていくためにがんばっていくことを子どもたちと共に確認した。「先生や友だちの話をしっかりと聞く」「宿題を忘れない」「名札をつける」「大きな声であいさつをする」「時間を守る」などのめあてを子どもたちは生活班ごとに決めていった。その結果，「1班の『ろうかを走らない』は全員守れました。今日で2日目です」「4班の『名札をつける』は一人守れませんでした」などの声が帰りの会で聞かれ，その日一日をふり返る姿が見られるようになった。また，生活班ごとに行っている掃除当番をしっかりとできるようにするため，そうじ点検表の取り組みも始めた。班員の自己評価欄と副班長のチェック欄（時間いっぱいそうじをしたか，ゴミは落ちていないかなど）を作り，掃除終了時に記入するようにした。

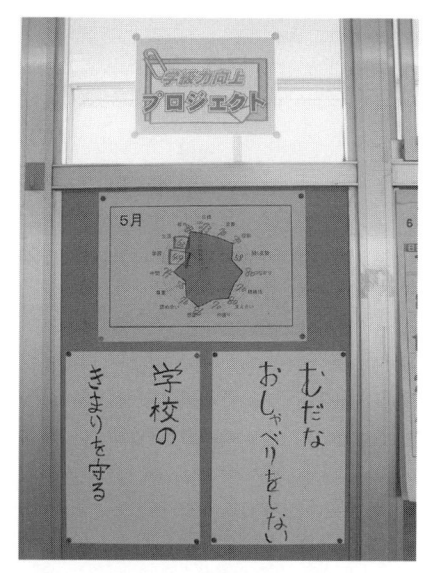

図5　学級力向上のめあて

図6　生活班ごとのめあて

このような取り組みを通して，子どもたちは課題に対して前向きに取り組むことができるようになってきた。「今日で3日目だからろうかを走らないようにしよう」「明日は名札忘れないでね」など，お互いに声をかけ合う姿が見られるようになったのである。徐々にではあるが班の仲間意識が強まり，また日常生活においても落ち着いた態度で生活ができるようになったきたのではないかと思われる。

6. 第3回スマイルタイム

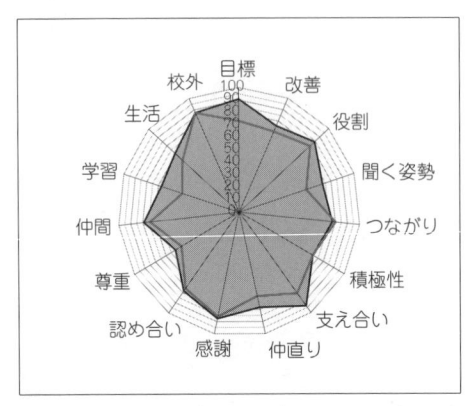

図7　第2回学級力レーダーチャート（7月）

　夏休み前に第2回学級力アンケートを実施し，そのレーダーチャート（図7）を見ながら第3回スマイルタイムを開いた。子どもたちから，「全体が大きくなった」「学習がかなりよくなった」「生活もよくなった」「目標や支え合いや聞く姿勢も伸びた」などの成果が出された。今回は「学習」と「生活」に重点をおいて取り組みを進めたが，それ以外の項目においても伸びが見られ，子どもたちはとてもうれしそうだった。また，「やればできるんだ」という自信に満ちている表情の子どもが多く見られたのも印象的であった。課題としては，「尊重が一番低い」「学習と生活ももっと伸ばせる」などが挙げられた。そこで，夏休み明けも「学習」と「生活」の項目に引き続き取り組んでいくことになり，第3回スマイルタイムを終えた。

7. 今後に向けて

　学級力向上プロジェクトの取り組みを通して，子どもたちは自らを見つめ，自らの手で「よりよい学級にするためにはどうすればよいか」を真剣に考え，行動することができるようになってきたと感じた。

　今後は，一人一人が自分の考えをもち，主体的に学級づくりに参加していく力をさらに伸ばしていきたい。また，最高学年に向けて，仲間をまとめていけるリーダーも育てていきたい。そのためには，班長会を定期的に開くなどして，班活動を効果的に活用していきたい。また，よりよい授業づくりのためには，一人一人を尊重し合う学級集団が基盤となる。そのためには，学級づくりはとても重要になるので，これからも学級力向上プロジェクトに積極的に取り組んでいきたい。

スマイル・ミーティングによる学級経営力の向上

■石川県小松市立芦城小学校教諭■
松田　大輔

1. スマイル・ミーティングとは

　スマイルタイムが子どもたちの学級力を高めるための取り組みならば，スマイル・ミーティングは，私たち教師の学級経営力を高めていくための取り組みといえよう。学級経営を，個々の担任のものとせず，学年やブロック，さらには学校全体のものとして，学級や子どもたちを見守り支える。そのための共通指標の一つとして「学級力」を生かしている。

　具体的には，各学級のレーダーチャートをもとに，学級の状況や学級力向上のための取り組みについて，教師同士で話し合い，意見交換を行う。もちろん，それだけでなく，普段の児童の様子や悩み事など，何でも気軽に話してよい。若手である私にとっては，諸先輩方の実践やアドバイスを聞くことができるし，しんどいときには仲間がいるのだと実感できる時間でもあった。堅苦しい会ではなく，名前通り，笑顔で話し合う会である。大切なのは，情報や思いを共有すること。教師同士のつながりを深め，一枚岩になること。それがスマイル・ミーティングの目的である。

2. スマイル・ミーティングの学級力レポート

　自分が担任している学級の学級力についてまとめる学級力レポートは，誰かに見せるために作るのではなく，自分の考えを整理し，より有意義な話し合いをするために必要なものだ。

　初めは少々手間だと思っていた。しかし，回を追っていくごとに記入していくので，一回分の手間は大したことではない。その都度，積み重ねて記入していくことが大切だ。どのようにスマイルタイムとスマイル・ミーティングを活用してきたのか，その足跡をふり返ることもできる。

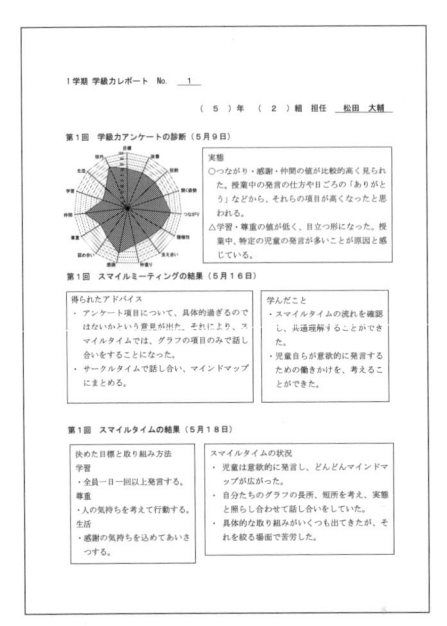

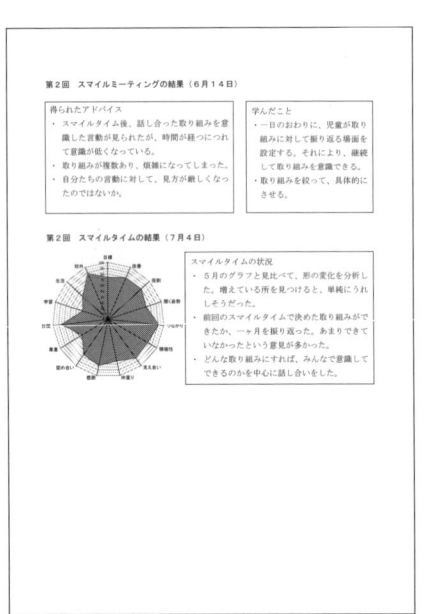

図1　学級力レポート

3. スマイル・ミーティングを生かした学級経営

（1）新しいクラスの現状分析

　進級して1か月。新しいクラスメイトや環境にも慣れてきた頃，第1回学級力アンケートを行った。そのときの結果は，図2の通りである。このレーダーチャートを見て，まずは私自身で分析をしてみた。

　はじめに目についたのは，「学習」「尊重」の数値が低いということ。その項目のアンケートの質問文を見てみると，「学習：授業中にむだなおしゃべりをしない学級です。」と，「尊重：友だちの心を傷つけることを言ったり，からかったりしない学級です。」という内容であった。正直にいって，

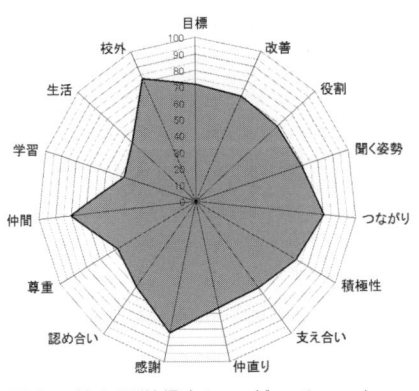

図2　第1回学級力レーダーチャート

この結果に心あたりがないわけではなかった。

「学習」に関しては，授業で特に問題行動を起こす児童がいるわけでもなく，みんなが無関心で発言しないわけでもなく，嫌な空気の流れているクラスではない。しかし，たまに，全体的にザワザワとした雰囲気になるときがある。これは私の技術力不足が原因である。発問があいまいであったり，教え込みのような授業になってしまったりしたときに，このような状態が起こっていた。学習課題に対して意欲的になれない状況を作った私の責任である。そして，アンケートをしたときに，多くの児童がこの状況のイメージが頭に浮かんだのであろう。その結果が数値に出たのだと思う。

「尊重」に関しては，何気ないときに出る児童の不用意な発言が原因ではないだろうかと思った。生活の中でのからかいやふざけて発する言葉。特にAくんに対する発言が，クラスの中でも目立っていた。彼はからかいの対象となっていた。そして，そこからケンカや揉め事に発展していた。私は事あるごとに周りの児童に注意したり，彼をフォローしたりした。しかし，現状はあまり変わっていなかった。そのことを児童も感じており，今回のアンケートのような結果が出たのではないだろうか。

(2) スマイル・ミーティング①

第1回目のスマイル・ミーティングでは，スマイルタイムの進め方や教師の役割についての話し合い，各学級のレーダーチャートの分析などが行われた。簡単に内容をまとめると，以下の通りである。
・スマイルタイムでは，マインドマップを使って児童主体で分析を行う。
・その後，サークルタイムで話し合い，学級の取り組みを決める。
・児童も初めてなので，慣れてくるまでは教師が主導して進める。
・レーダーチャートの結果には，教師が日頃から児童に大事にしてほしいと伝えていることが反映されている。

私は話し合いながら，自分のクラスのレーダーチャートを見て，授業の様子とAくんのことを思い浮かべていた。「学習」と「尊重」の2項目に関係する私の指導は，クラスの児童たちには伝わっていないということなのだろうか。学習規律の指導や道徳的指導が足りないということなのだろうか。私はその場で，思ったことを相談した。すると，他の教師たちがアドバイスをしてくれ

た。

「あくまで，レーダーチャートからはそう分析できるということ。実際にそうなのかは，まだわからない。ただ，この結果は真摯に受け止めるべきだろう。そして，これを見てどう思うのかを，児童に問いかけてみればよい。児童自身が学級を見つめる，よいきっかけになるはずである」

私は，自分が何とかしなければ，学級の現状は変わらないと思っていた。自分一人でどうにかしようと考えていたのだ。それにより，児童の思考をストップさせてしまっていたのかもしれない。行動を抑制していたのかもしれない。このアドバイスのおかげで，児童に問いかけ，考えさせることが大切であるということを学ぶことができた。

児童が学級のことについて話し合うというのは，簡単なようでなかなか難しい。何か出来事が起きたときはそれについて議論することができるが，日常の自分たちをふり返って議論することは，そのような素養を育てておかなければ容易ではない。現状では，こちらから問題提起することがほとんどである。

レーダーチャートは，児童の主体性を育て，自分たちの課題に気づかせるための手立てにしていかなければならない。そう思った。

（3）スマイルタイム

スマイル・ミーティングから数日後，第1回スマイルタイムを行った。今回は初めてということで，教師が進行をしていった。まずは児童に趣旨を説明し，レーダーチャートの分析を行った。児童は思い思いに発言していく。

「『仲間』が高いのは，いつもみんなでサッカーをしているからだと思います」

「『感謝』が高いのは，プリントなどを回すときにありがとうと言っているからかな」

「『生活』が低いのは，廊下を走っている人がよくいるからだと思います」

児童は頭をフル回転させて自分たちの学校生活を思い起こし，探っていった。私が思っていた以上に，児童の発言が多かった印象がある。自分たちの学級のことであり，それぞれが直接関係のある事柄だからであろう。一人一人がいろいろな思いをもって過ごしているということを，私は再認識させられた。そして，これが児童の意欲づけに効果的な取り組みであることを実感した。

私が気になっていた2項目についても，たくさんの発言があった。「学習」

については,「授業中におしゃべりをしている人がいる」「授業中に決まった人しか発言していない」「話をちゃんと聞いていない人がいる」などの意見が挙がった。「尊敬」については,「悪口を言っている人がいる」「意地悪をしている人がいる」「言い合いになってケンカをしてしまう」などが出た。中には,具体的なことを話す児童もいた。Aくんに関する意見も出ていた。どの意見も,自分たちの実態を真正面から見つめ,真剣に答えていた。このような集団の中で,こういった問題提起をするには勇気がいる。そういうことができるクラスであるということが,私は嬉しかった。特にAくんに関しての発言が,児童の中から出てきたことが嬉しかった。

分析が終わったら,次は改善していく項目を決める。児童が改善していきたいと決めた項目は,「学習」「尊重」「生活」の3つであった。そして,この3項目について,それぞれ目標を設定した。もちろん,この目標も児童が話し合って決めたものである。
・「学習」——全員1日1回以上発言する。
・「尊重」——人の気持ちを考えて行動する。
・「生活」——感謝の気持ちを込めてあいさつする。

これらを,1か月間続けて取り組み,再度アンケートをとって分析する。児童は,意欲を見せていた。私も,1か月後のアンケートが楽しみになった。

(4) 1か月後の変容

1か月後の結果が図3である。ほとんどの項目で数値が上がっている。しかし,「学習」の数値はほぼ変わっておらず,「尊敬」については下がってしまっていた。取り組みを始めてから,確かに児童の意識が変わり,授業中の参加態度やクラスメイトに対する言葉づかいにも変化が見られていた。なのに,高めようと決めた項目が低いという矛盾に陥った。ただ,心あたりといえば,取り組みを始めた当初は意識が高かったものの,日が経つにつれてモ

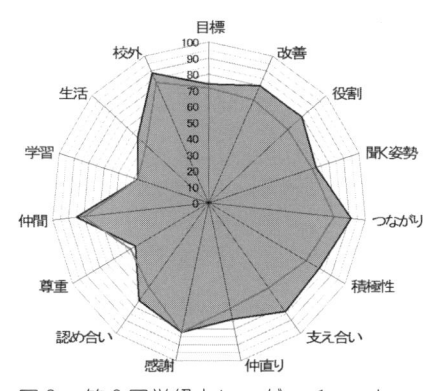

図3 第2回学級力レーダーチャート

チベーションが下がっていってしまった児童もいた。その点は私も気がかりだった。それらについて，スマイル・ミーティングで相談してみようと思った。

(5) スマイル・ミーティング②

第2回スマイル・ミーティングでは，次のようなアドバイスを受けた。
・取り組みが複数あり，継続させるには難しかったのではないか。
・内容が抽象的なものもあり，何をどうすればよいのかが難しかったのではないか。より具体的な取り組みがよいだろう。
・児童にふり返りの場をもたせること。児童の意識を継続させるには，その取り組みに対するふり返りが必要である。
・児童が自分たちの行いに対して，見る目が厳しくなったのではないか。その結果，特に意識していた項目の数値が下がってしまったのであろう。

　どの意見も，経験の浅い私にとって，すごくありがたいアドバイスだった。

　次のスマイルタイムではこのアドバイスを生かし，1つの項目に絞り，取り組みも具体的なものを1つだけになるように働きかけた。その結果，レーダーチャートの形が大きく変わることになった。ただ単に子ども任せにするのではなく，こちらからの働きかけも大切であると実感した。

(6) 1年後の実態

　前述のように，スマイル・ミーティングとスマイルタイムを繰り返し行っていった。スマイルタイムを行う度，クラスは変わっていった。授業参加の積極性が増し，学習規律の意識も向上した。1学期はケンカや揉め事の多かったAくんも，2学期以降は落ち着いて過ごすことができた。そして，児童が主体的に考えて動くようになったことが，何よりも大きかった。

　変わったのは児童だけでなく，私の考え方も変わった。「児童に任せる」ということを覚えた。これは，無責任に丸投げすることではない。児童の力を信じて任せ，それをサポートしてあげる。何でも自分で抱え込もうとしていた自分にとっては，大きな変化であった。

4. いろいろな取り組み

　最後に，実際にどのような取り組みを各学級で行ってきたのかを紹介する。

表1　学級力を高める取り組み

伸ばしたい力	活動名	目的	方法
友だちを支える力	気持ちを伝えよう「どうぞ」「ありがとう」	言葉のやり取りから人間関係をつくるとともに，友だちや他の人に対してのマナーを身につける。	プリントを配るときには，必ず「どうぞ」「ありがとう」を言う。言葉だけでなく，表情（笑顔）にも気を配るようにする。
きまりを守る力	みんなにあいさつをしよう	決まった人だけでなく，自分から誰にでも気持ちのよいあいさつをできるようにする。	毎朝28人以上の人とあいさつをするという目標を決める。家族，友だち，先生，わが町防犯隊の方も含む。朝の会で，あいさつができたかどうか，挙手で確認する。
目標をやりとげる力	MM日記で1日をふりかえりまくり	自分自身の行動をふり返ることで意識して生活する。	毎日やっているMM日記で一日をふり返る。よかった部分も悪かった部分も次へ生かす。
安心を生む力	みんなで反応しよう	授業中の発言を積極的にできるようにするため。また，聞く態度を身につける。	反応例を紹介し，どの反応を使うか自分で決め，発言の後は必ず反応する。毎日の日記に，自分の反応がどうであったか，5段階で自己評価する。
安心を生む力	声かけの木	よい声かけを増やし，みんなが安心して過ごせる環境をつくる。	よい声かけをされたら，その出来事を「実」として貼り付けていく。
対話をつなげる力	目ビームを送ろう	発表している人の話を，きちんと最後まで聞くことができるようにする。	発表者の方に視線を向ける。発表者が発言しやすいような環境をつくる。
友だちを支える力	やさしい声かけ作戦	安心して発表することができる雰囲気づくり。	自分が言われて嬉しい言葉を伝える。「ありがとう」と感謝の気持ちを伝える。全員が達成できた日は，パズルのピースが1つもらえる。

　上の表は，実際に高学年の学級で行われたもののほんの一部で，児童の意見から考えた取り組みばかりである。児童の主体性を最大限に生かし，どれだけ意識を高められるか，継続させられるかがポイントである。これから実践される方に，参考になれば幸いである（詳細は，付録DVDの関連資料を参照）。

第7章
はがき新聞による
学級力向上の意識づけ

小学3年生のはがき新聞

■石川県小松市教育委員会指導主事■
北野　勝久

1. 学級力向上の取り組みとしてのはがき新聞

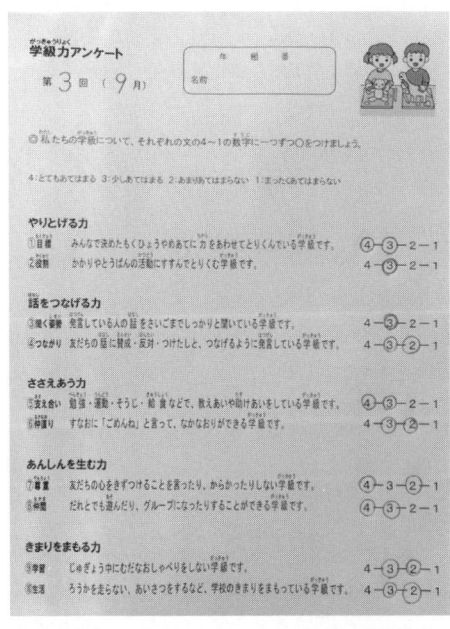

学級の評価は鉛筆，個人の評価は赤鉛筆で記入し，2つを比べる

　学級力向上の取り組みの一つとして，子どもたちに，学級力新聞（はがき新聞）を提案し，9月から実施した。

　学級力アンケートを行う際には，いつものように学級全体について評価をする。その後，自分自身について学級力アンケートの項目ごとにふり返り，評価する。

　2つの評価を比べてみると，あまり変わらないものもあるが，項目によっては，学級全体でみると高い評価だが，個人では低い評価になる項目があったり，その反対に学級全体は低い評価だが，個人では高い評価だという項目があったりする。

子どもたちは学級の評価と個人の評価を見比べることで，学級力の向上に向け，自分自身の課題は何かを考え，目標をもつ。学級力の向上は，学級全体の課題だが，学級がよくなるには，一人一人がよりよくなろうとする意識をもって日々の生活を送ることが大切である。
　みんなで学級をつくっており，一人一人の成長が学級全体の向上につながるということを子どもたちと話し合い，学級力新聞（はがき新聞）の取り組みを進めることにした。

2. はがき新聞のよさを生かす

　はがき新聞に取り組む際に，3年生にとって役立ったのは専用の原稿用紙が数種類あったことである。
　この原稿用紙の特徴は以下のとおりである。
・縦書きと横書きがある。
・マスの大きさが4㎜，5㎜，6㎜の3種類ある。
・段組みの線が入っている。
・題名などを書く場所が決まっている。
・見出しの部分が工夫されている。
　新聞を書くことが初めての3年生にとっては，新聞の仕組みを学びながら，個人の好みや能力に応じて，自分の使いたい原稿用紙を選択し，作業を進めていくことができる。
　書くことに関して，はがき新聞の最大の特徴は，スペースが決まっており，文字数が限られているということである。文字数としては，多くないため，文章を書くことが苦手な子どもにも抵抗なく取り組める。また，文章を書くことが得意な子は，限られた文字数の中で自分の伝えたいことをまとめなければならないので要約力がつくという利点がある。

3. はがき新聞を作る

　実際に，作り始める際には，作り方がわからないという子どものために，教師が数枚の見本を作った。それをもとに，まず，「題名（新聞名）」と「自分の名前」などを書く場所を指定した。次に，「見出し」の説明をし，この「はが

き新聞」で一番伝えたいことを短い言葉にして書くように指導した。

その後，新聞を作る際に気をつけてほしいこと（ポイント）として，
・字を丁寧に書く
・見出しを工夫する
・自分の思いを書く
・見た人がわかりやすくかく
・イラストを描いてもよい

ということを伝え，一人一人が新聞作りに取り組んだ。

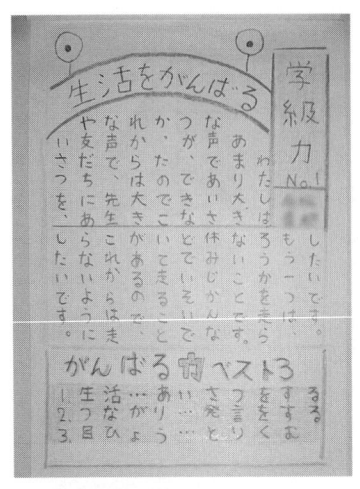

はがき新聞の例

作り始めると，子どもたちは見本や友だちの作品をまねながらも，自分なりの発想を広げていった。一つは色づけである。イラストを描くことはもちろん，見出しに色を塗って目立たせたり，話の内容ごとに色を塗り分けてわかりやすくしたりしていた。また，レイアウトも考え，縦書きと横書きを組み合わせるなど目を引きやすくする工夫が見られた。

4. 教室掲示と保護者への配布

でき上がったはがき新聞は，教室に掲示した。子どもたちは，掲示を見ることで，今の自分の課題は何かをふり返ることができる。また，友だちのはがき新聞にも自然に目を向ける。

はがき新聞は自分の決意を書き表すものだが，友だちのはがき新聞を見ることで，友だちが何を今がんばりたいと思っているのかがわかる。帰りの会のふり返りの中でも，「私はこれまで素直に『ごめんね』って謝れなかったけど，今日はすぐ謝りました。めあてを守れて

教室に掲示したはがき新聞

よかったです」
「〇〇さんは，『仲間』の力を伸ばそうとがんばっていて，休み時間にも友だちに自分から声をかけて遊びに誘っていました」
というような声が聞かれるようになった。

はがき新聞を作っている子どもたちは，自分の決意を書くときに，徐々に友だちを意識して文章を書くようになってきた。

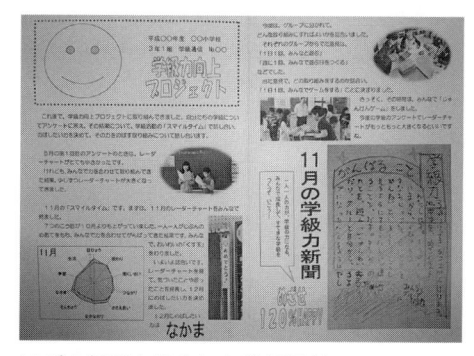

はがき新聞を紹介した学級通信

また，学級力プロジェクトの取り組みの過程と一緒に，はがき新聞を学級通信に載せた。学級で伸ばしたい力，そして個人が伸ばしたい力を保護者の方にも知らせることで，学級が目指すものを理解してもらい，個人の目標については家庭でも声をかけてもらうことができた。

5. はがき新聞を継続する効果

9月以降，スマイルタイムをした後，はがき新聞を作る時間を設けることにした。

はがき新聞を繰り返し書くことで，短い文章の中に短時間で自分の思いを書くことができるようになり，表現力や書く力が身についてきた。

はがき新聞に自分の思いをまとめ，目標を書くことで，学級の一員として学級をよくするために自分はどうすればよいかを考えるよい機会となった。また，目標を達成したかどうかをふり返ることは，自分自身の成長をふり返ることにつながった。子どもたちは，はがき新聞を作る度に，前回やこれまでの新聞を読み，次の目標を立てていた。

はがき新聞を作ることで，すぐにその子どもたちが変わるわけではない。しかし，継続することで，子どもたちに，自分の行動をふり返る力や目標をもつ力がついてきたように思う。自分が成長することが学級力の向上につながるということが少しずつわかってきたようである。

小学4年生のはがき新聞

大阪府豊中市立中豊島小学校教諭
蛯谷　みさ

1. 4年生におけるはがき新聞活用の利点

　新学習指導要領により，4年生は「新聞の構成や作り方」を学習することになった。これを学級づくりに生かすようにした。一般的に4年生は，ギャングエイジ後半にさしかかり，自己主張したい気持ちと表現方法の未熟さとのアンバランスから男女を問わず衝突が生じやすい時期である。また，次年度から学校全体を動かす高学年になるにあたって，その自覚を促していかなければならない時期でもある。そして，社会的事象の改善について関心が芽生える時期でもある。このような発達段階にある4年生がはがき新聞を作ることには，自分たちの学級という身近な生活改善の取り組みと成果を伝えるという点で「伝える価値」を感じさせられること，また，学級全体との関わりから自分と友だちに目を向け，互いの成長を認識しながら，高学年への自覚を促すことができるという利点がある。さらに，はがき新聞を継続して書くことで，国語科新聞学習の既習事項を活用した大きな壁新聞を作ることも容易になる。

2. はがき新聞の使い方

　学級力についてのはがき新聞は，スマイルタイムで実態をふり返り，みんなで成長や対策を確認した後に書いた。そうすることで現状を理解し，自分や友だちのがんばりを明らかにすることが励みにもなり，足りないところへの次なる努力目標が明確になるからである。ただ，ここで注意したいのは，「視点をもって書かせる」ということである。そうしなければ，結局は「おもしろかった」「すごかった」という内容の思い出作文に偏りがちになる。例えば，「～についてわかったこと」「成長したこと」「自分の目標や決意」など「視点」をもって書かせることで，小さな紙面に伝えたいことが明確に入る。つまり，現

状を見て考え（現状分析），そこから判断したり実践したりしたこと（今後の対策や自分の思い）を，伝える（新聞に書いて表現する）ということがつながるのである。

その他に，日々の生活の中にある，子どもの変化や学級のユニークなトピックについては，日直や有志が書いていった。こうすることで，子どもの変化や学級の成長の歴史を記録として残すことができる。

書いたはがき新聞の原本は，個人別に時系列に重ねて掲示していった。

3. はがき新聞の実際

学級力向上はがき新聞は，次のような種類に分類される。それぞれのねらいやメリットを組み合わせて実践することが大切である。

（1）事実伝達型

学級力向上に関わる出来事や成果やふり返りの事実を伝えるもの（図1）。

（2）資料分析型

客観的データ（レーダーチャートなどのグラフ）や資料をもとに，現状を分析して伝える根拠説明型ともいえるもの（図2）。図2は分析の仕方はまだ粗

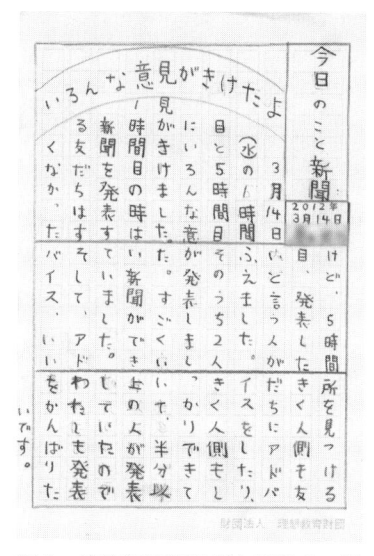

図1　事実伝達型はがき新聞の一例　　図2　資料分析型はがき新聞の一例

いところがあるが，4年生なりにデータを使って書いている例である。

(3) 決意表明型

学級力向上のために，自分はどう考え，どう行動するのかといった個人の決意を明らかにしたもの（図3）。学級力を向上させるためには，子どもたち一人一人が向上しなければならない。スマイルタイムの後に書かせると，課題解決に向けた個人の自覚を促すことができる。

(4) 意見記述型

あるテーマについて自分の意見や感想を述べるもの。人を傷つける言葉について道徳で話し合い，その後，「言葉の力」というテーマで自分の思いをはがき新聞に書いた。言葉のもつ力について，それぞれの見方，考え方，感じ方を紹介し，学級力向上を目指した。

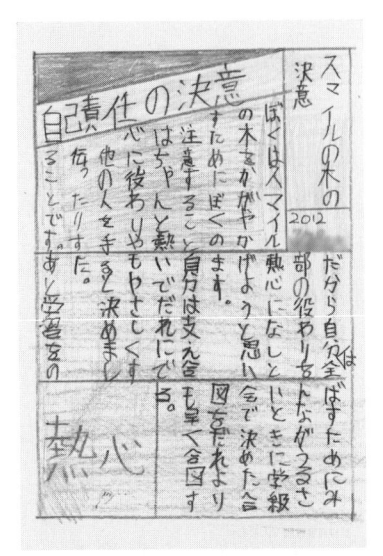

図3　決意表明型はがき新聞の一例

4. 学級力をテーマにした新聞作りの流れ

国語科単元で「新聞作り」の基礎的な技能を習得した後，「伝えたいことに合わせて資料を選び，文章を書く」という国語科単元で，「健康で安全な校内生活」をテーマにして，新聞作りの既習事項を活用した「手書き新聞」（A4版）を作成した（資料やグラフを入れた新聞）。はがき新聞は，特別活動の時間に書いた。そして3学期には，総合的な学習の時間で，今まで学習してきたことを活用して，各自が独自アンケートを作って調査をして得たデータでグラフを作成し，コンピュータで学級力新聞（A4版）を作成した（スズキ教育ソフトの「伝える力プレス」を用いた）（図4）。

手順としては，「書き方」を学習し，次に「書く」，そして「書き慣れる」という流れであるが，そこに教科の学習の進度に伴って少しずつ条件を加えていくことにした。それは，次のような3段階である。

①事実を伝える。思いを伝える。（ホップ）

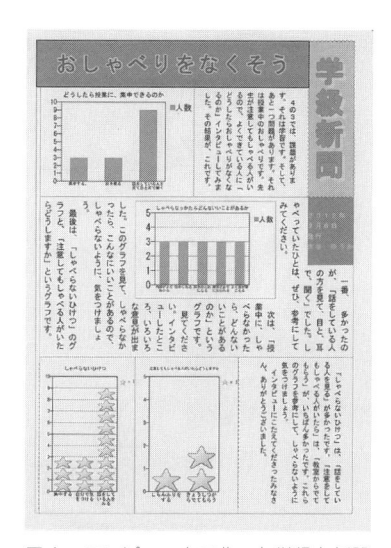

第7章　はがき新聞による学級力向上の意識づけ

図4　コンピュータで作った学級力新聞

図5　自分にできることを考えて全員が集中して取り組んでいる

②具体的にデータやグラフを入れて事実を伝える。（ステップ）

③データや資料に基づいて意見を伝える。（ジャンプ）

4年生は，算数で「折れ線グラフ」を学習し，社会でもいろいろな種類のグラフに触れる。国語では「目的に合わせて資料を選んで書く」という内容を学習する。そこで，はがき新聞も，初めは自由に事実や思いを書かせたが，次第に，習得した方法を使って「グラフを入れる」「それに基づいた意見を書く」という形式も必要に応じて

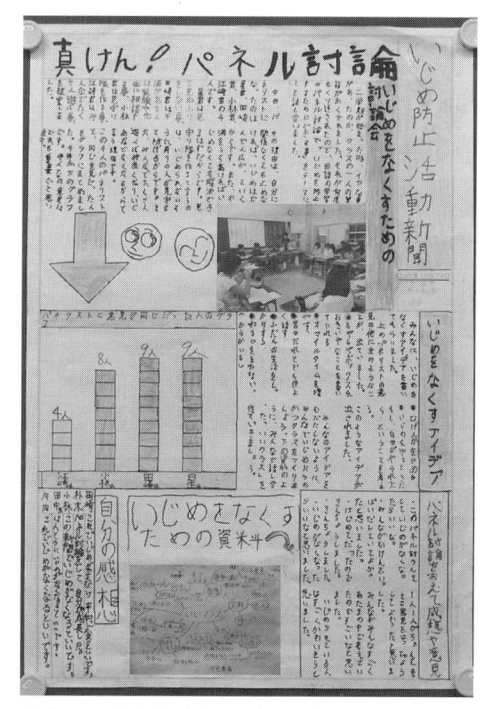

図6　いじめ防止を呼びかけた壁新聞

205

図7　意見を交換し，よりよい壁新聞に

取り入れていくようにした。

　5年生になってからも，学級力と自分の成長を関連づけてはがき新聞を書かせている。

　このような実践を進めていく中で，あるとき，子どもたちの人間関係にトラブルがあり，それをみんなで解決していくための一つの活動として壁新聞作りという共同制作に取り組むことにした（図5）。「運動会」「音楽発表会」「スマイルタイム」「いじめ防止のための学級の取り組み」「パネル討論」「本当の友だちとは？」という6つのテーマに分けて，興味関心別にグループになって6時間程度で書き上げた（図6）。行事，特別活動，国語などの教科，道徳など，子どもたちがいろいろな方向から「いじめ防止」に取り組んだことを全校へ伝えていくきっかけを与えてくれたのがこの壁新聞である。壁新聞には共同性があり，作る過程で対話があり，教え合いがあり，連帯意識を育てることができる（図7）。記事の内容を検討することに加えて，そうしたよさを生かして壁新聞を作成したことが，学級力向上につながった。

5. 成果と課題

　「学級力向上」の意識化を図る方法としてはがき新聞に取り組んでみると，次のような点で効果的であることがわかった。

① 子どもたちの日常を「即」発信できるので，日々変容する学級力の改善に適している。
② 現状分析して成果と課題を把握することで，改善する意欲が高まる。
③ 新聞に書くという責任ある提案をすることで，実行力が伴うようになる。
④ 継続して伝えることの意義を感じさせられる。
⑤ 互いの成長やよいところに目が行くようになる。それがはがき新聞で公表され，よい意味で注目を浴びることが子どもの自尊感情を高める。
⑥ 書きためることや継続して書くことで壁新聞を作ることが容易になる。

一方，課題は，次のようなことである。
① タイムリーに全員が書くとなると，特別活動や朝自習の時間以外には書く時間がとりにくい。
② 個人に時間を任せて書かせると雑になるかきれいになるか二極化してしまう。
③ 書いたものを印刷して配布するには時間とコストがかかる。

しかし，「知らせることの喜びと責任を学習できる」ことと「書くことでつながる楽しさを実感できる」ことが何よりも大きな成果である。

はがき新聞は，自分たちの学級生活を「知らせる」ために書く。そのために自分たちの生活をふり返り，問題点を話し合い，対策を考え，実行していく。そこには，知らせることの喜びや試行錯誤しながら創造していく喜びを体験できると同時に，「書くこと・伝えること」の責任を学ぶ場がある。この過程で，思考力・判断力・表現力のみならず，分析力，創造力，実行力，調和力を育てていくことができる。

そして，はがき新聞と壁新聞によって，学級の仲間意識が育ち，子どもと子どもがつながり，学級と保護者がつながる。つまり，書くことでつながり，学級力向上へ向けた責任と成果をみんなが感じることができるようになる。

（本文に収められなかったはがき新聞と壁新聞の例及び作成の手順は付録DVDをご参照下さい。）

小学5年生のはがき新聞

■大阪府堺市立浜寺小学校教諭■
森嵜　章代

1. 「はがき新聞」のよさを学級経営にいかす

（1）はがき新聞を用いて

　「はがき新聞」は，サイズが手ごろで，どの子どもも負担なく書くことができる。5年生であれば，1時間で十分に1枚仕上げることができる。そんな手軽なはがき新聞は，伝えたい内容をタイムリーに発信できるよさがある。クラスで起こっているホットな話題を取り上げ全体に広げることでクラスを活気づけたり，記事にのせるための取材活動を通して，お互いのがんばりを認めたりすることで，子ども同士の関係改善を図ることも可能である。そこで，はがき新聞を学級経営にもいかすために，学級力パワーアッププロジェクトに組み込んで実践することにした。

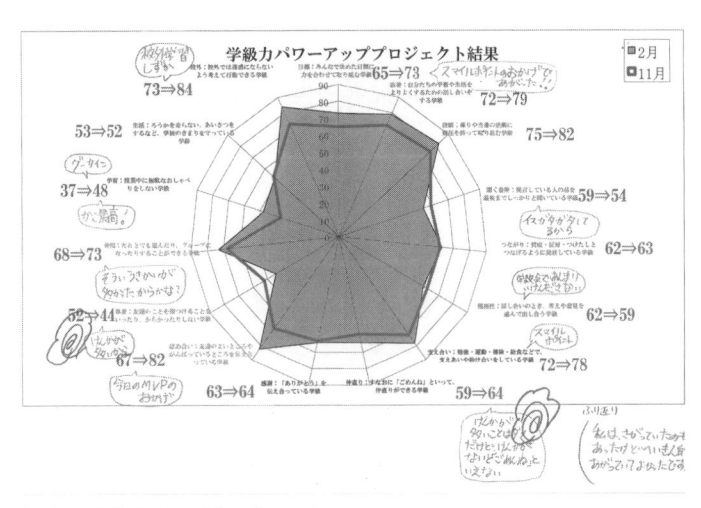

図1　学級力レーダーチャート

（2）学級の状況

図1は，11月のデータをもとに，1か月間プロジェクトに取り組んだ後の2月の学級力レーダーチャートである。全体的に力が伸びていて，平均は，62.6％から66.6％に上がった。特に，終わりの会で毎日友だちのがんばりを見つけ発表してきたことから，「認め合い」が15ポイント上昇した。自分たちのがんばりが反映した結果にとても喜んだ（図2）。

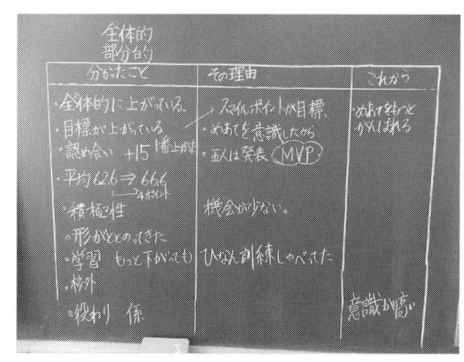

図2　2月の学級力の分析

2. 今までの学びをいかしてはがき新聞を書く

子どもたちは，こうした自分たちのがんばりや学級への思いを伝え合うために，はがき新聞を書くことにした。子どもたちは，今までも，国語科や他の学習の機会に新聞を書いているのですぐに書けるかもしれないと思ったが，今までの学びをできるだけいかし，伝えたいことを効果的に伝えられるよう，モデルを提示してはがき新聞に取り組んだ。指導の流れは以下のとおりである。

① 学級力向上のための提案を実行して，その成果や課題をレーダーチャートから分析する。
② モデル（型）を示し，はがき新聞の書き方を知る。
③ はがき新聞を書く。
④ 掲示してがんばりを認め合ったり，学級に対するお互いの思いを知り合ったりする。

（1）モデル（型）を提示

モデル（型）には，次の

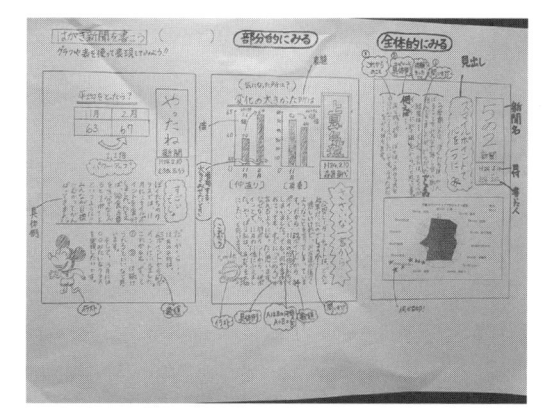

図3　はがき新聞のモデル（型）

209

内容を盛り込んだ（図3）。
① グラフ・数値を入れて，言いたいことが伝わるよう工夫する。
② 主張に具体例をつけて意見を述べる。
③ 取り組みや変容を伝える。

　全体的な変化を伝えるのか，部分的な変化を伝えるのか，自分の伝えたいことに合わせて，棒グラフや折れ線グラフ，表など選ぶようにした。また，問いかけを入れて読み手をひきつけることや，具体例を挙げてわかりやすく伝えることを大切にした。見出しやわりつけなどレイアウトも工夫できるようにした。さらに，どのような変容があったかを伝え，その背後にある取り組みや，自分の感じ方や考え方を書くよう指導した。ただし，習熟の低い子どもも意欲的に取り組めるように，レーダーチャートの結果を表したカードを使えるよう準備した。

（2）はがき新聞の例

①算数の学びをいかしたはがき新聞

　図4のはがき新聞は，グラフを用いて変化の大きかった「校外」と「認め合い」の項目についてその結果を伝えている。その際，破線を用いて1.1倍や1.2

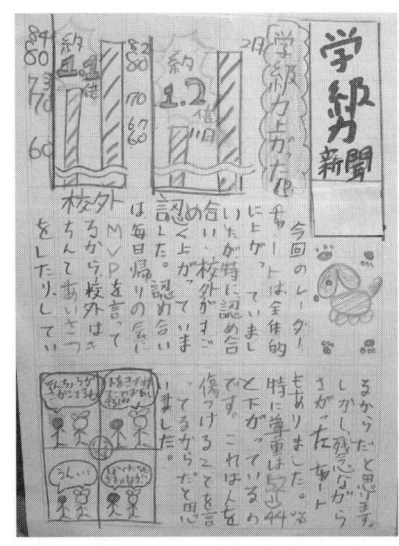

図4　グラフを入れたはがき新聞 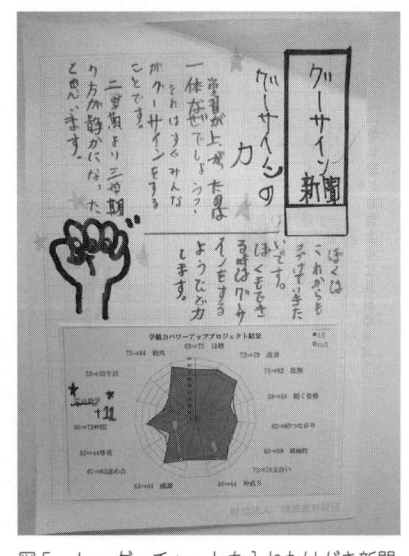　　図5　レーダーチャートを入れたはがき新聞

第7章　はがき新聞による学級力向上の意識づけ

倍であることを強調して表現できている。また，「認め合い」のポイントが上がったことは，MVPの発表（p44参照）をしたことであると自分なりに結果を分析できている。また，よい点ばかりでなく，「尊重」に課題があり，傷つける言葉がある現状についてもみつめることができている。それを漫画で表し，友だちに読んでもらおうと相手意識をもちながら，楽しんではがき新聞を書いていることがわかる。

　図5のはがき新聞は，レーダーチャートをそのまま利用している。問いかけを入れたり，「グーサインの力」というように見出しを工夫したりしている。グーサインとは，子どもたちが決めた「静かにしよう」の合図である。誰かがグーサインを出すと，それを見た友だちがサインを連鎖させて静かにしていこうとする。みんなの知恵の結集したサインである。その効果を感じていたと考える。「これからもできるときにはサインをします」と自分の決意も述べている。イラストを入れたり，段組みを作ったりして，思いがよりよく伝わるように，工夫している。

②プロジェクト推進を図る係活動としてのはがき新聞

　学級の新聞係が担当し発行したはがき新聞を紹介する。

　係の児童は，その時々の学級のがんばりを新聞にして，部屋のすみにあるカラープリンターをうまく使い，タイムリーに印刷し全員に配布した。

　クラスの子どもたちは，10月には，つながり発言力をもっと上げたいという思いをもっていた。子どもたちは，誰かが発表した後，うなずいたり，同じような思いを感じた人が，「そう思います」と反応したりして安心感を生み出せばいいのではないかと考えた。そうして，みんなで発言力を上げるという目標に向かってがんばっていた。反応ができた人の人数を数え，目標人数を達成できたときには，「反」と書かれた字の中の○をぬる方法で，めあてに向かって取り組んでいた（図6）。図7は，その取り組みを推進するために作った新聞である。友だちの名前もい

図6　目標の達成を目指した取り組み

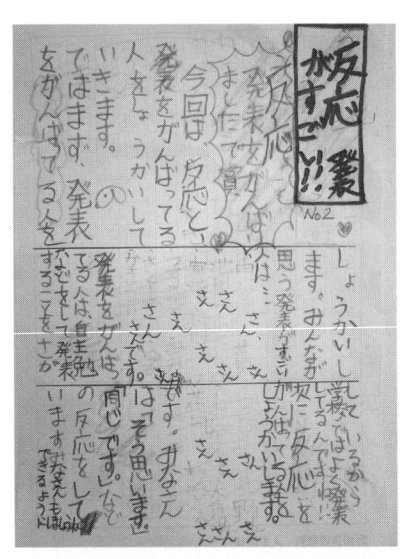

図7　取り組み推進のためのはがき新聞

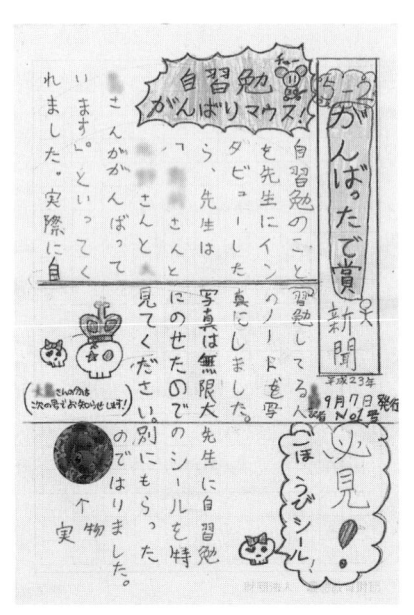

図8　自主勉強についてのはがき新聞

れて，めあて達成のために努力している友だちを応援していた。

　また，図8は，自主勉強について書いたものである。自主勉強をがんばる子どもは，学習でもよく発言できていた。「先生がこんなシールをくれるよ！」とアピールして，自主勉強に取り組んでもらえるよう宣伝した。このように，ほかの題材でも友だちのがんばりを認める新聞を書くことができた。クラスではプロジェクトへの思いが強くなっていった。

3.　思いのつまったはがき新聞の成果

　はがき新聞は，1時間もあればどの子どもも1枚仕上げることができた。そして，小さな枠の中に自分の思いを込めることができた。短時間で自分の一番の気持ちを表現する力が育ち，交流にも役に立つはがき新聞は，学級力を高めるためにもとても有効であった。クラスへの思いを伝え合えるよう定期的にはがき新聞を書き，場の設定も工夫すると，より効果は高まるだろう。

小学6年生 つながる"はがき新聞"

■兵庫県西脇市立重春小学校教諭■
竹本 晋也

1. 「はがき新聞」であることの効果

(1) 人と人をつなげる"はがき"

　文章を書くときに大切なことは，目的意識と相手意識である。はがきは相手意識を明確にもてるというメリットのある様式である。そもそも誰かに宛ててはがきを書くことは，子どもたちが自然と相手を意識した文章を書くことにつながると考える。

　また，相手を意識した文章を書くということは，「伝えたい」という思いをもつことであるともいえる。例えば，友だちに，家族に，先生に，自分の考えや思いを伝え，自分をわかってもらう機会となる。自分と他者をつないでくれるはがき新聞である。

(2) 思考させる"新聞"

　はがきサイズであるために，子どもたちも，担任自身も，原稿用紙を何枚も多く書ける方がよいという考え方ではなく，限られた紙面に伝えたい内容をコンパクトにわかりやすく書ける方がよいという考え方になる。つまり，内容を焦点化させる必要が自然と生まれるということである。内容を焦点化するには，考えなければならない。行事後の作文でよくみられる，出来事を時系列に羅列して書いていくようなことはできないのである。

　また，新聞の様式を使って書くということは，本当に伝えたいことを伝えるために，構成を工夫する必要がある。新聞のように，文字の大きさや字体・色を変えること，見出しをつけること，イラスト（写真）を入れること，などの工夫が考えられる。逆に，このような工夫がないと，限られた字数内で，伝えたいことを相手に伝えることは難しい。伝えるための工夫を，考えて効果的に表現する必要が生まれてくるのである。

このように，はがき新聞は，はがきと新聞のそれぞれの様式がもつ特徴を理解して，指導にあたることが大事であると考える。

2. 書きやすい「はがき新聞」

　作文が苦手な子どもたちは，原稿用紙だったり日記帳だったりする時点で書く意欲が低下する。しかし，はがきサイズであると「書いてもいいかな」「自分も書けるかな」という気持ちになることができる。その意味において，誰にとっても書きやすいサイズになっている。
　また，マスの大きさについても配慮してある。はがき新聞の下書き用の用紙は，4㎜，5㎜などマスの大きさの違う用紙があり，子どもたち一人一人が選択することができる。全員にマスの大きさの違う用紙を提示し，一人一人に選ばせることで，書くことが苦手な子にとっても，自然とマスの大きなはがきを選ぶことができ，嫌な思いをすることもない。
　このような点においても「はがき新聞」を活用するメリットは大きいと考える。

3. 実践事例

　はがき新聞は，前述のように誰に何を伝えたいかということを明確にしたうえで，書き始めることが重要である。子どもたちが選ぶ相手としては，友だち，家族，先生といった相手が思い浮かぶであろう。ここでは，相手意識ごとに整理して，はがき新聞の効果を考えてみたい。
（1）友だちとつながる
　子どもたちにとって一番身近な相手は友だちである。友だちに宛ててはがき新聞を送る意味について考えてみると，相互理解を深めるという意味が一番だろう。例えば，行事が終わった後に，自分の努力や成長について書いたはがき新聞を送り合うことによって，学級の中で互いの成長を祝う雰囲気を生んだり，互いの思いを理解し合う機会となったりすると考えられる。図1のはがき新聞の最後にあるように，自分から見た友だちの成長やがんばりについて述べれば，友だちをほめる機会となるし，互いのよさを認め合う機会ともなる。
　また，学級全員に宛てて書くはがきというパターンもある。例えば図2のよ

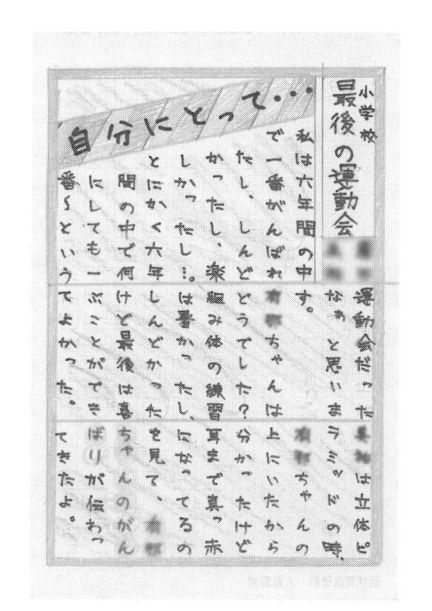

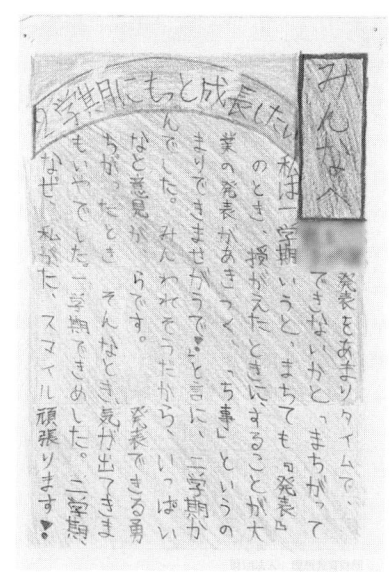

第7章　はがき新聞による学級力向上の意識づけ

図1　運動会後の友だちへ宛てた
　　　はがき新聞

図2　学級全員へのはがき新聞

うに，スマイルタイムの黒板を見ながら，「こんな学級にしていこうな！」「自分はそのためにこんな人を目指すから！」といった決意表明や呼びかけをはがきに書くのである。そして，教室に掲示し，互いの思いを共有できるようにする。みんながんばろうとしている！ということがわかれば，自分もがんばろう！というプラスのサイクルが生まれてくる。その結果として，学級力が向上していくのである。

(2) 家族とつながる

　家族に宛てたはがき新聞の目的を考えてみる。まず，報告がある。運動会を終えての成長報告，修学旅行を終えての成長報告など，学校の中で経験したことを家族に伝え，自分のがんばりや成長をほめてもらう。そして，学校での自分の様子を伝えることで安心してもらうといった意味があるだろう。実際に，単身赴任中のお父さんに宛てて報告する子どももいた。次に，宣言がある。行事を通してこんな成長を遂げたいと宣言をしたり，保護者も鑑賞に来る音楽会に向けて自分の決意表明をしたりする目的としても活かすことができるだろ

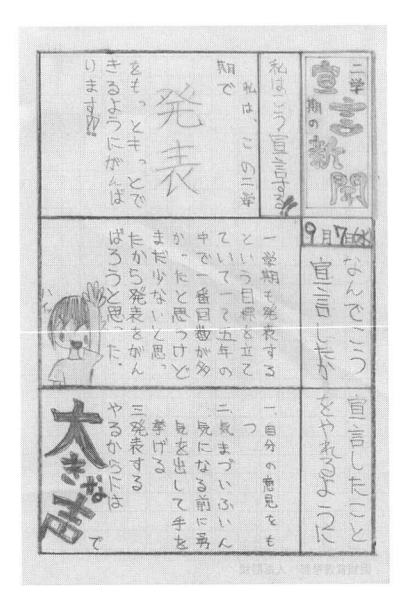

図3　家族に対して2学期の成長宣言をしたはがき新聞

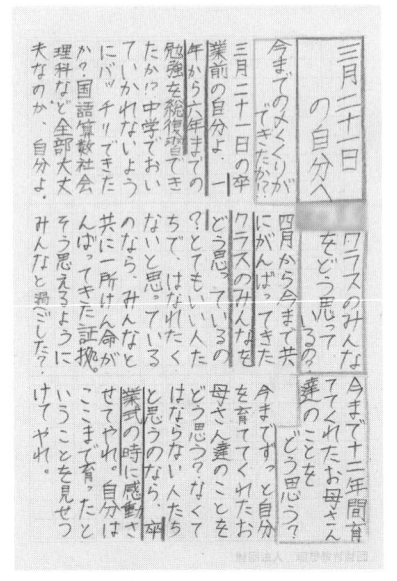

図4　卒業直前の自分へ宛てたはがき新聞

う。図3のはがき新聞は，2学期が始まるにあたって「2学期中にこんな自分を目指します！」という宣言を書いたはがき新聞である。家族に宣言することで，自分自身に宣言することになり，前向きにがんばろうとする意欲を高めることができるし，家庭での様子を見ながら，親子で気持ちを入れ直すときに活かしてもらうこともできる。学校での努力や取り組みを家族にも知らせ，学級力向上プロジェクトを応援してもらう環境をつくることにもつながる。

(3) 自分自身とつながる

　自分と自分をつなげるためのはがき新聞である。図4のはがき新聞は，3学期のスタート時に，卒業前日の自分へ宛てたはがき新聞である。つまり，自分から自分へのはがき新聞である。このはがき新聞を書きながら，子どもたちは卒業式前日の自分の姿や気持ちをイメージする。「卒業のときにはこんな自分になっていたい！　こんな気持ちになっていたい！」そういった思いをもつためという目的がある。さらには，残された学校生活の過ごし方について自分自身で考え，どう過ごせば目指す卒業を迎えられるのかを自分に言い聞かせると

いう目的ももっているのである。図4のはがき新聞を書いた子は，はがきの最後に，自分自身への応援メッセージを書いている。まさしく，自分と対話しているのである。

　高学年になれば，自己内対話を促し，自分の気持ちや行動を自覚化していくこともとても大切になってくる。そういった意味においても，自分宛てにはがき新聞を書くという活動は，自分を創っていく意味のある活動である。

4. 成果と課題

　最後に，はがき新聞に対する取り組みをふり返る。はがき新聞として自分たちの学級力向上プロジェクトの取り組みや学級の成長，自己成長を書くことによって，自分たちの取り組みを見直したり，成長を客観的に分析したりすることができる。書くことによって自覚され，その自覚によってよりよい活動がさらに見えてくる。はがき新聞を書くという活動を本プロジェクトに位置づけていくことによって，学級力の向上が見られ，プロジェクト自身も活性化していくだろう。

　また，プロジェクトに関わる行事や学活だけではなく，しっかりと教科学習との連携をとっていくことも重要である。プロジェクトを軸に連動を考えながら，教科領域にこだわらず，はがき新聞を活用する年間の見通しをもつことが大事になってくるだろう。国語科や算数科，また総合的な学習の時間などの学習と連動させて，相手意識をもって文章をまとめて表現するということをくり返していきたい。そして，子どもたち自身が学級経営に参画・努力し，みんなが理想とする学級を目指していきたいと思う。

中学生のはがき新聞

■広島県福山市立向丘中学校教諭■
飛田　美智子

1. 「はがき新聞」実践への期待

（1）指導者側の期待
「はがき新聞」の取り組みにおいて，次のようなねらいをもって始めた。
① 相手意識・目的意識をもち，書く内容を整理して，論理的に筋道を立てて書く力をつける。
② 行事や学習のまとめとして活用する。
③ 友だちの作品から学び合う姿勢をつくる。

（2）生徒側の期待
（1）のようなねらいで始めた「はがき新聞」に，生徒たちは次のようなよさを挙げてくれた。
① 見出しの表現を考えたり短くまとめたりすることで書く力がつく。
② 友だちの作品と比べて，自分にないものを発見し（分析の内容や表現など），学べる楽しさがある。
③ 人がどのように考えているのか，自分と比べるのがためになる。
④ すらすら書くことができないこともあるけれど，でき上がったときは達成感がある。
④ 学習のまとめを「はがき新聞」で書く方が，書く意欲が生まれ楽しい。
⑤ 人に読んでもらえるのがうれしい。

実践を通して「はがき新聞」には，「論理的に思考したり表現したりする力」「人間関係を豊かにする力」「美的感覚を豊かにする力」「言葉の使い方を学び合う力」「自分をふり返り行動につなげる力」をつけることができると考えた。

2. 指導上の留意点

「はがき新聞」を書く際に，次の5点に注意して書かせた。
① 「はがき新聞」を見せる相手や目的をはっきりさせる。
② サンプルやワークシートを示し，はがき新聞の書き方を理解させる（図1参照）。
③ 写真の切り抜きを貼ったり，色ペンを使ったりしてカラフルにさせる。
④ 新聞の題名や見出しの表現を工夫させる。
⑤ テーマによって，書き方の条件設定を行うことで言葉の力をつける。
⑥ 短時間で勝負する。

3. 表現の条件設定

毎回同じ書き方ではなく，テーマや読む相手などに応じて，条件設定を変えている。条件設定を考えることで，表現の型を習得しつつ，自分なりの表現を豊かにすることができると考える。

表1　実践事例

	テーマ	条件	留意点
Ⅰ 楽しもう	○ 運動会のクラスでのがんばりをまとめよう。	○ 何をどのように学級としてがんばれたかを具体的に書く。 ○ 色鉛筆や色ペンを楽しく使う。	○ 先輩のはがき新聞を参考にして，新聞名・見出し・記事・色の使い方などの基本的な書き方を理解させる。（図1）

- トップ記事の見出しを考える。
- 新聞名を工夫する。
- 三段に区切り，一段目には，一番印象的だったことをトップ記事にする。見出しを本文にあったものを考える。感想を入れる。マス目があるので，それに従って文字を書く。
- イラストや写真の切り抜きを貼ることや色ペンや色鉛筆を使い，カラフルにする。枠取りをきちんと引くことで紙面がしまる。

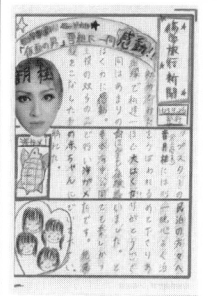

図1　先輩から学ぶ

Ⅱ 見てもらおう	○ 学級のよいところを知らせよう。	○ 記事の内容を2つ以上にし、簡潔に書く。 ○ 見出しの表現を工夫する。 ○ 自分の学級のいいところをしっかり自慢する。	○ 学級力アンケート（1回目）を参考にさせる。 ○ 読む相手は学級以外の人（校長先生や外部の人）も読むと設定する。
Ⅲ 参考にしてもらおう	○ 中学校生活を紹介しよう。	○ 小学6年生へ向けて、中学校生活での発見や小学校との違いを伝える。 ○ 相手が必要な情報を選ぶとともに見出しも工夫する。 ○ 相手が読みたくなるレイアウトを考える。	○ 説明文などで学習した「筆者が読者を引き付ける表現」を参考にさせる。 ○ 「中学生になって発見したこと」というスピーチ教材とリンクさせる。

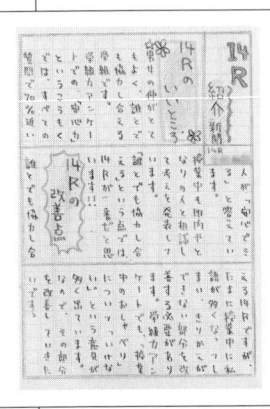

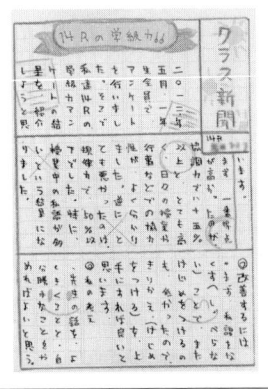

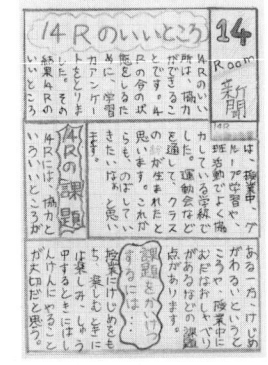

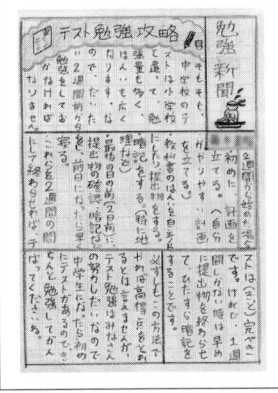

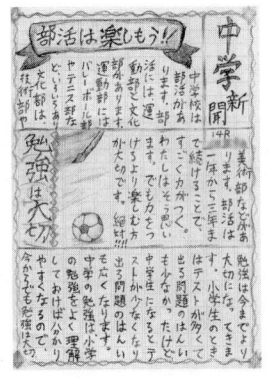

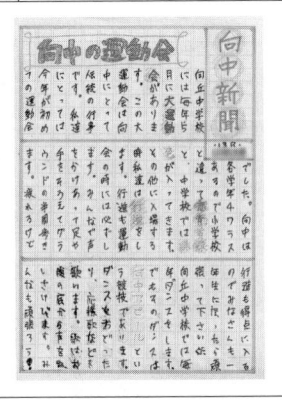

第7章　はがき新聞による学級力向上の意識づけ

Ⅳ 分析をまとめよう	○ 学級の状況を分析したことをまとめる。	○ 事実と意見を区別して書く。 ○ 分析したことを，資料や数値などの根拠をあげてまとめる。 ○ 結論先行で書く。	○ 学級力アンケート結果を前回と比較させたり取り上げる項目を絞ったりするなど，論理的なまとめ方を意識させる。

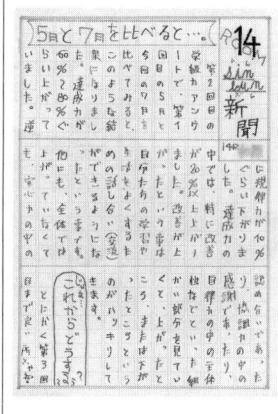

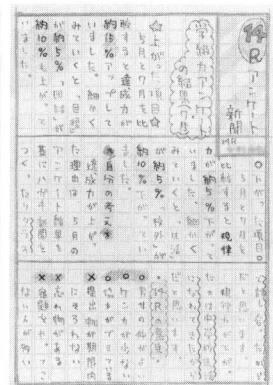

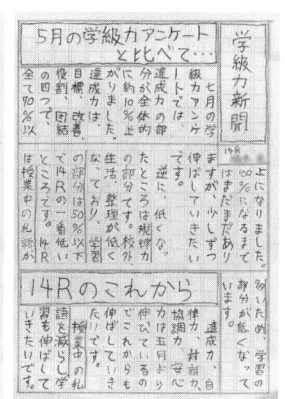

4. 学級経営への参画意識が生まれる「はがき新聞」

　「はがき新聞」は，学校生活の様々なシーンで使い，言葉の力を向上させることはもちろんのことである。さらに，「人間関係を豊かにする力」や「自分をふり返り行動につなげる力」も生まれ，学級の一員として学級の組織にどう関わっていくべきかを考えさせることにも活用できる。
　学級について書いた「はがき新聞」について，生徒は次のようなまとめをした。

（1）学級について客観的に見つめ，関わろうとする意識

　○　自分の学級の状況を認識できた。また，なぜそのような状況になったかの理由を考えられた。
　○　学級のレベルアップしたところを考えられた。

221

- ○ 学級の改善すべき点がわかった。
- ○ 学級のいいところをみつけてどんどん書いた。
- ○ 学級の課題を解決するためには何が必要か考えさせられた。
- ○ 自分たちが達成できた学級力の力を生かし，来学期につなげたいと思った。
- ○ 学級の課題とよい点を見つけて，目標を作り，それに向けてがんばりたい。
- ○ どんなことを書いたら，みんなの役に立つか考えた。
- ○ 学級のいいところを続けていこうと思ったり，改善するところを書いて直すように努力したいと思った。

（2）お互いに学び合おうとする意識

- ○ 友だちの新聞を読んで，自分が気づかなかったこともわかりやすく理解できた。
- ○ 繰り返し読んで，一人一人の思いがわかった。
- ○ みんなの思いがわかったり，一人一人の表現の違いやよさがわかったりできた。
- ○ みんなの作品を読み比べて，さらに学級の改善するところが見つけられた。

（3）自分や学級の成長を喜び合おうとする意識

　図2のはがき新聞は，「校内の駅伝・ロードレース大会を終えて」をテーマにしたものである。

　この行事のために，学級では，目標を「一人一人がベストを尽くし，学級が団結する」とした。「団結する」とはどういうことかを，1年間かけて考えさせてきた。これが学級の団結を試す最後の校内行事であった。がんばれた後の自分の成長を想像しつつも，たすきを次の人へつなぐという責任の重さ。そのようなプレッシャーと戦っている生徒も多くいた。勝ち負けにこだわらず，まず一人一人が全力を出すことこそが自分も学級も大切にしていることにつなが

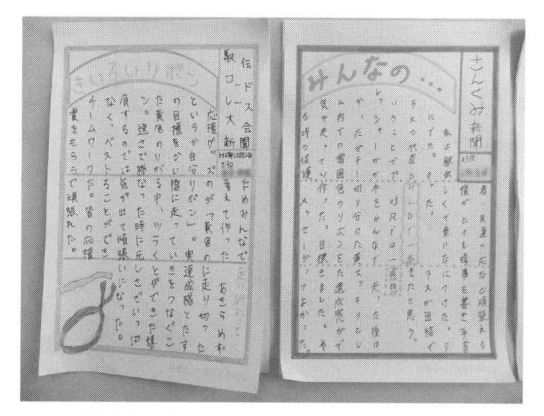

図2 「校内駅伝・ロードレース大会」の新聞

るのではないかと気づき，さらに友だちのために自分ができることは何かを考え始めたところから，学級のムードが変わってきた。その思いが，見出しの表現やイラスト，色の使い方に表現されている。黄色のテープ（クラスカラー）に決意を書いて，学級全員で腕に巻き，心をつなぐ走りをしようとしたので，そのイラストや黄色が多く使われている。また，「走れ23R新聞」や「協力新聞」などの新聞名も，行事によって団結した喜びが素直に出ている。友だちの思いを新聞で知ることで，さらに学級の絆を深めることができた。

5. 今後の取り組みについて

次の4点において指導を工夫していく。
① 職場体験学習や修学旅行の民泊のお礼状など，行事とうまくタイミングを合わせて書かせる。
② ミニレポートやミニ報告書などで，簡潔に表現することの面白さを国語科以外の教科にも広げていく。
③ 表現の条件設定のバリエーションを考え，論理的思考力や表現力を鍛えていく。
④ 学級の人間関係が豊かになり，がんばりや喜びを共有できる1つのアイテムとして活用していく。

おわりに

　「学級力」との出会いは，市から「学級づくり推進事業」の研究指定を受けたことから始まる。今の子どもたちは人間関係を築く力が弱く，友だちとのトラブルが多い。不登校，いじめ，暴力行為など学級経営や生徒指導にかかわる子どもたちの問題は多様化・複雑化している。授業においても子どもの私語や立ち歩きなどの自分勝手な行動が見られ，多くの学級担任にとって，学級経営を行う上で大きな悩みとなっている。そこで，学校研究として，子どもたちが主体的・自立的に活動し，自己存在感をもてる心の居場所のある学級づくりを進めていくことにした。その中で，早稲田大学教職大学院の田中博之教授から「学級力」を生かした学級づくりについて教えていただき取り組むこととなった。

　1年目は，いくつかの学級のみで実施した。その成果として，「学級力」に取り組むことで学級担任が自分の学級の現状を把握できるとともに，子どもたちが「学級力」をみんなで高めていこうという意識をもつことができる，教職員も「学級力」という共通の指標で学級経営について話し合うことができるなどの有効性が確認され，2年目からは3年生以上の全学級で本格的に実施することになった。

　「学級力」を生かした学級づくりのよさは，子どもが学級づくりに参画し，自己評価や自己改善を繰り返し，自分たちが目指す学級をつくることにある。しかし，それ以上に全校で取り組むよさは，教職員が一つのチームとして組織的に一人一人の子どもや学級を見守り育てていくということにあるのではないだろうか。

　学校における教育活動は，本来すべての教職員の協働で行われる。子どもたちの成長に対する責任は一人の教職員ではなく，学校全体が背負うべきものである。しかし，学級経営というと，学級担任の力量に寄るところも大きく，個々の裁量に委ねられる部分も多い。そのため，学級担任一人の仕事ととらえられやすいところがある。結果として，学級担任が悩みや問題を抱え込むという状況が生まれてきた。この現状を打破し，学校としての教育力を高める方策として，学級担任だけが子どもや学級の抱える課題の解決にあたるのではな

く，教職員の力を結集して対応できるよう，しっかりとした組織体制を構築することが必要である。その手立てとして「学級力」はとても効果的である。

「学級力」のよさは，教職員が目指す学級像を明確にして共通理解を図りながら，同じ指標ですべての学級の現状を分析的に見ていくことである。子どもが違えば学級の様相も違い，レーダーチャートも異なってくる。レーダーチャートを学級の実態把握と学級経営の具体的な観点として役立てる。他の学級のレーダーチャートと比較するのではなく，各学級の特色ととらえることで今後の改善策について，前向きに話し合うことができる。レーダーチャートに現れた学級の特性を生かしつつ，学級担任の思い，そして子どもたちの主体性や創造性を大切にしながら意図的・計画的な学級経営ができる。先生方が話し合うスマイル・ミーティングでは，学級担任一人では気がつかないところをお互いに教え合い，改善方法について助言し合ったり，学級の取り組みの成果を認め合ったりする。それが，多角的な視点から児童を見つめることとなり，一人一人の子どもの特性を生かした学級経営が可能となる。

「学級力」の向上という具体的な目標をもち，方向性を同じくして教育活動にあたることは，学校全体がチームとして一丸となる体制づくりにつながる。学級経営は学級担任一人で行うものではない。その意識を常にもち，組織的に学級力を高めていきながら，学級，そして学校の子どもたち全員の成長を支えていくということが大切である。それが，全教職員の学校経営への参画意識を高めることにつながる。

全国の多くの先生方が「学級力」に取り組むことで，子どもたちも教師も笑顔があふれる学級・学校が増えることを願っている。

平成25年1月　北野勝久

● 執筆者一覧 (執筆順)

田中　博之 (たなか　ひろゆき)	編者	
北野　勝久 (きたの　かつひさ)	石川県小松市教育委員会　指導主事	
蛯谷　みさ (えびたに　みさ)	大阪府豊中市立中豊島小学校　教諭	
森嵜　章代 (もりさき　あきよ)	大阪府堺市立浜寺小学校　教諭	
竹本　晋也 (たけもと　しんや)	兵庫県西脇市立重春小学校　教諭	
寺延　行美 (てらのぶ　ゆきみ)	広島県福山市立向丘中学校　教諭	
飛田美智子 (とびた　みちこ)	広島県福山市立向丘中学校　教諭	
村瀬　琢也 (むらせ　たくや)	愛知県尾張旭市立東中学校　教諭	
彦田　泰輔 (ひこだ　たいすけ)	愛知県尾張旭市立東中学校　教諭	
菊池　康浩 (きくち　やすひろ)	茨城大学教育学部附属中学校　教諭	
髙島　雅展 (たかしま　まさひろ)	元石川県小松市立芦城小学校　校長	
中田　由佳 (なかた　ゆか)	岐阜県大垣市立興文小学校　教諭	
向山　敢 (むこうやま　つよし)	山梨県山梨市立日川小学校　教諭	
梅村　友規 (うめむら　ゆうき)	岐阜県大垣市立興文小学校　教諭	
佐野　理恵 (さの　りえ)	山梨県山梨市立日川小学校　教諭	
横江　寛 (よこえ　ひろし)	福岡県福岡市人権教育研究会　所属：福岡市立内浜小学校　教諭	
小島　香 (こじま　かおり)	福岡県福岡市立原西小学校　教諭	
島田　佳奈 (しまだ　かな)	石川県小松市立芦城小学校　教諭	
林　英治 (はやし　えいじ)	岐阜県大垣市立興文小学校　教諭	
岩下　秀人 (いわした　ひでと)	山梨県山梨市立日川小学校　教諭	
松田　大輔 (まつだ　だいすけ)	石川県小松市立芦城小学校　教諭	

※所属は執筆時

■編者プロフィール

田中　博之（たなか・ひろゆき）

　早稲田大学教職大学院　教授
　専門は、教育工学および教育方法学。

　1960年北九州市生まれ。大阪大学人間科学部卒業後、大阪大学大学院人間科学研究科博士後期課程在学中に大阪大学人間科学部助手となり、その後大阪教育大学教授を経て、2009年4月より現職。1996年及び2005年に文部科学省長期在外研究員制度によりロンドン大学キングズカレッジ教育研究センター客員研究員を務める（マーガレット・コックス博士に師事）。

著書に、
『総合的な学習で育てる実践スキル30』明治図書、2000年（単著）
『講座総合的学習のカリキュラムデザイン（全6巻）』明治図書、2002年（編著）
『フィンランド・メソッドの学力革命』明治図書、2008年（単著）
『子どもの総合学力を育てる』ミネルヴァ書房、2009年（単著）
『ケータイ社会と子どもの未来』メディアイランド、2009年（編著）
『フィンランド・メソッド超「読解力」』経済界、2010年（単著）
『学級力を育てるワークショップ学習のすすめ』金子書房、2010年（単著）
『言葉の力を育てる活用学習』ミネルヴァ書房、2011年（編著）
『カリキュラム編成論』NHK出版、2013年（単著）
『学級力向上プロジェクト2　実践事例集』金子書房、2014年（編著）
『アクティブ・ラーニング実践の手引き』教育開発研究所、2016年（単著）
『学級力向上プロジェクト3』金子書房、2016年（編著）
『小・中学校の家庭学習アイデアブック』明治図書出版、2017年（編著）
『若手教員の学級マネジメント力が伸びる！』金子書房、2018年（編著）他多数。

　研究活動として、アクティブ・ラーニングの授業開発、ドラマとサークルタイムの指導法の開発、活用学習と道徳ワークショップの授業開発、学力調査の開発研究等、これからの21世紀の学校に求められる新しい教育手法を作り出していく先進的な研究に従事。

　文部科学省「全国的な学力調査に関する専門家会議」委員（2007～2019年）

　メールアドレス：hiroyuki@waseda.jp

学級力向上プロジェクト
「こんなクラスにしたい！」を子どもが実現する方法　小・中学校編　DVD付

2013年4月26日　初版第1刷発行　　　　　　　　　　　　　　　　　　検印省略
2021年11月30日　初版第8刷発行

編　者　　田中博之
発行者　　金子紀子
発行所　　株式会社金子書房
　　　　〒112-0012　東京都文京区大塚3-3-7
　　　　TEL　03-3941-0111（代）
　　　　FAX　03-3941-0163
　　　　振替　00180-9-103376
　　　　URL　https：//www.kanekoshobo.co.jp

印刷・製本　藤原印刷株式会社

Ⓒ Hiroyuki Tanaka et al. 2013　Printed in Japan
ISBN978-4-7608-2374-1　C3037

教師のためのカウンセリング・テキスト
いじめに対する 援助要請のカウンセリング
「助けて」が言える子ども、「助けて」に気づける援助者になるために
本田真大 著

●

いじめ問題解決ハンドブック
教師とカウンセラーの実践を支える学校臨床心理学の発想
山本 獎・大谷哲弘・小関俊祐 著

●

改訂版 包括的スクールカウンセリングの理論と実践
子どもの課題の見立て方とチーム連携のあり方
本田恵子・植山起佐子・鈴村眞理 編

●

不登校　その心もようと支援の実際
伊藤美奈子 著

●

明解！　スクールカウンセリング
読んですっきり理解編
黒沢幸子・森 俊夫・元永拓郎 著

●

不登校の子どもへのつながりあう登校支援
対人関係ゲームを用いたシステムズ・アプローチ
田上不二夫 著

金子書房

教育現場で役立つ、教育実践に活かす
教師のための 子どものもめごと解決テクニック
益子洋人 著

●

心を育てるグループワーク
楽しく学べる 72 のワーク

正保春彦 著

●

子どもとの関係性を読み解く
教師のためのプロセスレコード
学校臨床力を磨く自己省察とグループ省察会

角田 豊 編著

●

中学生の自律を育てる学級づくり
田中輝美・鹿島真弓 著

●

ライフスキルを高める心理教育
高校・サポート校・特別支援学校での実践

石隈利紀 監修・熊谷恵子 田中輝美 菅野和恵 編

●

子どもと教師のための「チーム援助」の進め方
水野治久 著

金子書房

金子書房の「学級力」関連書籍

学級力向上プロジェクト２　実践事例集
小・中・高校編　ＤＶＤ付
田中博之　編著　　　　　　　　　　　Ａ５判　236頁

好評を得て、全国に広がりを見せている「学級力向上プロジェクト」。小学校低学年、高等学校、全校で取り組む実践も紹介する続編。小学校・中学校の実践もさらに充実。

学級力向上プロジェクト３
スマイル・アクション事例集　小・中学校編　ダウンロード資料付
田中博之　編著　　　　　　　　　　　Ａ５判　216頁

ダウンロード資料では、学級力アンケート。レーダーチャート作成ソフト、実践マニュアル、アクションカードを収録しているほか、授業風景、教室掲示の写真、指導案、プリント、はがき新聞など、実践のヒントを豊富に提供。

若手教員の学級マネジメント力が伸びる！
学級力向上プロジェクト教員研修編
田中博之　編著　　　　　　　　　　　Ａ５判　224頁

学級経営をセルフチェックする学級マネジメント力チェックシートを開発・提案。若手教員の奮闘記、校内研修等、活用例を豊富に示す。学級力アンケート、レーダーチャート作成ソフト、アクションカードのダウンロード資料付！

マンガで学ぼう！　アクティブ・ラーニングの学級づくり
クラスが変わる学級力向上プロジェクト
田中博之　監修／磯部征尊・伊藤大輔　編著／武田　弦　漫画
　　　　　　　　　　　　　　　　　　Ｂ５判　164頁

アクティブ・ラーニングとして、学級づくりに子どもたちを参画させる「学級力向上プロジェクト」をマンガと実践事例から学べる。学級力アンケート、レーダーチャート作成ソフトのダウンロード資料付！

学級力が育つワークショップ学習のすすめ
明日の授業からすぐに使える５つのメソッド
田中博之　著　　　　　　　　　　　　Ｂ５判　204頁

カルタ、評価セッション、成長発表会、サークルタイム、ドラマ。５つのワークショップ学習を授業に取り入れて行う新しい学級経営の方法論を提示し、その授業例を豊富に紹介。